8 L 29 147 1

Paris - Nancy
1893-1899

Ardouin-Dumazet

Voyage en France

Morvan, Nivernais, Sologne, Beauce, Gatinais, Orléannais, Maine, Perche, Touraine

Tome 1

Ardouin-Dumazet

Voyage en France

1re Série

PARIS
BERGER-LEVRAULT & CIE, ÉDITEURS

Voyage en France

NANCY. — IMPRIMERIE BERGER-LEVRAULT ET Cⁱᵉ.

ARDOUIN-DUMAZET

Voyage en France

Ire SÉRIE
Morvan — Nivernais — Sologne — Beauce
Gatinais — Orléanais — Maine — Perche — Touraine

BERGER-LEVRAULT ET Cie, ÉDITEURS
PARIS | NANCY
5, RUE DES BEAUX-ARTS | 18, RUE DES GLACIS
1898
Tous droits réservés

VOYAGE EN FRANCE

I

LE FLOTTAGE EN MORVAN

Le flottage et le barrage des Settons. — La grève des bateliers de l'Yonne.

Montsauche-en-Morvan, janvier 1890.

Montsauche est une mince bourgade de la Nièvre, bâtie au cœur même des montagnes du Morvan, dans la partie la plus pittoresque de cette curieuse contrée trop ignorée. Les monts qui la dominent dépassent tous six cents mètres d'altitude. Le lac des Settons, une merveille peu connue des touristes, étale à cette altitude son immense nappe d'eau bleue.

Il n'est jamais facile de venir aux Settons. Les chemins de fer passent loin de là, et les correspondances sont organisées de telle sorte qu'il faut coucher à Saulieu ou à Château-Chinon et partir de ces villes avant le jour. En cette saison, c'est être condamné à ne point voir le Morvan et cette industrie du flottage qui a, de tout temps, attiré l'attention des économistes. J'ai pris un autre itinéraire, celui de Corbigny, en partie pédestre. Grâce à cet hiver clément, les monts du Morvan sont demeurés accessibles et relativement aisés à parcourir ; on n'y trouve pas trace de neige, même sur les plus hauts sommets.

Le paysage manque un peu de vie. Les prés d'embouche, soigneusement clos de haies tressées ou de murs de granit formés de blocs cyclopéens rappelant le passé druidique des *noires montagnes*, sont désertés par les troupeaux, gloire de ce pays. Les bois, taillis de chênes, de bouleaux et de hêtres, coupés de champs de genêts et de bruyères, couvrent le flanc des hauteurs de la même nappe rousse de feuilles mortes. De temps à autre on rencontre un petit enclos bordé de pierre, dans lequel on voit pointer la tige frêle des blés. Ce sont les ouches, parcelles fertiles qui, seules, donnent du froment

La vie réside tout entière dans les eaux. Elles ruissellent des hauteurs, sillonnent les prairies, s'amassent en étangs, se forment en torrents clairs comme le cristal, roulant sur un lit de sable grossier ou écumant contre les roches. Sur les rives, de distance en distance, sont dressées des piles de rondins attendant le jour du flot pour être jetés au courant et descendus à l'Yonne. Selon un dicton morvandiau, il y a plus de bois sur les ports que d'eau dans les rivières.

Des ruisselets au lit entrecoupé de cascatelles, se tordant en méandres infinis entre les berges où des souches d'aulnes barrent le courant, si étroit qu'une bûche ne pourrait passer en travers, voient flotter des quantités invraisemblables de bois.

Le flottage, c'est la vie du Morvan; nulle part il n'est entrepris sur une aussi vaste échelle. Nulle part, aussi, il ne montre mieux ce que peut l'esprit d'association.

Si l'on prenait une carte hydrographique du Morvan, on verrait le pays tout entier sillonné d'une multitude de petits ruisseaux, s'épanouissant, d'une façon rythmique, en étangs disposés comme les grains d'un chapelet. La source même est transformée en lagunes et possède un ou plusieurs *ports* sur ses rives.

Les acquéreurs de ventes, c'est-à-dire de coupes de bois, situés près de là, transportent leurs bûches au bord de l'étang ou des ruisseaux qui, tous, possèdent des ports. Là, des ouvriers frappent les bûches sur chaque extrémité, au moyen d'un marteau et marquent ainsi les bois. Ces marques sont facilement reconnaissables pour des ouvriers illettrés; c'est une croix, un cadenas, une cognée, etc. Il n'y a plus qu'à jeter le bois à l'eau et le laisser courir à l'Yonne.

Pour cela, il faut que le cours d'eau ait un débit assez puissant. C'est ici qu'interviennent les étangs. On les vide successivement; il se produit alors des chasses violentes qui entraînent les bûches.

Cependant, tant de propriétaires de cours d'eau et d'étangs se succèdent dans ce vaste bassin hydrographique, que jamais une bûche n'arriverait à destination s'il n'y avait entente entre les riverains, les marchands de bois et les flotteurs.

Une idée de génie a simplifié et merveilleusement mis en œuvre cet immense organisme. Dès 1545, les Parisiens recevaient, par le flottage, les bois du Morvan. Longtemps on a cru que l'idée du flottage appartenait à Jean Rouvet, marchand de bois à Paris; son buste, qui rappelle vaguement l'effigie de Bonaparte et qui est signé David d'Augers, orne même le pont de Clamecy. On a fureté, et l'on croit avoir découvert que Rouvet n'aurait été que le bailleur de fonds — nous dirions le commanditaire — d'un sieur Gilles Defroissez, lequel imagina non seulement le flottage à bûches perdues, mais encore le flottage en trains.

Mais Jean Rouvet paraît bien avoir été le véritable metteur en œuvre de l'invention. Son organisation n'a été modifiée que pour le transport de Paris à Clamecy, jadis effectué en trains et qui se fait aujourd'hui par bateaux. Pour l'association elle est restée telle qu'il y a 345 ans.

Cette société — ou plutôt ces sociétés, car la Cure et les petites rivières : Beuvron, Sauzay et Vaucreuse, ont leur syndicat — ne ressemble à aucune autre ; elle ne comporte pas d'actionnaires, pas d'associés réguliers. Quiconque jette du bois, ne fût-ce qu'un stère, dans le ruisseau ou l'étang, avec l'intention de le reprendre à son arrivée dans le biez de tricage (triage), est de droit et d'office membre de la société. Il paiera tant par décastère, selon le trajet parcouru ; mais il n'a plus à s'occuper de son bois. Des bûches s'arrêtent-elles contre la rive ? les agents de la société, échelonnés, de la source à l'embouchure, les repousseront dans le courant. Le flot, trop fort, jette-t-il le bois sur les terres par une brusque inondation ? les mêmes agents iront le chercher pour le rejeter au courant. Une bûche, trop lourde, est-elle allée à fond — ce qu'on appelle un *canard*, — les mêmes ouvriers la retireront, la mettront au sec et, à un autre flot, on la fera descendre. Enfin, arrivé au hiez de triage, le bois sera retiré de l'eau, classé par catégories et empilé sur le bord du canal dans les tas portant la marque de chaque propriétaire.

Tel est le rôle des sociétés de flottage ; elles ont des privilèges très grands : elles sont, notamment, maîtresses de régler la date du flot, d'ouvrir et fermer les retenues des étangs, de faire circuler leurs agents sur toutes les propriétés riveraines.

Sous une apparente simplicité, ce mécanisme nécessite un nombreux personnel et une direction attentive. Pour éviter les frais considérables des *courrues*, on a dû se borner à un seul flot sur chaque grande rivière. Il a donc fallu déterminer les conditions d'arrivée sur les ports. Dès le mois de novembre, on commence à amener sur le bord des ruisseaux et des étangs les bûches coupées pendant la campagne. Généralement ces bois ont été achetés dans de grandes foires comme celles de Château-Chinon par des négociants de Paris; ils ne sont payables que cinq ou six mois après : à la Saint-Jean pour le bassin de la Cure, le 8 avril pour la haute Yonne. Quand toutes les affaires sont traitées, les bois marqués et entassés au bord des cours d'eau, la compagnie est avisée. Elle envoie ses agents et requiert les services de la presque totalité des riverains qui ont là, pendant quelques jours, une ressource précieuse. A une heure fixée par des affiches, tout le monde se met à l'œuvre; on jette le bois dans le lit du ruisseau; on lève les pelles des étangs et tous ces bois filent d'étang en étang, de ruisseau en ruisseau; chaque vallon latéral en amène aussi. Peu à peu les bûches arrivent au cours d'eau secondaire, puis au cours d'eau principal, c'est-à-dire à l'Yonne.

La longueur totale des ruisseaux soumis à ce régime est de 111 kilomètres. Le peu de durée de l'écoulement des étangs, qui ne dépasse pas deux heures, obligeant à les remplir de nouveau pour procéder à de nouvelles chasses, fait que le bois met parfois de longues semaines pour descendre à l'Yonne.

A leur arrivée au bord de la rivière maîtresse, les bûches sont retirées de l'eau et empilées de façon à sécher et à pouvoir entreprendre leur second voyage sans laisser trop de « canards ».

Le flottage est terminé sur les ruisseaux entre le 15 décembre et le 1ᵉʳ février. Selon la température, le bois empilé au bord de l'Yonne mettra quinze à quarante-cinq jours pour sécher.

Tous les bois étant arrivés, il faut les embarquer. Malgré les servitudes qui frappent les riverains, la compagnie est obligée d'éviter les dégâts aux récoltes; il lui faut faire sa *courrue* avant que les foins et les blés soient trop hauts, pour ne pas les exposer à être foulés par le personnel chargé de rejeter les bûches à l'eau. D'autre part, il faut que la rivière ait son flot normal; trop fort, on s'expose à inonder les rives; trop faible, on craint de voir le bois échouer. Aussi dès qu'avril est venu, le bois ne fût-il pas sec, on profite d'un étiage favorable pour convoquer tout le monde à heure fixe. A ce moment, on jette à la rivière tout le bois venu des affluents. Le jet dure huit jours environ, les étangs successifs sont vidés de façon à soutenir le flot. Les premières bûches arrivent le lendemain matin vers deux ou trois heures à Clamecy. Mais il faut un mois pour que la dernière soit arrêtée.

La quantité amenée en un seul flot est en moyenne de 10,000 décastères pour l'Yonne. On l'a vu monter à 13,000 et descendre à 5,000. En 1888, il y avait 9,173 décastères; le port de Vermenton en recevait par la Cure 3,255; les petites rivières ne donnaient que 123 décastères.

Sur l'Yonne même, il n'y a pas d'étangs, le relèvement du flot se fait au moyen de pertuis ou barrages que l'on ouvre et par où l'eau et le bois se précipitent avec violence.

Jadis ces pertuis servaient également à la navigation ; les trains de bois, longs de 50 à 80 mètres, au nombre de près de 200, descendaient avec le flot, la vague, disait-on, et arrivaient ensemble à Paris. La création des barrages écluses de l'Yonne et de la Seine a supprimé ce mode primitif de transport, au grand mécontentement des populations du Morvan, qui se soucient peu des services que peut leur rendre la remonte par le canal du Nivernais et n'envisagent que l'expédition de leurs produits.

Les ports où finit le flottage ont ensuite à procéder au *tricage* de tous ces bois. Clamecy et Crains (Yonne) se partagent ce travail pour l'Yonne ; le bois est disposé non seulement sur des piles, par marques, mais encore par qualité et essence. Le travail pour retirer de l'eau et faire le tricage est très pénible ; il est payé environ 2 fr. 50 c. le décastère. Quant aux frais de flottage, ils s'élèvent de 20,000 à 25,000 fr. par an pour le personnel fixe sur la haute Yonne, et à 150,000 fr. pour le personnel temporaire, payé depuis 5 fr. par jour pour les bons flotteurs jusqu'à 1 fr. 50 c.

Aussi le bois, qui coûte 44 à 56 fr. le décastère rendu sur le bord du ruisseau, arrive-t-il à Clamecy grevé de près de 20 fr. de frais supplémentaires, et il doit encore supporter le transport par chalands jusqu'à Paris.

Ici un nouvel élément intervient, le marinier. Et nous nous trouvons en présence d'une grève dont il n'a pas été parlé parce qu'elle est restée pacifique. Depuis trois mois, pas un bateau de bois n'a quitté Clamecy ou Crains; j'ai parcouru les deux rives de la rivière, jusqu'à l'écluse de Laforêt : sur plus de deux kilomètres, ce ne sont que d'interminables piles de bois; aucun bateau n'aborde. En temps ordinaire, le rivage est presque libre à cette époque.

Les causes de cette situation sont de deux sortes. D'abord, l'introduction d'un service accéléré, par vapeurs, sur les canaux du Nivernais et de Bourgogne, a rejeté nombre de bateliers vers le transport des bois, d'où concurrence entre les mariniers et abaissement du fret. De 32 et 35 fr. le décastère entre Clamecy et Paris, le prix est tombé à 20 fr. Or, de l'aveu même des marchands, il faut 24 fr. pour qu'un marinier puisse vivre et couvrir ses frais généraux. D'autre part, l'emploi de plus en plus grand des foyers à charbon et à combustion lente, a restreint le commerce des bois. Cette année, les marchands, n'ayant pour clients que des chantiers de Paris, sont peu visités, ils ne se pressent pas de faire venir leurs bois empilés sur les ports de la haute Yonne. Mais cette situation ne peut se prolonger longtemps, le stock parisien s'épuisera.

Les bateliers de Clamecy se rendent bien compte des causes de la crise; toutefois, ils s'en prennent moins au charbon qu'aux intermédiaires, c'est-à-dire au petit détaillant parisien. L'un d'eux me disait : « Vous savez ce que l'Auvergnat vous vend le stère de 450 kilogr., puisque le bois vaut là-bas 52 à 53 fr. les 1,000 kilogr. Et cependant nos bois rendus à quai à Paris ne coûtent pas plus de 100 à 150 fr. le décastère pour les meilleurs ! »

Il y a évidemment des charges nouvelles, après l'arrivée à Bercy : débarquement, octroi, transport au chantier, transport chez le petit marchand, sciage, transport chez le consommateur, mais enfin la disproportion est énorme.

Ces mariniers de l'Yonne sont une population fort sympathique. Ils sont pleins de dignité, fiers de leur état et ne sauraient être considérés comme des ouvriers ordinaires; ce sont de véritables chefs ouvriers. Leur probité est absolue. Ils supportent cette crise sans se plaindre, espérant toujours un arrangement, mais les privations commencent à se faire sentir.

Le flottage, lui aussi, est sous le coup d'une crise. Il diminue lentement par le développement des chemins vicinaux et des voies ferrées. D'ailleurs, l'ouverture définitive du canal du Nivernais à la grande navigation par l'achèvement des écluses, a permis d'expédier les bois neufs, c'est-à-dire non flottés, bien plus recherchés, valant 20 fr. de plus par décastère.

On conduit donc les bois de préférence au canal partout où la distance n'est pas trop grande. Toutes ces causes ont amené dans le commerce des bois une gêne qui se traduit encore par des grèves de bûcherons sur lesquelles je me propose de revenir.

On a beaucoup fait cependant pour aider au développement du flottage. De puissants réservoirs ont été créés dans le but d'amener à la Cure et à l'Yonne l'eau dont elles ont besoin pendant les « courrues ». C'est ainsi qu'un véritable lac, d'une longueur de quatre kilomètres et d'une largeur de plus de deux, existe près de Montsauche. C'est ce lac des Settons dont je parlais tout à l'heure.

Après les grises et maussades journées que nous venons de passer, il y a eu transformation soudaine. Le ciel est radieux. Les arbres, chargés de givre, étincellent. Dans ce décor de montagnes poudrées, aux croupes harmonieuses, avec les traînées de nuages chassées sur l'eau par le vent, le lac offre un des plus beaux spectacles que l'on puisse rêver. Il faut le voir du hameau d'Outre-

Cure, d'où l'on aperçoit l'ensemble de la nappe d'eau, ses îles boisées, ses anses, ses golfes, ses grèves où clapote la vague. En été, quand les plaines sont vertes, quand les cultures mettent leurs damiers de couleurs variées sur les pentes, ce doit être merveilleux.

Je ne sais pourquoi on n'a jamais parlé des Settons comme site. Tous se sont bornés à dire : la digue est longue de 267 mètres, haute de 20, épaisse de 11 à la base ; elle retient 23 millions de mètres cubes d'eau ; le travail a coûté 1,600,000 francs à peine ! Certes, la digue est belle, la chute forme une cascade pittoresque, les bassins où l'on a fait des expériences malheureuses de pisciculture, méritent d'être visités. Mais ce qu'il faut voir c'est, au delà du barrage, la masse bleue des eaux épanouies au pied des croupes boisées. Les touristes ignorent ce paysage, comme ils ignorent les gorges profondes de la Cure, le Saut de Gouloux, le Beuvray et tant d'autres coins du Morvan.

Grâce au barrage des Settons et à d'autres réservoirs, les rivières flottables peuvent rendre, avec une régularité plus grande, les services qu'on attend d'elles. La Cure, large ici de 4 mètres à peine, profonde d'un pied, obstruée de roches, va, grâce aux Settons, emporter des centaines de décastères accumulés au port de Montsauche. Mais on n'a pu modifier l'allure même du cours d'eau, les gorges profondes, semées de roches où écument les torrents. Les gorges de la Cure, celles du ruisseau de Planchez présentent, au moment des « courrues », un spectacle inoubliable. Les étangs vidés, un bruit sourd se fait entendre, le flot arrive. Il passe avec la rapidité de la flèche, entraînant dans sa course des multitudes de bûches qui se pressent, se heurtent, jaillissent en l'air au contact d'une roche. En certains endroits, le ruisseau est resserré entre des entassements formidables de blocs ; alors les bois s'accumulent, montent les uns sur les autres comme les glaces de la Loire pendant une embâcle; en arrière, le flot se gonfle, amoncelant sans cesse de nouvelles bûches. Puis, un mouvement se fait dans la masse, la *rôtie*, à travers laquelle l'eau jaillit violemment; on entend un craquement, un bruit terrible, la masse s'écroule et se précipite, des bûches se brisent, lançant des éclats dans toutes les directions.

Au Saut de Gouloux, belle cascade, les bois plongent dans l'abîme d'une hauteur de plusieurs mètres.

Il serait dangereux de chercher à guider les « courrues » dans ces gorges sans berges. Mais là où les rives sont basses, on ne laisse pas les amoncellements se détruire eux-mêmes. On les empêche de se former en veillant à ce que la goulette ou courant central reste libre. Là où l'on n'a pu éviter la rôtie, les ouvriers la détruisent au moyen de crocs.

En ce moment, le flottage est à peu près terminé sur les petits cours d'eau. Quelques ruisseaux sont encore bordés de bois ; avant quinze jours tout sera parti pour l'Yonne ou pour la Cure. Les Morvandiaux, libres du travail des forêts, vont bientôt mettre leurs chevaux et leur bétail dans les prés ; sitôt la montée de la sève, les bûcherons rentreront dans les *ventes*, procéder à l'abatage et à l'écorçage des chênes. Déjà la cognée résonne partout, dans les coupes de hêtres et de bouleaux.

Ici encore, on se trouve en présence de mœurs et d'industries peu connues. Le bois est la fortune de ce pays. La Nièvre a 215,000 hectares de forêts, les deux cinquièmes de sa superficie. Il ne faut donc pas s'étonner si nous trouvons là des populations ayant conservé des coutumes primitives et dont la manière de voir est bien faite pour étonner.

II

LES BUCHERONS DU NIVERNAIS

Le Morvan vu de Château-Chinon. — Les forêts morvandelles. — Système de propriété. — Comment s'exploitent les bois. — Grèves de bûcherons et grèves d'écorceurs. — Socialisme agricole. — La vie sous la hutte. — Les causes de la crise. — Du granit au calcaire.

Châtillon-en-Bazois, 1896.

De la butte qui domine Château-Chinon, on a la vue la plus étendue et la plus complète du Morvan, celle qui fait le mieux comprendre ce pays et ses conditions particulières d'existence. Peut-être du Grand-Montarnu ou du pic du Bois-du-Roi la vue est-elle plus vaste, mais on doit moins deviner les détails.

Cette butte de Château-Chinon couronne une montagne isolée, dominant de plus de 800 mètres le fond des vallées voisines et faisant partie de la ligne de faîte. Les toits de plusieurs maisons versent de l'eau, d'un côté à la Seine, de l'autre à la Loire. C'est donc un belvédère magnifique. Ce fut une forteresse formidable. Des archéologues locaux prétendent que Château-Chinon a été nommé ainsi par Samothès, petit-fils de Japhet, en l'honneur de sa femme China. D'autres veulent que ce soit le *Castrum Caninum* où César enfermait ses chiens de chasse, ce qui prouverait que les Gaulois lui laissaient des loisirs. Enfin, une autre école attribue à Chinon l'origine celtique *Can, nein*, blanche cime, parce qu'il y a de la neige en hiver. Aujourd'hui, la cime est un gazon ras roussi par les gelées. Les ruines grises du vieux château, des voûtes à demi écroulées, un calvaire, donnent à la terrasse un mélancolique aspect.

De ce belvédère on a une vue fort étendue. Dans la direction du Bazois, c'est-à-dire de la région calcaire traversée par le canal du Nivernais, s'étend un immense bassin de cultures et de pâturages, limité par des collines de faible élévation, entre lesquelles on aperçoit d'autres chaînes perdues dans un lointain nébuleux. Au clair soleil de janvier, les villages et les maisons isolées, d'une blancheur éblouissante, apparaissent avec un tel éclat que l'œil en est frappé plus que de l'ensemble du paysage. Celui-ci est bien beau, cependant; c'est, avec la pureté des lignes et la netteté de l'horizon en moins, le panorama que l'on découvre des remparts de Tlemcem, en Algérie. Ici, il y a plus de variété; les bois, les champs, les landes de genêts d'un vert sombre, presque noir, alternent avec les prés poudrés par le givre. Des étangs miroitent au soleil dans tous les creux, prêts à se vider pour emporter au loin les bois de flottage.

Vers les autres points de l'horizon, le paysage change, ce ne sont plus que de hautes cimes boisées ayant à leur base de vastes zones de prés et de terres labourées.

Ces montagnes forment autour de Château-Chinon, un immense hémicycle dont les parois s'exhaussent à mesure qu'elles atteignent l'orient. Là sont les plus hauts sommets du Morvan : le Bois-du-Roi, le Preneley, le Grand-Montarnu, toutes montagnes de formes robustes, sillonnées de vallées profondes que l'on voit se creuser ainsi que sur une carte en relief. La plaine d'Arleuf, couverte de hameaux, est comme l'arène de l'immense amphithéâtre.

Ce qui frappe ici, ce sont les bois. Toutes ces croupes sont revêtues de forêts. Pas de grands arbres, ni chênes, ni hêtres centenaires ; des taillis qui ne tombent jamais entièrement sous la hache. C'est le caractère propre de la forêt morvandelle, de ne voir abattre que les branches ayant atteint leur valeur marchande. Les souches ne sont jamais entièrement dépouillées. Sur chacune il y a des rejets de quatre âges différents : neuf, dix-huit, vingt-sept et trente-six ans. C'est le bois de trente-six ans qu'on abat pour en faire du bois de chauffage. Tous les neuf ans a lieu une coupe nouvelle. La charbonnette, pour charbon de bois, tombe à dix-huit ans. Ce système, tout particulier, puisqu'on n'abat jamais en entier le taillis comme on le fait ailleurs, s'appelle le *furetage*. Le Morvan lui doit de conserver son éternelle parure de bois. Là même où les procédés sont autres, les arbres ne disparaissent pas, car on a recours au taillis sous futaie.

La masse d'exploitation varie selon qu'il s'agit de la petite propriété ou de la grande. La petite propriété comprend les neuf dixièmes des propriétaires, mais aussi l'infime superficie de bois. On peut en juger par ce fait que l'étendue moyenne dans cette catégorie est de deux hectares. Ces propriétaires abattent eux-mêmes leur bois à l'âge révolu et le vendent dans les grandes foires aux marchands parisiens, à bord du ruisseau flottable. La moyenne de l'abatage atteint, par propriétaire, trente stères.

Mais il y a aussi la grande propriété, aux mains surtout de la noblesse. Là, des forêts entières appartiennent à un seul. On trouverait dans les propriétaires forestiers du Morvan et du reste de la

Nièvre les plus grands noms de France. Un châtelain, près de Fours, possède 12,000 hectares d'un seul tenant.

Pour de pareilles étendues, même pour la moyenne propriété de 30 à 100 hectares, le propriétaire ne saurait être l'exploitant. Dans la grande majorité des cas il vend son bois sur pied à des marchands locaux qui, eux, revendent aux marchands parisiens. Ceux-là ont recours à la main-d'œuvre salariée.

Aux environs de Château-Chinon, dans le Haut-Morvan, notamment à Montsauche, l'exploitation se paye en nature. Les bûcherons ont droit à toutes les branches non marchandes, à la partie de la souche qu'on doit raser après l'abatage de la tige et au morceau n'ayant pas de section franche, qui reste après le « sciage de longueur », le bûchon. En outre, chaque ouvrier a droit à une bigue, chevalet à trois pieds sur lequel il sciera le bois, à une mailloche, lourde massue en bois pour enfoncer les coins, et à tous les coins hors de service. Par contre il conduira le bois au port.

A Montsauche, on estime que le bois laissé au bûcheron représente 1 fr. 50 c. par jour. Ceux-là sont les heureux du métier. Mais combien est plus dur le sort des travailleurs chargés de l'exploitation des grands domaines! Là, c'est par équipe de cent à mille ouvriers que se fait l'exploitation. On traite avec eux par marchandage, à tant la corde, plus un ou deux fagots de bois mort ou demi-bouleau.

Pour le prix, les démêlés sont rares, mais le fagot donne lieu à des querelles incessantes. L'ouvrier a droit, pour emporter son fagot sur l'épaule, à une *parche*, c'est-à-dire au pieu servant à embrocher le fardeau. Il a, naturellement, tendance à prendre une *parche* de forte dimension et à mêler au bois mort du bois abattu. Aussi les exploitants de ventes refusent-ils souvent le fagot traditionnel.

De là des grèves d'une rare énergie. On m'a cité un exploitant qui offrait deux cents fagots à chaque ouvrier une fois le travail achevé, au lieu des quatre-vingts qu'il aurait emportés avec une parche.

Les grèves les plus graves sont celles des écorceurs.

L'écorçage du chêne pour la tannerie est une industrie considérable, malgré l'emploi de plus en plus grand du bois de châtaignier et de ses extraits, du hemloch (extrait de résineux américains) du quebracho, etc. La Nièvre, à elle seule, dans les arrondissements de Nevers et de Château-

Chinon, produit de 15 à 20,000 tonnes d'écorces, trouvant en grande partie leurs débouchés dans les Flandres et les Pays-Bas.

L'écorçage se fait lors de la montée de la sève, d'avril à mai. On ne saurait laisser passer ce moment, le bois ne s'écorcerait plus. Les ouvriers en profitent pour se refuser à toute diminution de salaires, sachant bien que les patrons devront s'incliner.

Dans la grève d'Azy-le-Vif, en 1887, les ouvriers exigeaient 60 fr. les cent bottes d'écorce non liées, mesurant 1^m,25 sur 0^m,25 de diamètre et deux fagots par jour. L'exploitant refusait le fagot.

Dans une grève générale qui eut lieu au printemps de 1887 dans les cantons de Saint-Pierre-le-Moutier, Dornes, Decize, Fours et Saint-Benin-d'Azy, pays des vastes forêts particulières, on vit des femmes enlever et détruire les outils, disant qu'il fallait être lâche et brigand pour travailler.

L'année dernière, à Thianges, la police fut reçue à coups de bâton. Les ouvriers allaient chaque jour dans les ventes s'assurer si quelqu'un des leurs reprenait le travail. Le salaire, qui atteignait 1 fr. 10 c. par jour, avait été réduit à 75 centimes.

Le commissaire spécial de Nevers dut se rendre sur les lieux pour empêcher les atteintes à la liberté. Il avait sept gendarmes avec lui : ils rencontrèrent cent quatre-vingts grévistes, placés sur deux rangs et barrant le passage. Là, il y avait un véritable chef du mouvement, un Parisien, venu on ne sait pourquoi dans la Nièvre. Le commissaire ayant demandé de désigner des chefs pour discuter avec les patrons, le Parisien s'écria :

« Il n'y a pas de chefs ! Nous n'avons pas de délégués ! Vous parlez au peuple ! »

L'exploitant voulait faire travailler des ouvriers du dehors, il en avait amené cinquante ; les grévistes, armés de leurs cognées, les empêchèrent d'avancer. Les gendarmes, s'efforçant de disperser le groupe, furent entourés et frappés, deux furent blessés ; enfin, le revolver au poing, ils finirent par disperser la foule. Mais les ouvriers étrangers, effrayés, s'étaient enfuis et ne voulurent pas reprendre le travail. Ici il y avait organisation et préméditation. Le Parisien s'était écrié en apprenant l'arrivée des gendarmes :

« S'ils viennent nous les *parcherons* (pendrons) aux chênes. »

En attendant, on avait *parché* tous les outils fournis par le patron, notamment ses *chièvres* (sorte de chevalet).

C'est un dur métier, celui du bûcheron nivernais. Dans les parties de pays qui sont entièrement forestières, c'est-à-dire là où les cultures ne donnent pas au travailleur d'autres ressources de main-d'œuvre, la vie est sylvaine pendant l'année presque entière. Dès qu'une vente va être exploitée, les ouvriers construisent des *loges*, huttes de branchages qu'ils quittent le dimanche seulement pour rentrer au village, et en rapporter le pain et les pommes de terre nécessaires à la semaine. La soupe est graissée avec un peu de lard fondu à la poêle. En dehors de la soupe, on ne mange que des pommes de terre. Sur quelques points du Morvan on fait d'énormes boules de pommes de terre pétries avec de la graisse et l'on mange à même. Les jours de fête, c'est le *frichti* au lard et aux pommes de terre. Mais beaucoup de bûcherons vivent surtout de pain, ils en consomment trois livres par jour; pour boisson, de l'eau pure.

L'écorçage est la bonne saison, la « moisson » du bûcheron. Comme je l'ai dit, il faut écorcer au moment de la montée de la sève. Les bons ouvriers peuvent faire 4 à 5 bottes par jour et gagner de 2 fr. à 2 fr. 50 c. Mais c'est là une courte période, quinze jours à peine. En hiver, les salaires tombent de 1 fr. à 1 fr. 10 c., y compris le fagot.

Les causes qui ont restreint le flottage ont aussi restreint le travail du bûcheron. De plus, la consommation du charbon de bois, une autre grande industrie forestière, diminue. Nombre de ménages, à Paris et dans les grandes villes, ne l'utilisent plus, ils se servent de réchauds à gaz ou à l'huile minérale. On peut dire que la consommation des bois et de tous leurs dérivés a diminué, d'où travail forestier moins abondant. En même temps les ouvriers devenaient plus nombreux par l'afflux des travailleurs agricoles. Les procédés de culture se sont modifiés; les bûcherons passaient leur hiver jusqu'à l'écorçage à aller battre au *flô* (fléau); ils gagnaient 2 fr. par jour, logés et nourris. Les batteuses à vapeur les ont privés de cette ressource. Les prés d'embouche étaient, jadis, séparés par d'épaisses haies vives qui nécessitaient des élagages annuels et occupaient de nombreux ouvriers; il y avait aussi des haies de broussailles sèches qu'il fallait entretenir, les murs en pierres sèches et les ronces artificielles les ont remplacées, elles ne nécessitent pas d'entretien. Enfin, chaque hiver, les maçons, les couvreurs, les terrassiers, les charpentiers manquant de travail s'engagent comme bûcherons. De là, une abondance de main-d'œuvre excessive. Les exploitants n'ont que l'embarras du choix; d'ailleurs ils ne cherchent pas de grandes équipes, où la surveillance est difficile et où l'on gaspille le bois. L'un d'eux disait, pendant la grève : « Si j'avais payé le prix demandé, j'aurais eu 300 ouvriers, ils se seraient jetés sur ma coupe et auraient tout dévalisé. »

Une autre cause de diminution des salaires, c'est le désir d'obtenir l'adjudication des forêts de la noblesse. Les marchands sont fiers d'avoir acheté les bois d'un duc ou d'un marquis. Aussi ces forêts sont-elles fort disputées. Les adjudications donnent des prix excessifs. Lorsqu'il faut exploiter, on s'aperçoit qu'on ne pourra joindre les deux bouts, de là ces rabais sur le salaire et ces querelles avec l'ouvrier.

On comprend que ces masses soient devenues une proie pour le socialisme. C'est pourquoi on rencontre ici ce singulier état d'esprit : le socialisme rural que l'Empire, puis Gambon et enfin le boulangisme ont exploité à travers les fluctuations d'esprit des populations. La semence germe facilement, les bûcherons nivernais, malheureusement fort ignorants, acceptent comme vrais les faits les plus invraisemblables. Ajoutons que beaucoup sont des demi-sauvages et que la démoralisation est parfois grande.

Ce qu'il faudrait, dans ce pays, ce sont des industries forestières. L'usage du flottage, plusieurs fois séculaire, a fait que l'on a uniquement en vue la production du rondin. On ne rencontre pas, comme dans le Jura et le Bugey, ces mille petites industries nées de la forêt : tels les établissements d'Oyonnax, de Saint-Claude ou de Morez; telle la saboterie de luxe, la robinetterie et la fabrication des manches de parapluie dans les forêts du Maine. A peine, dans les villages, quelques petits sabotiers.

Les chutes d'eau abondent, le bois d'œuvre se rencontre partout ; malgré le furetage, il y a, dans nombre de forêts, des hêtres et des chênes magnifiques. Et pas un établissement de tournerie ou de boissellerie !

Dans une pétition adressée, en 1842, à la municipalité parisienne pour demander la suppression des droits d'octroi sur les bois à brûler, je relève ce passage : « Le petit propriétaire, comme le petit cultivateur, ne connaît pas d'autre industrie. Ces habitudes séculaires ne peuvent se changer sans qu'il en résulte un désastre pour ce pays. » Les pétitionnaires ont eu tort, il aurait fallu modifier ces habitudes.

Les seules usines employant le bois sont les fabriques d'acide pyroligneux et dérivés. Il y en a trois, dont deux très importantes à Neuvy-sur-Loire et à Prémery. La première consomme 2,200 décastères par an, la seconde plus de 4,000.

Les bois qui alimentent ces usines sont ceux de la partie calcaire des bassins de la Nièvre et de la Loire.

Mais ces usines n'occupent guère que 200 à 250 ouvriers. Qu'est cela auprès de la masse que les forêts pourraient faire vivre, si l'on tentait de créer les industries de la boissellerie et du jouet?

Le chemin de fer de Château-Chinon à Tannay est ouvert depuis peu de temps. Il paraît destiné à une prospérité assez grande le jour où les touristes pouvant trouver, dans les bourgades du Morvan, des auberges plus confortables, parcourront ces pittoresques et curieux pays. En dehors de Château-Chinon, il n'est guère d'hôtels où puissent loger des dames habituées au confort. Pour le moment, le trafic est maigre et, malgré l'abaissement des tarifs, le chemin de fer ne saurait lutter avec le flottage et la batellerie pour le transport du bois.

Un merveilleux décor se déroule aux yeux quand, ayant quitté la gare, située à une grande profondeur au-dessous de la ville, on décrit, dans la vallée, une série de lacets qui montrent, sous de multiples aspects la chaîne du Morvan. Le train descend rapidement, si rapidement qu'on a la sensation de voir monter les montagnes. Château-Chinon s'élève dans le ciel comme un décor de féerie. La campagne, entrecoupée de ruisseaux et de prés, semée d'étangs, bordée de collines au profil accidenté, surmontées de villages, est d'un charme pénétrant. Le rideau de montagnes s'élargit à mesure qu'on s'en éloigne et finit par se présenter comme une sombre muraille au sommet à peine ondulé.

Tout à coup les ruisseaux cessent de bondir, les blocs de granit disparaissent, la nature, hérissée et tourmentée, se transforme. Au lieu des eaux cristallines, ce sont des ruisselets lents, à l'eau glauque, coulant entre des rives basses où croissent les prêles, les roseaux et les joncs. La tranchée de la voie ferrée présente des assises régulières de roches jaunes. Nous avons quitté le granit pour le calcaire, le Morvan pour le Bazois, pays de blé et de prés d'embouche. Désormais, c'est dans le Nivernais classique, le pays de ces grands bœufs chers à Rosa Bonheur, que je vais poursuivre mon excursion. Mais j'aurai à revenir sur le Morvan, où le département de la Seine possède plus de 5,000 enfants élevés par les nourrices de la montagne.

III

AU PAYS DES NOURRICES

La transformation du Morvan. — Ses causes. — L'élevage humain. — Une idée fixe. — Effroyable mortalité des enfants. — Premier cri d'alarme. — Lois de protection. — Résultats acquis. — Une race nouvelle. — Les enfants assistés de la Seine.

Ourbigny, 5 février 1890.

Même pour le voyageur qui le parcourt pour la première fois, le pays morvandiau paraît subir une transformation profonde. Dans le plus petit des hameaux de la montagne on rencontre, côte à côte, la vieille maison de granit percée d'une étroite fenêtre et d'une porte sans cesse ouverte, sauf un portillon barrant le passage aux enfants qui se roulent sur la terre damée, et de spacieuses et claires demeures, aussi gaies que le permet la robustesse du granit aux angles aigus qui forme les encadrements. La première présente à l'œil un assemblage confus de lits superposés, de berceaux en bois, de tas de pommes de terre et d'ustensiles de cuisine. La cheminée, large et basse, laisse pénétrer autant d'air qu'elle peut donner de chaleur. La seconde a des pièces nombreuses, des rideaux aux fenêtres ; par les baies ouvertes on voit des mobiliers complets, lits entourés de rideaux, tables à toilette avec leurs accessoires ; enfin, on rencontre dans ces montagnes que le manque de chemins semble tenir à l'écart de la civilisation, un confort que bien des pays plus riches ne présentent pas et que les ouvriers des villes ne connaissent guère.

Ces intérieurs riants sont rares encore, mais ils s'accroissent sans cesse ; chaque petit Parisien que reçoit une nourrice morvandelle, une *bourguignotte*, vaut une pièce ou un ameublement de plus à quelque bâtisse des Settons ou du Grand-Montarnu.

L'élevage humain est la grande industrie du Morvan, plus encore peut-être que l'exploitation et le flottage des bois. De tout temps, les Morvandelles ont eu la réputation d'excellentes nourrices. C'est dans la race. Même chez les jeunes filles presque bourgeoises des petites villes et des bourgs, on trouve l'allure massive qu'aura plus tard la matrone. Il semble que, par un phénomène d'atavisme, la souche ait été marquée ainsi.

Avant les chemins de fer, les Morvandelles étaient déjà recherchées à Paris. Mais la grande ville était loin, tout le monde ne pouvait aller dans le Morvan, les femmes du pays ne se déplaçaient guère. Les voies ferrées ont été construites vers Montbard, vers Auxerre, vers le Creusot et, soudain, un mouvement d'émigration formidable s'est produit. Les récits des femmes revenues de Paris ont frappé les imaginations ; toutes ont voulu s'y rendre ; pour satisfaire cette passion, la dépravation est devenue la règle. Il vint un moment où, dans les villages, il n'y eut des femmes que les très vieilles, les très jeunes ou celles que des tares physiques empêchaient de trouver place à Paris ; encore celles-ci eurent-elles bientôt des nourrissons amenés dans le pays par les nourrices revenant de Paris ou par les meneurs et meneuses d'enfants.

Pendant ce temps, les maris passaient leurs journées au cabaret ; quelques-uns, louant leurs terres à vil prix, se rendaient en Picardie comme travailleurs agricoles, ou en Bresse pour recouvrir les toits de chaume ; mais c'était la minorité. On devine ce que put devenir ce malheureux pays. Le sens moral disparut ; bientôt le Morvan, vaste garderie d'enfants parisiens, présenta la plus honteuse exploitation humaine qu'on ait jamais vue. L'industrie des meneurs et des meneuses se développa. Toutes les nourrices ramenaient de Paris un, deux ou trois enfants, racolés dans le quartier où elles étaient en service. Ces enfants, épuisés par le voyage, par la nourriture au petit pot, par le manque de soins, mouraient comme des mouches ; la mortalité atteignit 75 ou 80 p. 100.

Cette situation ne frappait personne. Un médecin de Montsauche, le docteur Monot, l'avait en vain signalée au conseil général de la Nièvre ; ses révélations lui valurent une sortie violente dans un rapport de M. Delangle, plus tard garde des sceaux. M. Monot s'adressa à l'Académie de médecine. Son mémoire, que j'ai sous les yeux, fut lu en septembre 1865, après être resté trois ans dans les cartons. Il produisit dans tout le pays une émotion profonde. Il contient des faits monstrueux. Je n'en prendrai que ce qui est nécessaire pour faire comprendre la portée de l'œuvre de régénération.

En 1861, dans le seul canton de Montsauche, 2,884 femmes avaient accouché, 1,897 étaient parties pour Paris comme nourrices. Celles qui restaient devenaient en partie éleveuses de « petits Paris ». Dans une seule commune, Montreuillon, huit enfants succombaient, en huit jours, par les fatigues du voyage. Quant aux nourrices parties pour Paris, elles laissaient leurs propres enfants aux soins de voisins ou de grands-parents. En sept ans, dans ce canton, 449 d'entre eux périssaient faute de soins.

M. Monot entrait dans des détails répugnants qui ne sauraient être reproduits ici. Je les résumerai en un mot : les filles-mères presque seules trouvaient à se marier, car on était sûr qu'elles pourraient aller à Paris !

Ces révélations furent le point de départ d'une législation qui s'est faite par à-coups et a successivement protégé les enfants en nourrice, les enfants assistés et les enfants moralement abandonnés. Depuis cette époque, depuis que le service des enfants assistés dans la Nièvre est confié à un fonctionnaire actif, M. Sourd, la mortalité est descendue bien au-dessous de la proportion du reste de la France, qui est de 15 à 16 p. 100. Et le dernier mot n'est pas dit.

Mais l'institution de l'élevage — je ne trouve pas d'autre mot : le Nivernais, plus brutal, appelle bien la Morvandelle « vache à lait » — en se développant, en se moralisant, n'a rien enlevé à la dépravation. Comme par le passé, les filles-mères trouvent des maris plus facilement que les autres. Les maris ferment les yeux sur bien des écarts quand ils ne les encouragent pas. C'est que la nourrice, payée 50, 80, 100 fr. par mois, rapporte de son séjour à Paris un petit capital, douze à dix-huit cents francs. Si elle fait deux ou trois séjours, ce qui est la généralité des cas, c'est trois, cinq, sept mille francs même qu'elle peut rapporter. Avec le premier apport on fait construire un commencement de maison ; on achève avec le second ; on meuble avec le troisième. La nourrice, habituée au confort parisien, tient à s'entourer de bien-être.

Beaucoup, de retour d'un premier voyage, comparant leur chambre de Paris avec la chaumière du Morvan, la nourriture abondante et variée avec la bouillie de sarrasin et les pommes de terre cuites à l'eau, ont voulu retourner dans la grande ville y acquérir un peu du bien-être qu'elles regrettaient et rapporter au pays l'argent nécessaire au luxe.

C'est pourquoi on est tout surpris de trouver, dans des gorges presque inaccessibles, des maisons neuves, meublées avec soin, où l'on « offre la goutte » aux amis, vermout ou chartreuse, comme chez le marchand de vin de Paris ; c'est pourquoi la viande, jadis inconnue, paraît souvent une fois par semaine, et pourquoi le porc, autrefois soigneusement ménagé, est entré dans l'alimentation quotidienne de beaucoup de Morvandiaux.

Malgré tout, ce côté de l'élevage humain est d'un caractère assez répugnant. Plus réconfortants sont les résultats obtenus par la législation actuelle. Ici, je ne parle pas seulement du Morvan, mais de la Nièvre tout entière, où l'élevage est répandu partout.

Jadis la mortalité était de 16 p. 100 sur les nourrissons originaires du pays, de 33 p. 100 sur les enfants assistés et de 65 à 70 p. 100 pour les nourrissons élevés dans le Morvan et appartenant à des familles parisiennes. Il y a vingt ans de cela !

Ces enfants, conduits, comme des colis, de Paris à Montbard, mis ensuite dans des voitures ouvertes, nourris au petit pot, — les familles ne se doutaient guère qu'il n'y avait pas de nourrices au sens propre du mot, — couchés dans des boîtes infectes, sur des lits de plume ayant déjà servi à nombre de petits martyrs, succombaient dès les premiers jours.

On a créé la surveillance des enfants assistés, puis la surveillance a été étendue aux « petits Paris » en même temps qu'aux nourrissons de la Nièvre. Ce dernier département a compris la lourde responsabilité qui lui incombait. Son organisation de surveillance est parfaite. Visite des médecins et des inspecteurs, hospitalisation, instruction, mise en apprentissage, tout a été organisé avec une ampleur remarquable. Les charges atteignent près de 120,000 fr. par an. La Seine possède plus de 1,600 enfants assistés dans la Nièvre, pour lesquels elle paye 18 fr. par mois, plus des primes de bonne tenue et l'habillement : la *vêture*.

Pendant l'année 1888, les registres tenus par l'inspection ont contenu les noms de 3,847 enfants en nourrice ; si l'on ajoute les enfants assistés de la Nièvre et de la Seine, le chiffre a été de 5,204 ; au 31 décembre il en restait 3,259.

Sur les 3,847 enfants protégés, 2,024 appartenaient à la Nièvre, 1,623 à la Seine. Ces 1,623 sont ce que l'on appelle les « petits Paris ».

Le département est divisé en trente-trois circonscriptions ayant à leur tête un médecin. Ces médecins visitent régulièrement les jeunes enfants, veillent au maintien de l'hygiène, proposent pour des récompenses les nourrices qui ont témoigné le plus de soins et d'affection. Grâce à ces mesures, c'est-à-dire à la loi Roussel, la proportion des décès est tombée à 6.29 p. 100. Sur 3,847 enfants, il y a eu 242 décès, dont 72 pendant le premier mois. 957 enfants ont été nourris au sein, 2,301 au biberon, 589 ont été sevrés. L'élevage au biberon est encore défectueux, la mortalité est double, mais, peu à peu, les nourrices apprennent à tenir cet appareil en état de propreté et l'on voit diminuer la mortalité.

Certaines communes ont un nombre d'enfants en nourrice très considérable. Montsauche en a 98 ; Onroux, 120 ; Villapourçon, 128 ; Marigny-l'Église, 116 ; Dun-les-Places, 121. Ce sont toutes communes morvandelles. On comprend quelles sommes considérables sont répandues dans le pays chaque année.

Les médecins ne sont pas arrivés sans peine à obtenir des soins. Il fallait rompre avec les vieilles coutumes. Ainsi les nourrices ne voulaient pas enlever les croûtes sur la tête des enfants, sous prétexte qu'ils deviendraient idiots et « que ça leur tombe sur la poitrine » ; elles entendaient ne faire vacciner qu'au mois de mai. Aujourd'hui, cela disparaît ; toutes les prescriptions médicales seraient rigoureusement observées si les sages-femmes n'entretenaient pas l'idée qu'il faut vacciner vers la Pentecôte.

L'attachement des familles nourricières pour les enfants est très grand. Il n'est pas rare de voir conserver et élever les enfants abandonnés par leurs parents. Dans les récompenses données l'an dernier, je note une veuve Donguy, qui élève un enfant dont le salaire n'est pas payé ; de même la femme Tauphi, de Saint-Parize-le-Châtel ; la femme Chamonard, de Prémery. Mme Chabin, d'Entrains, a élevé quinze enfants, etc. Un cantonnier de la Roche-Millay avait un enfant dont la pension n'était pas payée ; on signala le cas à l'inspecteur, on voulut mettre l'enfant à l'hospice ; le brave homme refusa et s'offrit à l'élever ; il a déjà cinq enfants.

Cette affection pour les nourrissons, presque générale aujourd'hui, est due à la surveillance médicale. Jadis, on voyait, dans la mort de l'enfant, un moyen d'exploiter une autre famille. Aujourd'hui, on s'attache à l'enfant en raison même des peines qu'il a coûtées. C'est surtout pour les enfants assistés de la Seine qu'on rencontre cette sorte d'adoption. Ils finissent par prendre place dans la famille au même titre que les fils et les filles. On me citait une jeune fille de dix-neuf ans, qui a les clefs des armoires, à qui l'on doit tout demander. Si ses frères de lait veulent de l'argent pour aller au café le dimanche, il faut s'adresser à elle ; elle a les cordons de la bourse.

Les jeunes garçons, une fois au service militaire, n'ont qu'une idée : revoir le Morvan. Beaucoup s'y marient. Grâce à la prévoyance de l'Assistance publique qui leur a assuré un petit pécule par la Caisse d'épargne pendant leur apprentissage dans les fermes, ils peuvent entreprendre des travaux à leur compte. On en cite qui sont devenus de gros fermiers.

Il se passe alors un phénomène digne d'attention. Le Morvan perd la pureté de sa race. L'enfant assisté, n'ayant, quand il vient là, aucun bien au soleil, aucune famille comme, se plie aux nécessités de l'existence. Bouvier, bûcheron, domestique de ferme, il accepte tout avec un salaire minime. Le Morvandiau, au contraire, qui avait un bout de terre, ne peut s'astreindre à ces travaux peu payés qu'il compare aux gains faciles de la capitale. Il émigre, il envoie sa femme nourrice à Paris, elle lui procure un emploi, ils se fixent là-bas. C'est ainsi que le Morvan perd cette race d'hommes petits et lourds, auxquels les yeux d'une fixité morne, le collier de barbe noire encadrant les joues et le menton dégarni, donnent une si singulière apparence. Si les enfants assistés continuent à rester dans le pays, il y aura là une race nouvelle plus active, plus intelligente, qui saura transformer les conditions économiques de la contrée.

La Nièvre n'étend pas seulement la surveillance à ses enfants assistés et aux enfants en nourrice. Les filles-mères, qui ne peuvent élever leurs enfants, reçoivent des secours. Aussi le chiffre des infanticides, faible d'ailleurs, tend-il à décroître. D'autre part, les secours sont étendus aux pauvres familles pour les enfants légitimes. Il est à remarquer que, dans ces catégories d'enfants, la mortalité est inférieure à celle des enfants assistés ou en nourrice. Cela tient à ce que les dix-neuf vingtièmes sont élevés au sein.

Le département ne borne pas là ses tentatives de relèvement, la prime de légitimation donnée aux filles-mères qui se marient a été élevée de 50 à 100 fr. Grâce à cette prime, nombre d'enfants sont reconnus et ont un état civil régulier.

En résumé, l'exploitation infantile s'est améliorée.

La mortalité des enfants en nourrice, jadis quatre ou cinq fois supérieure à celle du reste de la France, est tombée bien au-dessous de la moyenne.

Des mœurs nouvelles et le bien-être font place à la sauvagerie du passé. Il ne reste que la dépravation causée par l'idée fixe d'aller comme nourrice à Paris et par l'exploitation maritale, parfois paternelle, de ce désir.

Sous ce rapport, le mal est encore très grand, les habitudes prises par les nourrices au milieu de la domesticité parisienne ne sont pas faites pour l'enrayer. Le désir, fort louable d'ailleurs, de posséder en Morvan une maison confortable, sur une propriété bien à soi, ne saurait masquer le mal.

C'est aux enfants assistés, aux orphelins, aux abandonnés de la grande ville qu'on devra de voir disparaître ces mœurs honteuses. Ceux-là ont peu l'idée de revoir Paris, ils font souche de travailleurs robustes, attachés au sol qui les vit grandir.

On dirait, en eux, la conscience confuse qu'ils doivent la vie et une existence moins troublée à l'air vif des monts, à la forêt sans fin, aux maigres champs de seigle et de sarrasin arrachés à la terre de granit.

Ceux-là transformeront le sol par les assolements et les amendements, créeront des industries, et, par leur exemple, prouveront qu'il n'est pas nécessaire d'aller chercher à Paris la prospérité qu'on peut trouver au village.

IV

LE NIVERNAIS INDUSTRIEL.

Donzy. — Une forge éteinte. — Ruines industrielles. — L'âge d'or des forges nivernaises. — Les houillères de la Machine. — Volcans en miniature. — La ville de Decize. — Imphy. — Les ouvriers aux meules. — Les ressorts et la mode. — Fourchambault. — Les fabriques de boulons et de limes. — Causes de la décadence de la métallurgie en Nivernais.

Donzy, février 1890.

Il y a près d'ici, à l'Éminence, au pied d'un coteau qui porte les ruines fort pittoresques et fort précieuses de Donzy-le-Pré, abbaye gothique, jadis célèbre, des bâtiments assis au bord du Nohain. Des roues hydrauliques, depuis longtemps inactives, se mirent dans le flot clair de la petite rivière. Les bâtisses ont l'aspect mélancolique des choses mortes. Ce furent des forges dont les produits avaient autrefois une certaine réputation. La concurrence des fers au coke et au charbon, la disparition des minerais, l'absence de voies de communication ont tué cette usine. Par une ironie du sort, des terrassiers travaillent activement à la plate-forme du chemin de fer stratégique de Bourges à Clamecy. Il y a vingt ans, c'eût été peut-être le salut.

Toute la Nièvre est ainsi couverte de débris de forges, qu'on ne devinerait guère sans les amas de scories et de « laitier » qui les entourent.

Ces ruines ont la laideur des ruines industrielles ; rien ne croît sur ce sol brûlé. Peu de pays, sauf le Périgord et le Berry, possédaient plus de forges. Le bois était inépuisable et fournissait tout le charbon nécessaire à la fabrication du fer. Il y avait 2,000 exploitations de minerai ; des cours d'eau abondants donnaient la force motrice ; des canaux et la Loire transportaient les fers ; cent petites industries locales se servaient de ce métal. Mais les chemins de fer ont été construits, faisant naître les puissants groupes industriels que nous connaissons, apportant la houille sur les points privés de combustible.

Une à une, toutes ces forges sont tombées ; les hauts-fourneaux se sont éteints ; les mines, suffisantes pour de petites exploitations, n'auraient pu alimenter de grandes usines. Imphy et Fourchambault ont, au contraire, pris un développement extraordinaire, grâce au groupement de petites usines avec les forges de Montluçon, les mines de fer du Berry et les houillères de Commentry. Il y eut pour ces établissements un moment de prospérité tant qu'il fallut de grands ponts et des rails de fonte. Pendant la construction de nos grandes lignes, le groupe nivernais joua un rôle important dans l'industrie nationale.

La concurrence des grands établissements du Nord et la substitution de l'acier au fer sont venues troubler cette prospérité. Un moment on a pu craindre que Fourchambault et Imphy ne fussent supprimés; j'ai retrouvé partout cette appréhension; elle est heureusement contraire à la réalité des faits.

Les grandes causes d'infériorité de la métallurgie, dans la Nièvre, sont l'épuisement et l'insuffisance des mines de fer et le manque de houille. Fourchambault va maintenant chercher fort loin son minerai, Berry et Nivernais n'en renferment plus que des quantités insignifiantes.

Il faut ajouter à ces causes des procédés de fabrication qui ne sont pas tenus à la hauteur des progrès accomplis dans l'industrie. Quant à la houille, il y a bien une mine dans la Nièvre, mais elle appartient au Creusot et ne saurait être d'aucun secours aux forges du pays. C'est la houillère de la Machine, où vient de se produire une épouvantable catastrophe, près de la ville de Decize, une des exploitations les plus anciennes de charbon minéral, puisque ce sont des Liégeois qui vinrent exploiter les affleurements et que les archives montrent, dès 1710, un travail régulier. Depuis 1868, la mine appartient au Creusot.

Ces houillères sont les plus pittoresques que je connaisse : au lieu du classique paysage de Lens et d'Anzin, immenses plaines rases sur lesquelles les tas de déblais s'élèvent en monticules dépassant parfois en hauteur les cheminées d'usine, au lieu des puits des environs de Saint-Étienne, creusés aux flancs de collines dénudées, les puits de la Machine sont en pleine forêt. Les collines, très hautes, sont revêtues de bois : forêts de Thianges, de Trois-Vèvres, de Glenous entourent la grosse bourgade ouvrière. Dans le fond des vallons s'amassent des étangs.

Le bourg est une large rue bordée de magasins ; quant à la population, elle habite au loin dans des cités ouvrières ou dans des maisons appartenant aux mineurs.

Il y a là une organisation sociale fort intéressante.

Les charbons de la Machine sont malheureusement de qualité inférieure ; ils renferment des schistes en quantité. De là un triage des plus onéreux, qui permet cependant de faire une part de charbon de bonne qualité, évaluée à 100,000 tonnes par an, et livrée aux usines à gaz, aux porcelaineries, aux petits forgerons. Une quantité égale de charbons inférieurs est expédiée au Creusot pour la consommation de l'usine. Quant aux schistes, triés par des femmes, ils sont entassés en monticules énormes. Une combustion spontanée se produit au sein de ces masses : à voir ces fumerolles et ces cendres rougeâtres, on croirait à un phénomène volcanique.

On ne contemple pas sans un certain effroi des trains de déblais, poussés par une locomotive, courir sur ces masses enflammées. Ces schistes, plaie des houillères de la Machine, sont désastreux pour les cultures voisines. Les gaz qui sortent des amas enflammés détruisent la végétation : aux alentours, les arbres de la forêt sont roussis. La ville de Decize, bien que située à plus de cinq kilomètres, est fort gênée par ces émanations quand soufflent les vents du Nord.

On comprend que ces manipulations nombreuses aient fort élevé les prix. Le charbon de la Machine revient à 12 fr. la tonne ; ailleurs, la houille atteint 7 fr. en moyenne.

Un chemin de fer à voie étroite descend des hauteurs de la Machine jusqu'au port de la Copine, sur le canal du Nivernais. Cette voie que j'ai suivie, sur une locomotive de service, passe sous la ville par un long tunnel et descend par un étroit ravin forestier d'un caractère sauvage. A la Copine, les wagons sont versés, soit dans ceux de P.-L.-M., soit dans les bateaux du canal. Chaque jour, un train est formé pour le Creusot. Pendant quelque temps, à la suite d'une élévation de tarifs, le Creusot fit tous ses transports par eau. La lutte fut longue et ardente, mais, finalement, le chemin de fer P.-L.-M. a cédé. Aujourd'hui le port n'expédie que les charbons de commerce pour les ports des canaux du Nivernais et latéral à la Loire.

La Copine n'est qu'à deux kilomètres de Decize, une des villes de France les plus curieusement situées. Au confluent de l'Aron et de la Loire se dressait, dans le fleuve, une roche isolée dominant de plus de vingt mètres la surface des eaux. Des atterrissements en amont et en aval ont fait de l'écueil une île, longue de plus de trois kilomètres. Sur la butte, dominant deux bras de la Loire et le confluent de l'Aron, s'est construit une ville. L'espace étroit dont disposaient les constructeurs les a forcés à tracer des ruelles au lieu de rues, maisons et monuments se pressent sur ce rocher en une amusante cohue de toits, de tours et de flèches. De vieilles gravures représentent Decize plus pittoresque encore, quand une ceinture de tours au toit aigu l'entourait. Les tours ont été jetées bas, faisant place à un boulevard, mais la ville n'en conserve pas moins un intéressant aspect.

Le voisinage des canaux, le chemin de fer de Nevers à Chagny, ont fait de Decize une ville commerçante et industrielle. Mais l'industrie s'est naturellement portée au delà de l'île; dans le faubourg d'Allier, sur la rive gauche, où le canal latéral débouche dans la Loire et d'où les bateaux, au moyen de toueurs, peuvent gagner, sur l'autre rive, le canal du Nivernais; dans le faubourg Saint-Privé, bâti au bord de l'Aron et surtout à Saint-Léger-des-Vignes, village qui avoisine la gare. Il y a là un groupe de population fort active, grâce à la navigation, au transport du bois, à l'extraction *des sablons* kaoliniques et siliceux pour faïencerie, à la cuisson *du plâtre* et à la verrerie.

Tout autre est le caractère d'Imphy, usine qui fait partie du groupe Commentry-Fourchambault. L'Ixeure, qui s'y jette dans la Loire, a été l'origine de cet établissement, grâce à une chute puissante. Malheureusement pour Imphy, la Loire est trop capricieuse pour servir à la navigation. Les vieux fers, les minerais, les houilles ne peuvent être amenés que par wagons ; aussi la lutte entre le chemin de fer et l'usine a-t-elle été dure. Il y a peu d'années, la compagnie avait majoré les prix, de telle sorte que l'usine dut chercher de nouveaux moyens de transport ; elle s'adressa à l'Orléans et fit envoyer ses produits à Paris par Saincaize et Vierzon. Le commerce de Nevers l'imita. Le chemin de fer dut revenir à ses anciens tarifs. Mais la menace d'une majoration des transports est toujours là ; aussi se propose-t-on de construire un chemin de fer aérien pouvant, au moyen d'un câble traversant la Loire, conduire les matières premières du port de Chevenon, sur le canal latéral, à Imphy.

Imphy, jusqu'à ces dernières années, a paru condamné ; non seulement sa situation était désavantageuse, mais encore on avait laissé les concurrents adopter des méthodes nouvelles de fabrication, sans les imiter. La hausse des fers a permis d'escompter de nouvelles chances de vitalité, sinon de prospérité ; aujourd'hui on paraît avoir repris courage. Les commandes de l'artillerie sont d'ailleurs, pour Imphy, d'un précieux secours. Les boulons, les ressorts de voitures et de wagons sortis des ateliers, ont une réputation fort grande. L'atelier des ressorts est le plus considérable qui existe ;

il mérite une visite. D'autres ateliers font les roues de wagonnets, découpent, dans la tôle produite dans l'usine, des pelles et des socs de charrue. Par contre, les rails, jadis fabriqués en quantité, sont aujourd'hui abandonnés.

La fermeture d'Imphy serait un désastre pour tout ce pays. La population ouvrière y présente un caractère remarquable de fixité. De nombreux ouvriers travaillent là depuis cinquante ans. Cette stabilité est la raison même de l'existence actuelle d'Imphy; il y a, chez les ouvriers, des habitudes de fabrication qui ont maintenu la renommée de certains aciers spéciaux.

Malheureusement des règles dangereuses ont pris naissance : c'est ainsi que les ouvriers chargés du polissage des lames de ressorts s'obstinent, par bravade inutile, à travailler dans des conditions déplorables. Ils ont les pieds dans une humidité continuelle, on n'a jamais pu les obliger à mettre des bottes imperméables ; la poussière des meules produit dans l'organisme des désordres tels que la plupart sont poitrinaires ; on n'a pu les habituer à préserver les voies respiratoires. Bien plus, dès qu'ils peuvent quitter l'atelier, ils vont pêcher, une partie de la nuit, au bord de la Loire. Ils y mettent une sorte de gloriole. Le résultat le plus clair est qu'ils abrègent de dix à vingt ans la durée de leur vie.

Ces malheureux paient donc, chaque année, un lourd tribut à la mort. Il est pénible de le dire, leur travail est inutile, bien plus, il est nuisible à la qualité même des ressorts. Le polissage enlève la couche de fer la meilleure et détruit un quart de la résistance et de l'élasticité des lames. Mais les carrossiers veulent des ressorts bien polis, parce que la peinture y est plus facile et plus belle. Et la phtisie enlève des centaines d'ouvriers, quand les énormes meules de grès n'en tuent pas en éclatant. L'artillerie française et les chemins de fer, il est juste de le dire, ont renoncé à cet enjolivement ; elles y gagnent en bon marché et en durée.

Nevers fut également un centre métallurgique. Mais la Pique, un des établissements de la Compagnie de Commentry-Fourchambault, situé dans un faubourg, disparaît ; l'industrie du chef-lieu est aujourd'hui à peu près uniquement consacrée aux machines agricoles, aux produits chimiques et à la faïence. Il faut remonter la Nièvre jusqu'à Guérigny et la Loire jusqu'à Fourchambault pour retrouver la grande industrie. Guérigny est un établissement de l'État, uniquement consacré à la fabrication des ancres et des chaînes pour la marine. Quant à Fourchambault, ce fut, jadis, un des centres les plus florissants de l'industrie française. De là sont sortis la plupart des ponts de fonte et de charpente de fer qui ont été jetés pour le passage de nos chemins de fer; des rails, des wagons, des charpentes. Mais, je l'ai déjà dit, l'usine ne s'était pas tenue à la hauteur des progrès réalisés ailleurs, et, l'année dernière, on parlait de fermeture. Le changement du haut personnel et des économies nombreuses ont permis de réagir ; la hausse des fers est venue ranimer l'usine. Aujourd'hui la forge et les fonderies paraissent assez actives. La marine et la guerre sont clients assidus; la plupart des affûts de nos côtes et de nos places sortent de ces ateliers. Fourchambault possède un embranchement du canal latéral et, malgré les difficultés de la traversée de la Loire, il peut faire ses transports par eau.

Plus vivaces, très florissantes même, sont les industries nées, si l'on peut dire, à l'abri de ces grandes usines. Ainsi la commune de Fourchambault possède un autre établissement fort intéressant [1], dans lequel on fabrique uniquement des

---

1. Usine Boucharcourt, Magnard et Cie.

boulons en fer et en acier pour l'artillerie et le commerce, des foyers de locomotives, des boulons et éclisses pour rails. Trois cents ouvriers livrent chaque année 20 millions de boulons et 25 millions d'écrous au commerce. Des machines aussi curieuses que puissantes fabriquent par milliers des clous pour la ferrure des chevaux.

A la Charité est une autre industrie, celle des limes. De tout temps on a fabriqué des limes dans cette contrée. Aujourd'hui encore de petits établissements livrent à très bas prix ces outils. Ils emploient un personnel intermittent, vignerons et cultivateurs qui ne vont travailler à la lime que lorsque le travail se présente. Mais cette intermittence de la main-d'œuvre a fait naître la grande industrie. Cosne possède une grande usine occupant près de 300 ouvriers à la fabrication mécanique des limes ; 25 millions de pièces en sortent chaque année [1]. C'est là une industrie bien française qui a su s'ouvrir des débouchés dans le monde entier.

Mais, en somme, on peut dire que la préparation du fer a fort déchu dans ce pays. Les anciens avantages : présence du bois, du fer et de la

---

[1]. Maison Limet et Aubert.

force hydraulique sont annulés par l'emploi des
houilles, des minerais riches et de la vapeur. Le
Nivernais ne reverra plus ses années de grande
prospérité.

Si le canal avait longé la rive droite au lieu de
se maintenir dans le Berry, peut-être ce sort au-
rait-il été évité. Mais les mêmes causes qui ont
fait naître les villes importantes sur la rive droite,
c'est-à-dire des collines permettant aux centres
d'habitation de se tenir au-dessus des crues du
fleuve, ont fait creuser le canal en dehors des terrains accidentés dans la large plaine alluviale de
la rive gauche. De là une décadence difficile à
enrayer.

Le voyageur, qui voit les choses en passant,
ne saurait se rendre compte de cette situation.
Les villes, avec leurs hautes cheminées fuman-
tes, les gares, avec leurs voies couvertes de wagons, donnent l'illusion d'une activité énorme.
Même Imphy et Fourchambault, quand les four-
neaux versent leur lave ardente, quand les *trains*
lancent les bandes laminées, quand s'étirent les
fils de fer, quand se montent les charpentes, sont
un des plus beaux spectacles que puisse présenter
l'activité humaine. Ces grandes ruches bruyantes
ont conservé la poésie brutale de l'industrie. Au
fond, le même malaise pèse sur tout cela, par suite

de la faute commise en creusant le canal hors de
la portée des usines appelées à s'en servir.

Le dernier mot n'est pas dit, cependant; l'effort
tenté en ce moment pour ranimer les grandes
usines est plein de promesses. Il sera possible de
conserver ces populations ouvrières pleines d'endurance et d'attachement au sol.

V

LE NIVERNAIS PASTORAL

Le Japon dans le val de Loire. — Sancerre. — L'Orme-au-Loup et la Pierre-Couplière. — *Un heureux coin de terre*. — L'élevage nivernais. — Durham et charollais. — Les herbages de Champlin. — Ce qu'est l'embouche. — Les étalons pour la Plata. — Culture intensive. — Le cheval nivernais et l'Allemagne.

Sancerre, février 1890.

Le massif de petites montagnes berrichonnes dont Sancerre occupe l'un des pitons est vraiment pittoresque. Hier soir, en venant de Cosne, j'ai vu ces collines sous un de leurs plus saisissants aspects. Elles avaient pris des teintes d'un bleu sombre à leur base, d'un bleu lilas au sommet. La longue crête se frangeait de l'or bruni du couchant. Au premier plan, le mamelon de Sancerre, comme auréolé de cuivre en fusion, avait l'allure hiératique que les peintres japonais donnent à leurs montagnes. Sur quelques crêtes, des pinèdes, détachant sur le ciel leurs troncs grêles et leurs noirs parasols, donnaient encore plus de caractère à cette évocation de l'Extrême-Orient. A la marge du tableau, la Loire étalait sa mate nappe d'acier. Peu de paysages crépusculaires m'ont autant frappé que celui-là. Ce matin, le soleil a illuminé un paysage plus grandiose. Ceux qui ne savent pas quelles magnificences notre pays renferme, même sur ses routes les plus parcourues, devraient venir ici. Ils auraient au cœur même de la France, un des plus beaux spectacles que l'on puisse rêver, un de ces paysages qui faisaient dire à Stendhal : « Si Paris avait une montagne un peu élevée, notre littérature aurait été autrement pittoresque. » Tous les Parisiens qui sont allés à Vichy connaissent le fier aspect de Sancerre, dominant les verdoyants coteaux de vignobles qui l'entourent, mais combien ont eu l'idée de gravir la pente, pour jouir du panorama offert par les promenades tracées sur les anciens remparts ?

Du haut de cette terrasse, on jouit déjà d'une vue grandiose sur trois provinces : Berry, Nivernais, Orléanais. Mais celui qui ne craint pas les sentiers à pic, cailloutés de silex tranchant, peut avoir une vue plus belle encore du haut des mamelons qui se dressent au sud. L'un est couronné par une falaise de carrières rougeâtres, d'un grand effet vu des bords de la Loire; c'est l'Orme-au-Loup; on a, du sommet, une vue charmante sur Sancerre. Il faut aller plus loin encore, sur la colline que recouvre le bois de la Garenne. Là, au signal de la Pierre-Coupilière, amas d'énormes blocs de silex, on domine de 80 mètres le mamelon de Sancerre et l'on découvre des horizons sans limite. En cette saison, où la brume estompe le paysage, on ne voit pas l'écran lointain des montagnes du Morvan, et l'on a peut-être mieux la sensation de l'immensité.

La Loire est le grand attrait de ce site. En cette saison, le ruban d'argent, avec ses îles, a la largeur d'un fleuve d'Amérique, grâce aux pluies qui ont gonflé le flot. Au pied de notre belvédère, des villages s'égrènent le long des hauteurs ; sur les pentes, des vignes ; dans le val, des champs et des prés découpés en damier. Voici Ménétréol tapi dans un creux ; Thauvenay dont paraissent seuls les toits rouges ; plus loin Saint-Bouize et Couargues, deux groupes de hameaux qui nous valurent, en 1878, un admirable petit livre de M. de Montalivet : *Un heureux coin de terre*, en l'honneur des transformations amenées par la Révolution. Au delà, avec son parc plein d'arbres verts et ses vastes pelouses, le château de Lagrange, encore habité par la famille de Montalivet.

En face, le promontoire de Tracy, fièrement jeté sur la rive ; dans chaque repli des collines, des villages et des hameaux dont les maisons dévalent vers le fleuve. Là-bas, à mi-coteau, voici Pouilly dans ses vignobles; plus vaguement devinée, la Charité et ses vieilles tours. Dominant toute cette rive, l'église de Saint-Andelain. En arrière les plateaux arides du Donziois et la longue ligne des futaies nivernaises.

Vers Sancerre, le mamelon de l'Orme-au-Loup avec ses vignes, ses carrières, sa calotte de bruyères et de genêts; puis la ville dont les maisons étroites, uniformément coiffées de hauts pignons, se pressent curieusement autour du donjon féodal. Les vignes couvrent toutes les collines, ayant fait disparaître jusqu'au moindre buisson, soignées comme un jardin parisien. Au couchant, les collines ont l'allure de montagnes, elles se haussent graduellement, coupées en écharpe par le blanc ruban des routes.

Voici encore la Loire : Cosne et ses îles, l'immense plateau de la Puisaye, tout semé de points blancs qui sont des bourgs et des villes. De ce côté, rien ne borne la vue; la forêt d'Orléans bleuit à l'horizon, coupée par les taches fauves des larges clairières de cultures.

Dans le détail du paysage ce qui frappe surtout, ce sont, dans le val et sur les plateaux, de l'autre côté du fleuve, les attelages de grands bœufs tirant sur la charrue. Ces bœufs, dont on voit déjà de grandes bandes arriver dans les prairies, dès que le soleil a fait fondre le givre, sont les charollais-nivernais, l'orgueil de la province.

Il ne faudrait pas croire, en voyant, au concours du palais de l'Industrie, les admirables durhams exposés par les grands éleveurs du Nivernais et du Bourbonnais, en voyant leur nombre, l'ampleur et la beauté de leurs formes, que cette race exotique a pris la place de nos races indigènes. Le durham reste à l'état d'exception, les croisements même diminuent. Bête prenant bien la graisse, elle a perdu de sa valeur le jour où le suif a baissé de prix, où le consommateur a manifesté une préférence marquée pour la viande à rôtir : filets et biftecks. Les efforts ont alors porté sur la production de la viande et les races françaises ont repris la prépondérance. C'est ainsi que le bœuf charollais est plus que jamais le grand approvisionneur de la boucherie parisienne.

Le nivernais, c'est-à-dire le croisement du durham et du charollais, perd lui-même de la faveur dont il a joui. Le charollais pur, amélioré par une sélection constante, prend, au contraire, la prédominance absolue ; favorisé par sa précocité, sa facilité d'engraissement, sa résistance aux intempéries et ses qualités de bête de travail. Alors que le

durham s'engraisse à l'étable, le charollais passe
la plus grande partie de l'année en plein air, sortant aux premières pousses de l'herbe, pour ne
rentrer qu'aux premières neiges.

Le spectacle des prairies nivernaises, pendant
l'époque où les bandes de bœufs paissent en pleine
liberté, est superbe. Les voyageurs qui ont suivi
la grande ligne de Paris à Saincaize n'en ont
qu'une faible idée. La voie suit le val de Loire,
longeant presque toujours le fleuve, les pâturages
sont rares ; ce sont des vignes qui couvrent les
pittoresques coteaux qui dominent Cosne ou portent en amphithéâtre Pouilly et la Charité. A
peine, çà et là, vers Pougues et Fourchambault,
quelques étroites bandes de pâturages où des groupes de bœufs blancs annoncent un pays d'élevage.

Il faut suivre les chemins de fer de Clamecy à
Decize par Châtillon, et de Clamecy à Decize par
Nevers. Là, dans la vallée de l'Yonne, vers Tannay, vers Corbigny, dans le Bazois, vers Moulins-Engilbert, dans la vallée de l'Aron, le printemps
et l'été sont admirables. Partout des herbages remplis de grands bœufs blancs, laissant parfois deviner sous leur pelage la peau fauve, indice du croisement de durhams ; d'autres sont tachés de roux
par le mélange du sang morvandiau. Aucun autre
pays de France ne présente un aspect aussi pasto-

ral. Même la grasse Normandie ne saurait rivaliser avec le Nivernais, car les haies épaisses de l'Ouest empêchent de jouir de la vie apportée par ses multitudes de troupeaux.

Quelques coins sont particulièrement privilégiés. Ainsi la région où naissent la Nièvre, l'Arthel et le Beuvron. Il y a là, autour du village de Champlin, le plus admirable herbage qu'on puisse voir. C'est un bassin en forme de coupe très évasée, limité au couchant par une série de curieux mamelons très aigus, couronnés de villages; celui de Montenoison surtout est d'un très grand effet; de même l'entrée du vallon d'Arthel gardée par deux châteaux. Fonds de vallons, pentes, sommets, tout est herbage. Sur ces pentes calcaires, que leur nature et leur exposition sembleraient réserver à la vigne, ce n'est qu'une nappe ininterrompue de prairies. Et pas de limites visibles, les anciennes haies ont disparu, remplacées par des rangées de pieux et de fils de fer; des murs en pierre sèche enclavent la propriété tout entière. A Champlin un domaine couvre 400 hectares. Dans toute la région, il y en a d'autres fort vastes, mais la plus grande partie du sol est répartie entre les moyens propriétaires, qui ont de 30 à 40 ou 50 hectares.

L'élevage du charollais est la base du système

agricole dans cette région. Il a lieu d'une façon fort méthodique. Voici, par exemple, une propriété de 100 hectares. Elle renferme quinze « vaches à fruit » qui produiront quatorze veaux. Les deux ou trois meilleurs sont livrés comme producteurs dès l'âge de six mois, dans l'Allier, le Cher ou Saône-et-Loire. Premier produit considérable, car ces jeunes animaux se vendent de 250 à 600 fr. et même 1,000 fr. Les autres sont élevés uniquement dans les pâturages, où ils résistent fort bien aux brusques variations de la température et aux piqûres d'insectes, si dangereuses pour d'autres races. L'hiver, par contre, les animaux mis à l'étable sont maigrement nourris.

A trois ans, on prend les quatre mâles les plus forts et l'on en fait des éléments de « charrues », c'est-à-dire des attelages. Tous les autres sont vendus à la boucherie. Quant aux génisses, à trois ans on prend les deux ou trois meilleures pour remplacer les vieilles vaches ; le reste est envoyé à la boucherie.

Les autres bœufs sont répartis dans les *charrues*. Chaque charrue se compose de six bœufs. Les jeunes de trois ans sont placés au milieu, les bœufs de quatre ans devant, et ceux de cinq ans derrière.

A six ans, les bœufs ont fini leur carrière ; on

les vend à la boucherie ou, comme bœufs de trait, aux cultivateurs du Nord. Ceux-ci, après l'enlèvement de leurs récoltes, les engraissent avec la pulpe de betteraves pour les revendre à Paris.

Ce n'est pas le principal débouché des éleveurs. Depuis que les chemins de fer permettent d'envoyer, sans fatigue, les jeunes animaux à Paris, on les embouche — ou embauche — jusqu'à trois ans, c'est-à-dire qu'on les met en chair pour la consommation. De là ce nom de prés d'embouche donnés aux pâturages du Nivernais et du Charollais, et celui d'emboucheurs donné aux éleveurs. Un propriétaire ou un fermier qui possède 50 hectares de prés engraisse lui-même ; mais, s'il a une étendue moindre, il préfère souvent vendre son bétail à de grands emboucheurs qui nourrissent les bœufs par centaines.

Il n'y a pas fort longtemps que cette industrie s'exerce ; elle remonte à 1830 ou 1840. M. Mathieu en eut le premier l'idée. Il fut suivi par MM. Paignon, Cornut, Maringe, Ponceau, Adam, etc. Elle a fait des prosélytes nombreux et a complètement transformé ce pays. Arthur Young jugeait cependant que le Nivernais n'était bon qu'à l'élevage du mouton et le conseillait aux agriculteurs, il y a cent ans.

Quant au durham, on ne le trouve guère que chez quelques spécialistes. Au début, c'est-à-dire vers 1822, quand M. Brière introduisait les premiers échantillons à Saint-Benin-d'Azy, quand M. de Bouillé l'imita en peuplant ses étables de Saint-Mars, il y eut un moment de faveur, et l'on put croire que la race anglaise allait dominer ; il n'en fut rien. Mais, en ce moment, un fait économique considérable se produit : la République argentine achète un grand nombre des taureaux durhams produits en France, après avoir préféré les étalons nés en Angleterre. La production nivernaise en durhams va presque toute à la Plata.

Une vente de douze reproducteurs a rapporté 81,000 fr. On cite des jeunes taureaux qui se sont vendus jusqu'à 6,000 fr. Le résultat, au point de vue local, a été d'enrayer le mélange du durham et du charollais ; les petits fermiers qui achetaient autrefois des reproducteurs ne peuvent lutter avec le gros capitaliste argentin.

Le même fait se reproduit pour les béliers de la race dishley qui servent au croisement avec le mouton du Berry. Ces moutons réussissent à merveille dans les prés de la Nièvre ; on peut en voir de superbes échantillons à Sermoise et à Gimouille. Là encore les Argentins achètent à haut prix la plupart des producteurs ; un bélier se vend de 500 à 600 fr.

Grâce à ces débouchés, les quelques propriétaires qui se livrent à ce commerce ont obtenu, dit-on, un revenu brut de 500 fr. par hectare.

L'agriculture proprement dite n'a malheureusement pas fait de grands progrès dans la Nièvre. Quelques propriétaires ou fermiers ont tenté la culture intensive ; les résultats ont été excellents, mais l'exemple n'a pas été suivi. Le domaine de la Colâtre à Chevenon[1], un de ceux où l'élevage est en honneur, est devenu une véritable ferme modèle. Deux cents hectares de prairies ont été créés ; le reste, soumis à la culture intensive, donne des rendements de 40 à 50 hectolitres à l'hectare. Et cependant ces terrains sont des sables amenés par la Loire. Un champ d'expériences, installé sur le chemin du bac d'Imphy à Chevenon, montre à tous les résultats de l'emploi des engrais chimiques. Malheureusement il y a beaucoup à faire pour amener le cultivateur à modifier ses méthodes. Ici plus qu'ailleurs, peut-être, il est méfiant à l'égard des innovations. Toutefois, les progrès, pour lents qu'ils soient, n'en sont pas moins réels. Partout on trouve du froment, des racines, des

---

1. Appartenant à M. Bardin.

fourrages artificiels. La production, il est vrai, dépasse rarement, en blé, douze hectolitres à l'hectare; mais, il y a cent ans, Young disait que la terre, dans le Nivernais, ne donnait même pas quatre fois la semence; encore, pour obtenir ce maigre résultat, fallait-il souvent abandonner le sol aux genêts pendant sept ou huit ans!

Plus prospère est l'élève du cheval. On s'y livre aux environs de Nevers, mais surtout dans la partie du Morvan que parcourt le chemin de fer de Decize au Creusot. Là sont d'admirables chevaux de service, à la robe d'un noir lustré, élevés dans les fermes. Pour un domaine de cent hectares, il y a, généralement, trois juments poulinières; on en compte deux dans les fermes de cinquante hectares; presque toutes les autres en ont au moins une. Des étalons « rouleurs » sont promenés dans le pays. Le produit, le poulain, est vendu aux emboucheurs à l'âge de six mois. Ceux-ci le revendent à un an, pour la culture, dans l'Yonne et Seine-et-Marne. Les marchés principaux sont à Cheroy, Sens et Villeneuve-l'Archevêque. Ces poulains sont achetés par des maquignons et revendus aux cultivateurs qui les gardent jusqu'à cinq ans. Les pouliches sont en partie conservées comme poulinières, le reste va dans les Pyrénées, acheté pour l'industrie mulassière, par des Espagnols. Les cantons de Decize et de Luzy élèvent le demi-sang. Les jeunes chevaux de cette région trouvent, depuis quelques années, un grand débouché en Allemagne et en Italie; des maquignons les achètent dans les foires à des prix fort élevés. Ils suivent nos officiers de remonte, écoutent débattre les marchés et n'hésitent pas à fortement enchérir.

Il n'est pas de ferme qui n'élève des porcs, mais c'est plutôt pour consommer des reliefs et fournir des provisions d'hiver que pour le commerce Dans les grandes fermes on élève, en moyenne, quatre mères. Dans quelques-unes, l'élevage se fait en grand. En Morvan, il n'est pas une maison qui n'élève un porc; comme en Irlande il a sa place dans la moindre masure.

Ce pays nivernais est donc une région bien tranchée au point de vue agricole. La culture des bois, l'embouche, la production des étalons de bovidés et d'ovidés, l'élevage du cheval de gros trait en sont les caractères les plus saillants.

En somme, l'agriculture nivernaise progresse lentement. L'élevage seul montre un esprit d'initiative. L'exemple des cultures à grand rendement n'est pas assez connu. Là où il est connu, on ne l'imite guère. On ne constate de changement profond que dans les parties du Morvan où les voies ferrées et les canaux peuvent amener la chaux à bas prix. Les résultats du chaulage sont d'une telle évidence que nul n'est tenté de les méconnaître. Le jour où le chemin de fer à voie étroite de Nevers à Saulieu traversera ces montagnes et apportera de la chaux, elles seront transformées. Cette transformation aura certainement pour résultat de préparer les cultivateurs à l'emploi des méthodes nouvelles, et ce ne sera pas une médiocre surprise de voir l'habitant des terres les plus ingrates obtenir de plus belles récoltes que l'habitant des riches terres alluviales du Bazois et du Val.

VI

UNE USINE NATIONALE (GUÉRIGNY)

Guérigny. — Un village heureux. — Les sociétés de consommation. — Propriétaires ! — Fourchambault, Imphy et la Machine. — Organisation modèle. — Les ouvriers agricoles. — Métayage et fermage.

Guérigny, 12 février 1890.

Guérigny est une grosse bourgade, gracieusement assise au bord de la Nièvre, vivant uniquement par les forges de la marine, où se font les ancres, les chaînes, les gouvernails et une partie des plaques de blindage de la flotte. L'usine est l'œuvre du baron de la Chaussade, grand créateur de forges s'il en fut, auquel Louis XVI l'acheta, comme il acheta Ruelle au marquis de Montalembert.

En sa qualité d'établissement de la marine, Guérigny est peuplé uniquement de fonctionnaires, ouvriers ayant une retraite assurée, vivant tranquilles, et auxquels, plus qu'à tout autre, le respect de l'autorité devrait être sacré. Le pays est riche, peu de cabarets, à peine quelques bals pour les jeunes gens. La plupart des ouvriers se sont construit, sur les pentes de la vallée, de coquettes et blanches maisons. Une société de consommation, pouvant passer pour un modèle, leur fournit, à bas prix, tout ce qui est nécessaire à l'existence, sauf la viande ; encore a-t-on l'argent et le terrain pour construire un abattoir. Les 1,400 sociétaires, ouvriers actifs ou pensionnés, paient 1 fr. 60 le pain de 6 kilogr., porté à domicile. Le vin est livré à 33 ou 37 fr. par hectolitre. Ils ont de gros paletots pour 15 ou 16 fr., un vêtement complet pour 20 ou 27 fr. Sur 550,000 fr. d'affaires, la société répartit entre ses actionnaires, qui sont les consommateurs eux-mêmes, 65,000 fr. de bénéfices. Aucune ingérence administrative; les conseils de surveillance et d'administration sont élus. Les fonctions sont gratuites, sauf pour les jeunes filles et les vieillards occupés dans les magasins. Pour empêcher les dettes, tout se paie en bons achetés à l'avance et dont les sociétaires ne peuvent user que pour eux seuls. La société a 50,000 fr. en dépôt et 14,000 fr. en terrains.

Une société de secours mutuels assure le médecin et les médicaments à tous les malades, prend à sa charge les frais de sépulture, secourt les veuves et les orphelins, donne, en dehors de la pension de l'État, une pension de 50 à 60 fr., alloue, en cas de maladie, 1 fr. 25 par jour. Comme la marine accorde aux malades moitié du salaire, parfois les deux tiers, les ouvriers ont leur salaire presque entier.

Cette organisation est l'œuvre de l'État. Elle a fait de la population ouvrière de Guérigny la plus heureuse qu'on puisse trouver. La plus grande partie des ouvriers possèdent maison et jardin, quelques-uns sont logés dans les bâtiments de l'État.

Les usines voisines sont loin de présenter un tel exemple de bien-être chez les ouvriers. Fourchambault et Imphy n'ont pas de société de consommation ; les logements ouvriers, confortables à Guérigny, sont, là, des casernes d'aspect quasi lugubre ; on n'y loge guère que les vieillards, les veuves ou les ouvriers que les charges de famille — parfois l'inconduite — ont empêchés d'économiser pour construire une maison à eux ; car, fait digne de remarque, le rêve de tout ouvrier nivernais est d'avoir une maison à lui. Imphy et Fourchambault possèdent des groupes de petites habitations dues à l'épargne. Ces centres seraient même des modèles, si l'absence de sociétés de consommation n'avait fait naître le crédit excessif. On me citait, à Imphy, une famille qui, à la mort de son chef, se trouva devoir 3,000 fr. à un marchand de vin. Et c'était une famille de gens sobres et rangés!

On s'est borné à créer des sociétés de secours mutuels; ces grands établissements, ainsi que les fabriques de boulons et de limes en possèdent, qui assurent les secours en cas de maladie et de décès. Pourtant, on a craint de s'aliéner le commerce local en fournissant les objets de consommation.

Même aux houillères de la Machine, modèle d'organisation, il en est ainsi. Mais l'ouvrier y est entouré de sollicitude. Nulle part, peut-être, sinon à Guérigny, on ne rencontre plus de bien-être. Tous les mineurs ont droit à une retraite sur la Caisse de retraites de l'État, où la compagnie verse, en leur nom, 3 p. 100 du salaire pour le mari, 1 p. 100 pour la femme. Selon l'année, on a vu les versements atteindre 9 p. 100. La société de secours mutuels ne distribue pas moins de 3,000 fr. de médicaments par an. Les malades ont droit à 75 cent. par jour, quelle que soit la durée de la maladie ou l'incapacité de travail; ainsi, la caisse des retraites n'existant que depuis quinze ans, on voit encore des vieillards toucher ces 75 cent. depuis une époque antérieure à ces quinze années. En cas de mort par accident, la veuve touche 25 fr. par mois, plus le chauffage et le logement, ou 60 fr. par mois. Les enfants sont habillés, au printemps et en hiver, jusqu'à l'âge de quinze ans, époque où on les admet à la mine.

Mais rien n'y ressemble à la Société de consommation de Guérigny; on a craint les récriminations du commerce. Cependant on a voulu assurer les ouvriers contre les exagérations des prix, en créant un magasin d'objets de première nécessité, vendant seulement lorsqu'un produit augmente de prix dans le village : c'est une sorte de régulateur obligeant le commerce à se contenter d'un bénéfice légitime. Le magasin a rarement à intervenir; il fait à peine 20,000 fr. d'affaires par an.

A la Machine, j'ai surtout été frappé par la puissance de l'esprit d'économie. Il y a deux caisses d'épargne : une « petite » où l'on reçoit jusqu'à 500 fr. ; une « grande » où l'on verse à partir de cette somme. Les ouvriers disent, chaque mois, ce qu'ils veulent verser. Presque tous déposent régulièrement ; aussi, sur 1,500 mineurs on trouverait à peine 50 ivrognes. Afin de forcer tous les ouvriers à tirer tout le fruit de la charge qu'ils s'imposent, on n'autorise pas les retraits avant que les dépôts aient atteint 500 fr. On se départit de cette règle pour les jeunes soldats sous les drapeaux; encore ceux-ci touchent-ils peu au magot;

on les voit même, quand ils viennent en congé, demander à travailler pour accroître leur pécule. Leur idée fixe, c'est de revenir à la mine : aucun n'y manque, pas même les sous-officiers.

La grande caisse d'épargne reçoit les versements par sommes de 20 fr. et au-dessus. Les deux caisses réunies, qui donnent 5 p. 100 aux dépositaires, ont plus de 100,000 fr. de dépôts. Chacune a une destination fixe. A la petite caisse, l'ouvrier puise la somme nécessaire à son mariage. La grande a un rôle social plus considérable. Elle a permis à tous de devenir propriétaires.

Il y a une trentaine d'années, on avait construit des cités ouvrières, les maisons étaient vendues au moyen de paiements mensuels. Il s'est produit un phénomène curieux. A peine propriétaire, l'ouvrier cédait sa maison à de petits boutiquiers, à des artisans en chambre ou à des cultivateurs, afin de pouvoir construire une maison bien à lui. Il a fallu compter avec ce sentiment : on n'a plus vendu, mais seulement loué les maisons. Pour 5 fr. par mois, on donne une riante maisonnette de 45 mètres carrés, comprenant deux pièces, un jardin de 8 ares, un toit à porcs et un poulailler. La situation de ces demeures, sur de beaux chemins, à la lisière des bois, est ravissante; il y a loin de là aux lugubres corons du Nord.

Deux cités comprennent 300 maisons ; ces habitations sont très recherchées, mais les locataires n'y sont guère que des passagers attendant l'heure de devenir propriétaires. L'heure vient vite. Dès qu'ils ont économisé la moitié de la somme nécessaire, ils entreprennent la construction, la compagnie leur avançant une somme égale, sans acte notarié, remboursable par versements de 20 fr. par mois. Le Creusot a ainsi avancé 50,000 fr. depuis 25 ans et n'a pas perdu 500 fr.

Parfois, quand le père meurt, les enfants demandent à conserver la maison non entièrement payée; ils amortissent le capital et paient l'intérêt. Quand le remboursement est fini, on leur rend les intérêts perçus, en récompense de leur loyauté. S'il y a plusieurs enfants, un seul garde la maison et paie la part de ses frères, par acomptes mensuels.

Grâce à cette sollicitude, la population de la Machine est heureuse et paisible. Il n'y a jamais eu de grève, on ne trouve dans le village ni bal ni café-concert. J'ai entendu beaucoup de choses sur la pression qui serait exercée sur les ouvriers en temps d'élection. A en juger par les apparences, cette pression ne serait guère nécessaire; les sentiments des ouvriers les porteront à suivre docilement une direction à laquelle ils doivent leur bien-être.

J'en viens à une comparaison assez délicate. Comment se fait-il que Guérigny, établissement de l'État, soit un foyer d'hostilité? Là aussi la main du patron a été paternelle ; d'où vient donc que l'ouvrier de la Machine suive docilement les inspirations de ses directeurs et que celui de Guérigny agisse à l'encontre des intérêts de son patron : le Gouvernement ?

Combien s'explique mieux et se pardonne plus facilement l'esprit d'irrésolution de la population agricole, ou plutôt du prolétariat agricole. Là aussi les idées extrêmes ont trouvé accueil, mais il n'y a pas les lumières qu'on croirait trouver chez l'ouvrier de Guérigny, il n'y a pas le bien-être dû à l'action de l'État ou du patron.

L'étendue des propriétés rend nécessaire l'emploi de la main-d'œuvre du dehors. Les petits propriétaires et petits fermiers cultivent eux-mêmes le sol ; de même les métayers dans la partie du département où existe le métayage. Mais dans les grandes fermes, à chaque période de culture : fenaison, moisson, battage, on fait appel à l'ouvrier. J'ai déjà parlé de celui-ci à propos de l'exploitation des bois. Dans toute la presqu'île entre la Loire et l'Allier et sur les rives des deux fleuves, les villages sont habités uniquement par une population louant ses bras aux fermiers. Les salaires sont peu élevés, ils ne dépassent pas une moyenne de 1 fr. 75 c. par jour, de 550 à 700 fr. par an. Sur cette somme il faut se loger, se vêtir, se nourrir, soi et les siens. Les maisons, éparses dans les villages ou sur les bords des chemins, appartiennent le plus souvent aux grands propriétaires. Malgré les chances de ne pas être payés, ceux-ci conservent leurs locataires ; de la sorte ils fixent une population qui deviendrait trop facilement nomade. Les loyers varient de 100 à 150 fr. par année, selon que le jardin contient une ou deux boisselées (8 ares 50 centiares).

Naturellement, les ressources varient selon la saison. Quand les travaux d'hiver sont presque nuls, on voit, dès avril et mai, la journée monter à 2 fr. Dans les derniers jours de mai, elle atteint 3 fr. 50 c., 4 fr. et 4 fr. 50 c. et 5 fr. pendant la moisson. Dès le milieu d'août, on redescend à 2 fr. En novembre, on prend le travail des bois, après l'arrachage des betteraves.

Les causes de diminution dans le travail, que j'ai déjà signalées en parlant des bûcherons, se retrouvent ici. De là une gêne exploitée par les partis politiques et ce tempérament socialiste, sorte de jacquerie morale, qui donne à ce pays une mobilité politique si étrange. Ces agglomérations d'ouvriers, trop souvent en chômage, sont un champ précieux pour les agitateurs.

Tout autre est la classe des fermiers. Le fermier nivernais est parfois un gros personnage, surtout aux environs de Luzy. Là existe, sur quelques propriétés, un mode d'exploitation fort curieux et qu'on appelle des « fermiers généraux » ; divisant leur ferme entre des métayers.

On estime qu'il faut, à une famille de cultivateurs, un domaine de 40 hectares ; les fermes sont donc divisées en métairies de cette étendue. Alors que le fermier signe des baux de neuf à douze ans, rarement renouvelés plus d'une fois, le métayer ne passe que des baux de trois à six ans, mais il n'est pas rare de les voir renouveler pendant vingt-quatre ou trente ans. Le métayer est donc, dans cette région, le véritable habitant du sol.

Le propriétaire dans les fermes à métayage simple, le fermier général dans les autres, fournit la moitié du cheptel et avance les fonds pour l'achat de l'autre moitié. Chaque année on retient au métayer une part de cette avance ; à la fin de son bail, il est devenu propriétaire d'une moitié du bétail. Comme redevance, il donne la moitié de la récolte, plus une *belle-main* équivalant au sixième ou au quart de la récolte.

Un bon métayer vit longtemps sur le sol. On m'a cité des familles occupant la même métairie depuis soixante années. Mais aujourd'hui, malgré les avantages évidents de leur situation, la plupart cherchent à devenir fermiers à leur tour, pour jouir d'une liberté plus grande. Le métayer est plus hardi, plus entreprenant que le petit fermier ou le petit propriétaire.

Fermiers et métayers ont, depuis trente ans, complètement transformé le Morvan. On leur doit le défrichement des landes par l'emploi de la chaux, le remplacement du seigle par le froment.

Sur les bords de la Loire et de l'Allier, les progrès sont moins sensibles que dans le Morvan. Seul le propriétaire ou le fermier riche essaie de transformer ses procédés. Le petit fermier, sans argent, n'ose entreprendre ; il est, d'ailleurs, gêné par des loyers d'autant plus élevés que l'on sait ses ressources plus maigres et sa solvabilité moins grande : là est la cause de la lenteur du progrès dans ces belles terres alluviales.

Dans la région des embouches, les fermes comprennent moitié prairies, moitié terres labourables ; le prix en varie beaucoup, entre 40 et 100 fr. l'hectare, les propriétaires donnent presque toujours un cheptel équivalant à la première année de fermage.

Ces dissemblances entre les différentes parties du pays permettent de comprendre la situation politique du département. Là où le métayage domine, où la grande propriété a conservé son influence, cette influence contre-balance l'opinion de la masse, opinion foncièrement démocratique. Dans le pays vignoble, où la terre est morcelée, où le paysan producteur de vins et de chasselas est une sorte d'industriel, — tel l'arrondissement de Cosne, — les idées libérales résistent aux assauts et aux variations. Mais partout où la masse ouvrière prête l'oreille aux agitateurs, là où le prolétariat agricole existe, les soubresauts sont à prévoir. Ce n'est qu'avec une attention de chaque instant pour tout ce qui touche à l'amélioration morale et matérielle du travailleur, qu'on peut arriver à modifier le tempérament du pays [1].

---

[1]. Les grèves de bûcherons qui ont marqué la fin de 1892 et le commencement de 1893 ont montré combien ces craintes étaient fondées.

VII

GIEN ET LA PUISAYE

Gien. — Sujets d'aquarelle. — Briare — L'œuvre du bouton de porcelaine. — Le lait vitrifié. — Bapterosses. — Un homme de génie. — Population heureuse. — Les potiers de la Puisaye. — Méthodes originales de commerce. — La faïencerie de Gien. — Causes de malaise. — Un phénomène social.

Gien, février 1890.

Oh ! la bonne, et curieuse, et vieille petite ville ! Pour la première fois, depuis Decize, je rencontre une cité qui ne boude pas le fleuve. Au lieu de présenter à la Loire une levée masquant des maisons lépreuses comme Nevers, de rares et humbles maisons et des murs de jardin comme la Charité, Cosne et tant d'autres, voici un quai bordé de maisons coquettes et d'une ligne de platanes vigoureux. Sur le terre-plein les promeneurs affluent, se chauffant voluptueusement au soleil réverbéré par les façades blanches. Et la Grande-Rue, avec ses maisons de bois sculpté, aux pignons aigus, aux étages surplombants, la Grande-Rue qui se tord au-dessous du vieux château où la pierre et la brique alternent avec harmonie... Chaque détour réserve une surprise nouvelle. Le soir, au clair de lune, on a l'évocation d'une cité fantastique due au crayon de Gustave Doré.

Il y a, surtout, au-dessous du château, au fond d'une cour à laquelle donne accès un portail à ogive surbaissée, une construction charmante, avec sa tourelle en poutres croisées et briques d'un rouge ardent. Le reste du petit édifice offre des poutrelles sculptées, dont la teinte brune, se détachant vigoureusement sur le fond de brique, est d'une grâce inexprimable. A côté, voici une galerie de bois, un puits dû à quelque forgeron artiste. Quelle jolie aquarelle on ferait de ce coin de ville, tapi entre de hautes murailles !

Si le château n'a pas les trésors que la Renaissance a entassés à Blois, à Chambord et sur tant d'autres points du val de Loire, il n'en est pas moins fort intéressant ; il a été restauré avec un goût parfait. Gien serait certainement un des points visités par les touristes, si la gare n'était pas à plus de deux kilomètres, sur un plateau triste et nu. Rien n'invite le voyageur à descendre.

Gien et sa voisine, Briare, vivent par la céramique. Gien fait des faïences, Briare inonde le monde entier de ces boutons d'un blanc laiteux que l'on vend cousus sur des cartons.

L'usine de Briare est une des plus étonnantes créations de l'industrie moderne. Elle a fait la ville actuelle, — car l'ancienne, vivifiée cependant par un mouvement considérable de batellerie, dû au croisement des canaux de Briare, de Berri et d'Orléans, est restée noire et maussade, semblable à quelque faubourg de Saint-Étienne. La ville nouvelle, gaie et propre, s'étend aux environs de l'usine, sur de beaux boulevards, ou, en cités ouvrières, sur les pentes des coteaux.

C'est l'œuvre du petit bouton de porcelaine. Pour ce petit bouton ont été construits ces immenses halls, ces fours, ces cheminées alignées près de la gare, et qui donnent l'idée d'une gigantesque usine à fer. Pour lui 1,500 ouvriers travaillent dans l'immense ruche. Par lui les campagnes riveraines du fleuve ont une prospérité sans cesse croissante. C'est pour lui encore que cent vaches fournissent, chaque jour, près de huit cents litres de lait.

Le bouton de porcelaine n'est pas ce qu'un vain peuple pense. D'abord il n'est pas en porcelaine, puisqu'il ne contient pas un atome de kaolin, il est en pure *couverte*, en émail de porcelaine ; on l'obtient par une vitrification du feldspath, roche que l'on trouve dans les pays granitiques; elle abonde en Limousin. Ceux qui connaissent le gypse en fer de lance que l'on rencontre dans les plâtrières de Paris, peuvent s'imaginer la contexture lamellaire d'un morceau de feldspath, mais cette dernière roche a une teinte que n'a pas le gypse; elle est infiniment plus dure. Malheureusement la roche feldspathique de France n'est pas assez pure; la Norvège nous en fournit beaucoup.

Le feldspath est trituré et réduit en poudre impalpable, de façon à donner un corps semblable aux argiles les plus pures. Mais le feldspath n'a pas la nature onctueuse et la plasticité des argiles; malgré la pression des machines, la pâte, maniée à l'eau, se fendille et se réduit en poussière au moindre toucher. Pendant longtemps ce fut un obstacle presque insurmontable. L'inventeur de cette industrie, M. Bapterosses, réussit, après de longs tâtonnements, à en triompher. On peut voir, à quelques centaines de mètres de l'usine, une vaste exploitation agricole, au milieu de laquelle une étable construite sur des données que j'appellerais industrielles, renferme cent vaches, produisant de six à huit cents litres de lait par jour, entièrement consacrés à la fabrication des boutons. Le lait est le produit si longtemps recherché pour donner la plasticité à la pâte feldspathique.

Ce n'est pas la moindre surprise que réserve Briare à ses visiteurs. Tout, dans l'établissement, indique une pensée créatrice dédaigneuse des sentiers frayés. Rien de scientifique, au sens propre du mot, machines et procédés sont sortis d'un cerveau sans cesse en travail, qu'on pourrait comparer à celui d'Edison. Comme celui-ci, Bapterosses avait eu une jeunesse difficile, comme lui il était parvenu à sa haute situation par son génie — le mot n'est pas trop fort.

Chaque détail de fabrication est d'une simplicité extrême ; pourtant, quand on se rend compte des résultats, on reconnaît une admirable continuité d'efforts et des recherches incessantes. Ainsi les boutons sont reçus sur des plaques de métal et portés au four où ils se vitrifient; mais d'autres sont reçus sur une feuille de papier mince, placée dans un cadre métallique, comme un menu de restaurant. Comment déplacer ces fragiles objets pour les enfourner? M. Bapterosses a eu l'idée de faire rougir d'avance une plaque de métal, on y pose le « menu », le papier s'enflamme et les boutons restent sur la plaque; il n'y a plus qu'à les mettre au four.

Tout a dû être créé ainsi : la forme des produits, l'émail, les couleurs, les machines à frapper le bouton, les fours. Mécanicien et céramiste, Bapterosses est hors de pair; administrateur il ne l'est pas moins. Tous ceux qui ont visité Briare sont revenus pleins d'admiration. Afin d'obtenir la régularité et la rapidité du travail, le *frappeur*, c'est-à-dire celui qui obtient le bouton au moyen d'une presse hydraulique, est associé au *cuiseur* et aux porteurs qui vont de la frappe au four. Mais les salaires varient selon les difficultés du métier. Le cuiseur, sans cesse devant un feu ardent, devant avoir une grande rapidité de coup d'œil pour connaître le moment où le bouton a atteint le degré de vitrification et la forme voulus, est plus payé. Il gagne à peu près 5 fr. pour une quantité de boutons déterminée, alors que son « compagnon de chaîne », comme disent les ouvriers, ne recevra que 3 fr.

Si la fabrication du bouton est ingénieuse et élégante, celle des perles ne l'est pas moins. 1,500 ou 2,000 kilogr. de boutons sortent chaque jour des ateliers. Et ces boutons ont une valeur moins grande que la feuille de carton sur laquelle ils sont fixés et la main-d'œuvre nécessaire pour les fixer !

Ce travail d'encartage a une portée sociale considérable. A plusieurs lieues au loin, sur les deux rives de la Loire, tout le monde, vieillards, femmes, enfants, encarte des boutons. En gardant leur bétail les bergères les cousent ; les infirmes dans les villages, les femmes, une fois le ménage achevé, se livrent à ce travail. Ce n'est pas une occupation fort lucrative, on n'y gagne guère plus de cinq sous par jour, mais ces cinq sous sont obtenus à moments perdus, ils ont répandu le bien-être dans tout le pays. M. Loreau, député du Loiret, gendre de M. Bapterosses qui dirige l'usine, m'a cité une fermière payant les gages de sa servante avec les boutons cousus à la veillée. Or, il faut remplir cent cartes de douze douzaines de boutons pour gagner 1 fr. 50 c.

J'ai rencontré, à Briare, cet amour de la propriété qui m'avait frappé dans la Nièvre. Cependant, l'ouvrier, logé dans les cités ouvrières appartenant à l'usine, est mieux partagé que l'habitant des cités ouvrières de Fourchambault, puisque les logements comportent trois pièces : une pour les parents, une pour les filles, une autre pour les garçons. Malgré le bas prix de la location, l'ouvrier préfère construire à sa guise, avoir maison et jardin bien à lui. Afin de faciliter ce goût de propriétaire, on a eu l'idée heureuse et féconde de répartir le travail de façon à donner à chacun les moyens de cultiver son jardin. Au lieu de régler le travail par jour entier et par nuit complète, comme dans les autres industries, on a fixé le travail de midi à minuit. Chaque quinzaine l'équipe de midi à minuit change et devient équipe de minuit à midi. De la sorte, les ouvriers ont plusieurs heures de jour à consacrer à leur intérieur et à leur culture.

L'œuvre de M. Bapterosses est fidèlement continuée. L'hôpital qu'il projetait d'établir avec maison de refuge pour les vieillards, va être prochainement inauguré ; c'est un somptueux édifice, bâti sur le bord de la route de Gien et destiné aux malades de tout le canton.

La céramique est la fortune de cette partie du val de Loire. Je ne parle pas de Nevers, où c'est industrie d'art et, partant, de peu d'importance dans l'économie générale du pays. Mais d'autres fabriques font vivre de nombreux ouvriers. Ainsi, dans la Puisaye, région qui tient un peu de la Sologne par ses étangs et ses bois, l'argile est activement exploitée par une multitude de potiers, ayant résolu d'une façon fort économique les questions de transport et de vente. Ce pays a pour débouché la petite ville de Neuvy-sur-Loire, assise dans une situation excellente, à l'embouchure de Vrille. Neuvy est non seulement une fabrique de poterie et d'ocres, mais encore un vaste entrepôt.

Le quai de la Loire est bordé d'une longue file de chantiers, dans lesquels viennent s'entreposer toutes les poteries de la Puisaye. Ces produits sont vendus à des marchands, propriétaires de bateaux, ces longs et étroits bateaux berrichons, dits « montluçons », bien connus à Paris. Le marchand s'en va ainsi, sur la Loire ou les canaux, s'arrêtant à tous les ports pour vendre ses vases; les quittant quand le client ne s'offre plus. Lorsque le bateau est vide, on le ramène à Neuvy pour reprendre un nouveau chargement.

Tout est primitif dans cette industrie de la Puisaye. Ainsi la marchandise n'est pas tarifée selon la forme, mais selon la contenance. On a une base correspondant à peu près à un litre, c'est le *compte*, chaque vase vaut un ou plusieurs comptes. Cinq cents comptes font une *charretée* et valent 28 fr. La charretée n'est pas le contenu d'une charrette, mais une mesure; une charrette porte de quatre à cinq charretées, un bateau en renferme cent cinquante. Chaque fournée cuit trente-deux charretées, il faut 15,000 bourrées pour chauffer un four; cette consommation exorbitante est due à des procédés de cuisson trop défectueux, aussi cette industrie tend-elle à disparaître, devant la concurrence des poteries cuites à la houille. Si elle venait à disparaître, ce serait une nouvelle cause de dépréciation des bois, et de souffrance pour ce pays fort éprouvé.

Tout autre est la situation de Gien. Cette ville est le centre d'une active fabrication de faïences. L'usine renferme de neuf cents à mille ouvriers ; elle réussit, à force d'efforts, à conserver sa vieille réputation. Pourtant c'est là une industrie souffrant plus que toute autre de la situation déplorable faite au commerce par nos modes de transport. Malgré sa situation au cœur de la France, à égale distance de tous nos grands ports, les exportations se font en majeure partie par Anvers ; c'est là que les commerçants étrangers se font adresser nos faïences. Un marché, au moins, semblait réservé à notre marine, celui de la Méditerranée ; le fret y est trop élevé. Pour les ports d'Espagne, il atteint, de Marseille ou de Cette, 44 à 55 fr. la tonne. C'est presque prohibitif. C'est le prix d'Anvers en Amérique !

Malgré l'activité de son industrie, la population ouvrière de Gien est loin de présenter un bien-être comparable à celui des ouvriers de Guérigny, de la Machine et de Briare. Ici nous nous trouvons en présence d'un phénomène fâcheux, que l'on peut constater partout où les ouvriers gagnent de fortes journées. Certains d'entre eux atteignent 10, 12 et 15 fr. Ils dépensent tout au jour le jour, sans faire la moindre économie. Aussi, en cas de maladie, en sont-ils réduits à faire faire des quêtes dans les ateliers, l'aide de la société de secours mutuels ne suffisant pas. C'est parmi les ouvriers touchant de gros salaires qu'on rencontre surtout cette incurie. Plus économes, plus sages sont les manœuvres, dont quelques-uns ne gagnent cependant pas plus de 2 fr.

Il faut attribuer, en partie, cette situation au travail des femmes, au nombre de plus de 200. Naturellement, elles ne peuvent s'occuper de leur ménage et ne sont pas au foyer ce qu'elles doivent être. Le mari quitte son intérieur pour aller au cabaret. Pour remédier à cet état de choses, on a permis aux femmes de ne venir qu'à huit heures, celles qui sont mères peuvent aller allaiter leur nourrisson, mais ce sont des palliatifs insuffisants. Ce travail des femmes, leur abandon par les maris, ont assez fréquemment pour résultat l'inconduite.

A Gien les causes les plus dangereuses d'insalubrité dans les faïenceries ont été écartées. L'humidité, jadis dangereuse, a été combattue par une aération énergique ; le finissage des pièces sèches qui développait des poussières nocives a été supprimé par la perfection des procédés. Enfin, depuis dix ans, on a abandonné les vieux modes de préparation de l'émail par les sels plombifères pour les remplacer par le minium fondu — et la colique de plomb a disparu.

Cette hygiène médicale devrait bien être complétée par une hygiène morale. La population verrait d'un mauvais œil l'immixtion des patrons dans l'organisation de l'épargne et de l'habitation à bon marché, mais il n'en serait pas de même, peut-être, de sociétés ou d'associations coopératives créées en dehors des chefs d'industrie.

Des hauteurs qui dominent Gien, on découvre par delà la Loire, une campagne basse, semée de guérets bruns, de bruyères roussies et de bouquets de pin d'un vert sombre. A travers cette campagne mélancolique, la route de Bourges, inflexiblement droite pendant plus de quatre lieues, s'allonge jusqu'à Argent. C'est la Sologne berrichonne, jadis la plus âpre et la plus infertile partie de cette contrée infertile. Le contraste entre les rives de la Loire, bordées de vignobles et de prairies, et la morne étendue des landes et des plaines solognotes est saisissant. On a la sensation d'un pays à conquérir. Les piles, les viaducs d'accès du grand pont construit en ce moment sur la Loire pour le passage du chemin de fer de

Gien à Argent et à Bourges semblent se préparer à cette conquête. Pour toute une partie de la Sologne, cette voie ferrée sera un bienfait, elle apportera à ce sol privé de calcaire la chaux si abondante sur la rive droite et contribuera ainsi à transformer cette partie du Berry, comme le sont déjà en partie les Solognes de Loir-et-Cher et du Loiret.

Cette transformation est profonde ; il m'a paru intéressant de l'étudier en parcourant la Sologne dans tous les sens, en en visitant les grands domaines, créés à force de capitaux et d'énergie.

VIII

LA SOLOGNE

En Sologne. — Une locature des bruyères. — Paysage solognot. — Les colons du Centre. — Labiche et ses moutons. — Le désastre de 1860. — Les ennemis du pin. — Aux sources du Loiret. — Géologie fantaisiste. — La laine de Curtius. — La Ferté-Saint-Aubin. — Une grande pépinière. — Le soir en Sologne. — Les boulevardiers au désert.

Les Locatures des Tannières, février 1860.

J'écris ces lignes sous une des chaumières solognotes qui ont échappé aux transformations. Pas de murs de briques de couleur tendre aux assises régulières, pas de toit d'ardoises, pas de granges au haut pignon renfermant, derrière des portes de fer, les récoltes de l'année. Une maison, une « locature » basse, faite de poutres étrésillonnées et de torchis, une étroite fenêtre donnant un jour terne. Dans chaque angle, des lits fort hauts, avec des baldaquins d'un vert jaunâtre. L'assemblage du lit est fixé par des ferrures à volutes, soigneusement polies, seule part faite à l'art dans cet intérieur. Mes hôtes viennent de manger la soupe au poireau et achèvent leur dîner avec un morceau de fromage maigre, dur comme la pierre; ils boivent de l'eau; mais, en l'honneur de l'étranger qui leur a demandé à se reposer après de longues lieues dans la lande, ils ont sorti de l'armoire une bouteille de petit vin blanc apporté de Romorantin ou de Vierzon.

Chétifs de mine, mes hôtes. L'homme est petit; la peau très fine, mais terreuse, sous laquelle on voit saillir les veines, la barbe en collier encadrant un visage court et rond. N'étaient les yeux, vifs et narquois, qu'il s'efforce d'éteindre, on dirait d'un innocent. Il ne faut pas s'y fier, cette apparence de simplesse cache une malice profonde. « Sot comme un Solognot », dit un dicton du Berry. Et, par là, on entend une malice qui se cache. Il semble que la nature du pays, obligeant l'habitant à ruser avec elle pour obtenir son existence, a dû influer et lui donner cette allure caractéristique.

Les femmes ont une physionomie plus passive; jeunes, elles sont assez fraîches, mais la vieillesse vient vite. L'homme est tout dans le ménage solognot, la femme ne compte guère.

Comme tous les paysans, mes hôtes me racontent que la vie est dure; ailleurs, devant le bienêtre qu'on rencontre, on ne peut s'empêcher de sourire. Ici la plainte paraît presque de la résignation. Par la porte restée ouverte, au delà de la dépression marécageuse où coule le Naon, s'étend un paysage désolé. Des bruyères à perte de vue, d'une teinte rousse, parfois les panaches plus sombres de la *brémaille*, la *brande* des environs de Bordeaux. Dans les parties basses et même sur les pentes, les flaques d'une eau froide et acide ; des sentiers tourbeux où l'on enfonce jusqu'à mi-jambe ; des guérets formés d'énormes sillons et de mottes semblables à de longs bourrelets. A l'horizon, quelques groupes de pins tranchant, par leur masse sombre, avec le fond gris du ciel.

C'est la vieille Sologne, la Sologne classique, qui arrachait à Arthur Young de si véhémentes imprécations contre les propriétaires du sol, « ces êtres brillants qui figurent dans les cérémonies de Versailles ». Mais elle disparaît chaque jour, grâce aux défrichements opérés par les successeurs de ces « êtres brillants », gentilshommes campagnards ou bourgeois parisiens séduits par le rôle de *gentlemen farmer* et de colons.

C'est bien de *colonisation* qu'il s'agit ici. On a mis le pays en valeur et l'on s'est enfiévré comme dans un pays neuf. La passion solognote ne le cède en rien à la passion du colon algérien pour ses conquêtes sur le diss et le palmier nain. Depuis que je parcours ce pays, accueilli avec une courtoisie empressée par les pionniers de la Sologne, je suis débordé par les brochures et les livres consacrés à la transformation du pays. Ouvrages sur les pins, pour ou contre une essence ; sur les moutons, sur la vigne, sur l'habitant, sur les prairies. J'ai tout lu, tout dévoré. Et il y en a ! il y en a ! Une valise est remplie d'*hommages de l'auteur* et chaque jour accroît ma bibliothèque de monographies nouvelles.

Le comité central de la Sologne, formé entre tous ceux qui travaillent au grand œuvre, est l'âme de ce mouvement. A côté de la noblesse, on y rencontre des savants, des professeurs, des industriels parisiens. Il y eut même Labiche, plus fier, dit-on, de son titre de membre du comité central que de son habit vert d'académicien. Au milieu de tous ces apôtres du défrichement et du reboisement des landes, le grand vaudevilliste fut un des plus ardents. Il obtint des éloges du comité pour la beauté de ses froments ; il reboisa, éleva des moutons... Il était pris dans l'engrenage et devenu colon.

Contrairement à bien des passions, l'ardeur des transformateurs ne s'est pas ralentie, mais ce qui vaut mieux, elle a pris une allure plus raisonnée, plus scientifique. Après 1848, on avait imaginé de transformer la Sologne au moyen des chantiers nationaux. On devine ce qu'il en advint. Puis Napoléon III se sentit à son tour des aptitudes colonisatrices; il acheta le château de la Motte-Beuvron ; à grands frais il créa des bois, des prés, des terres labourables, mais il y eut un avantage sérieux dans l'engouement avec lequel l'exemple fut suivi. On avait créé des routes agricoles et creusé le canal de la Sauldre, qui amenait au cœur de la Sologne, la marne nécessaire au sol.

Chacun acheta des domaines près des routes et se mit à marner, à dessécher les étangs qui couvraient le pays, à faire du blé et du foin. Surtout on reboisa. En quelques années, on avait créé plus de 80,000 hectares de forêts de pins maritimes, sur 440,000 que compte cette région.

On pouvait croire la Sologne transformée. Déjà on prévoyait la date à laquelle 300,000 hectares de pinèdes seraient plantés, lorsque les hivers de 1879 et de 1880 vinrent renverser ces espérances. Tous les pins maritimes furent gelés, ainsi qu'un grand nombre de chênes et de châtaigniers ; le désastre fut effrayant. Cette malheureuse province, qui devait tout au pin, voyait disparaître avec lui plus de 60 millions.

On ne perdit pas courage. Le premier moment

de stupeur passé, chacun se remit à l'œuvre. Tandis que les pins gelés tombaient par millions sous la hache, on s'efforçait de préserver les jeunes semis qu'une épaisse couche de neige avait protégés. On tentait timidement des semis nouveaux. Le pin sylvestre avait résisté ; on reboisa en pins sylvestres. Mais celui-ci se vit en proie à des ennemis sans nombre. Le lapin, fléau de la Sologne, s'il est la providence de ses chasses, rongeait les jeunes plants ; l'écureuil, friand de l'écorce qui entoure la couronne des arbres, faisait une incision circulaire qui livrait le pin aux bourrasques. Enfin, les insectes rongeaient la moelle ; ils sortaient par myriades de légions des amoncellements de pins morts et de souches enterrées. Ces maux n'ont fait qu'accroître l'ardeur des colons ; plus les obstacles étaient grands, plus l'on mettait de ténacité à les surmonter.

Aujourd'hui, la reconquête du sol est assurée. Je viens de parcourir une grande partie de la Sologne, d'Orléans à Vierzon, de la Motte-Beuvron à Blois, de Blois à Romorantin et à Salbris, de Salbris à la Petite-Sauldre ; partout j'ai pu constater une ardeur au travail, une recherche des procédés nouveaux de culture, qu'il serait à désirer de rencontrer dans des pays célèbres par leur fertilité.

Pour bien comprendre la Sologne, il faut l'aborder par Orléans, et suivre la longue rue du faubourg d'Olivet, bordée de villas et d'établissements d'horticulture qui sont la gloire de la vieille cité ; traverser le Loiret, suivre l'adorable rivière, si calme et si profonde entre sa double rangée de parcs et de châteaux, jusqu'à la source fameuse dans laquelle des patriotes trop ardents ont voulu voir une huitième merveille du monde. Certes, l'abondance de la source et la beauté du parc qui l'entoure méritent l'attention, mais le site n'est pas comparable à Vaucluse, ni surtout aux étranges et puissantes sources de la Touvre, trop peu connues et trop peu visitées. Les sources du Loiret sont un phénomène géologique, phénomène très curieux ; elles ne sont guère que cela.

D'où viennent ces eaux ? Les géologues y voient l'effet de pertes que la Loire subirait au-dessus d'Orléans. Et, de fait, les travaux d'endiguement du fleuve ont permis de constater des failles profondes dans le calcaire recouvert par la couche de sable. Mais le public ne s'accommode pas d'explications aussi simples. On m'a fort sérieusement raconté que les eaux du Loiret seraient l'apparition au jour d'une rivière souterraine, passant sous la ville d'Aubigny, dans la Sologne berrichonne. A un moment des gouffres se seraient produits, et la municipalité de ce grand marché de laines aurait sauvé la ville en faisant jeter des ballots de laine dans les fissures ! Chez les Solognots habitant les abords de la source du Loiret, l'histoire a beaucoup de créance. Quand je visiterai Aubigny, je tenterai d'approfondir ce petit problème. Mais il est bien invraisemblable que les eaux souterraines de Sologne puissent produire une masse d'eau comparable à celle du Loiret. Les environs d'Aubigny sont d'ailleurs les mieux arrosés de toute la Sologne ; les rivières descendues du Sancerrois y ont creusé de profondes vallées et ne se perdent pas.

Au-dessus de la falaise qui borde le Loiret, après une étroite bande de beaux vignobles couverts de sarments vigoureux, commence la Sologne ; le cours du Dhuy la limite d'une façon régulière, et aussitôt on est en plein pays de sables, de bruyères, de pinèdes. J'emploie ce mot de pinèdes, qui est celui du Midi, la piñada des Espagnols, car, en Sologne, il n'a pas de désignation précise, on dit tantôt pinière, tantôt pineraie, tantôt pinaie.

Les étangs, cette source d'infection et de fièvre, ont ici disparu. Le voisinage d'une grande ville comme Orléans, en donnant plus de valeur à la terre, a poussé à cultiver tous les fonds susceptibles de donner du foin ou du blé ; aussi aperçoit-on entre les bruyères et les pinèdes, de vastes et belles fermes, comparables à des fermes beauceronnes.

Aux environs de la Ferté-Saint-Aubin, le paysage solognot s'affirme. La ville est riante, avec ses belles constructions de briques roses, que des assises de briques brunes relèvent. De vieilles locatures solognotes, rajeunies par du crépi et la peinture des poutrelles, mettent une note pittoresque dans le défilé des maisons modernes. Nous sommes loin, ici, des longues et maussades rues de Roubaix et de Tourcoing, bordées de maisons de brique d'un rouge sombre.

Autour de la Ferté, quelques domaines nous montrent ce que peut le travail pour transformer un sol ingrat. Au Brou, qui appartient à l'un des membres les plus éminents de l'Académie de médecine, le docteur Le Fort, il y a une collection d'arbres verts de toute beauté. Sur les rives d'un vaste étang que l'on repeuple en truites d'Amérique et en perches argentées, se trouve une allée d'épicéas peut-être unique. Mais, ce qui vaut mieux encore, c'est la transformation des tourbières et des landes en terres de culture au moyen d'éléments calcaires et des engrais chimiques.

Près de là s'étend la plus vaste pépinière de

France ; elle ne couvre pas moins de quatre-vingt-trois hectares d'un seul tenant. Si l'on veut se rendre compte de l'infinie variété des résineux, il faut visiter cette belle exploitation de Beuvronne qui emploie, parfois, plus de deux cents ouvriers. Une grande allée est bordée de tous les conifères connus et forme, par la diversité des ports et des teintes, une avenue sans rivale. Ces sables et ces argiles de Sologne, défoncés à une grande profondeur, ont formé un terrain des plus favorables à la production des jeunes plants. On peut voir de belles pelouses : ce sont des semis de pin sylvestre, mais tellement serrés qu'on dirait du gazon. La France n'est pas seule à s'approvisionner à Beuvronne, l'Angleterre, l'Allemagne, les deux Amériques viennent acheter des plants par centaines de mille. Et c'est la Sologne, la *triste Sologne* de nos vieux écrivains, qui produit les arbres et les arbustes pour les pays dont l'agriculture est la plus vantée.

Naturellement ce n'est pas en pépinière qu'il faut voir ces résineux dans toute leur beauté. Si l'on veut admirer la vigueur du cèdre, la belle pyramide du laricio (pin de Corse), les houppes gracieuses et d'un bleu argenté du pin de lord Weymouth, les panaches verts du pin maritime aux balsamiques senteurs, le tronc rouge et les rameaux glauques du pin sylvestre dans lesquels la lumière se joue avec tant de grâce, l'ampleur de l'épicéa de Douglas, il faut aller les chercher dans les domaines comme le Brou ou les Vaux, propriété de M. David Cannon. Tous ces arbres résistent fort bien en Sologne et y acquièrent un grand développement.

Dans les parties ainsi plantées, cette variété d'arbres produit des paysages d'une beauté indicible. A travers la blanche et grêle colonnade des bouleaux et sur la nappe rousse des chênes, on aperçoit les groupes de conifères dans une variété d'attitude présentant un tableau d'une grandeur sereine. J'ai eu, pendant mes courses dans la contrée, des soirs splendides. La forêt, dorée par le soleil couchant, les vastes landes illuminées de reflets roux, les lointains perdus dans une brume bleuâtre donnant aux bouquets de bois, aux locatures de torchis l'apparence d'un décor de féerie.

Les soirs sont les belles heures pour comprendre et aimer ce pays; il règne là un calme majestueux; la rumeur du vent dans les pins est tombée, les étangs brillent au loin, semblables à des miroirs de cuivre. On comprend que la Sologne ait ses fanatiques.

Cependant, c'est moins cette beauté mélancolique des beaux soirs qui a valu à la Sologne l'amour des citadins venus pour y planter leur tente dans l'espoir de s'y livrer à la chasse et à la pêche. C'est le plaisir de dompter une nature rebelle, de transformer la lande, d'assécher les marais, de remplacer la brémaille par des futaies. Une fois pris par cette passion, le Parisien le plus convaincu devient Solognot de cœur. Quel que soit le temps, les trains du samedi versent à la Ferté-Saint-Aubin, à la Motte-Beuvron, à Salbris, dans toutes les gares intermédiaires, des boulevardiers qui vont à leur domaine. Ils chausseront des bottes, mettront une veste de chasse et iront donner à maît' Jacques ou à maît' Pierre, penché sur la glèbe, une leçon d'agriculture pratique. Ils guideront leurs gardes dans les futaies et leur enseigneront l'aménagement des bois ; ils diront aux fermières les moyens d'éviter la perte des dindonneaux et de faire monter la crème. Quelques-uns feront de leurs fils des élèves de l'Institut agronomique et, par eux, apporteront des réformes scientifiques.

Notez-le, ce n'est en rien la manie du collectionneur ou de l'amateur ; c'est fort sincèrement qu'on travaille à transformer le pays. Il en est qui, depuis quarante ans, sont sur la brèche.

IX

PAYSAGES SOLOGNOTS

La Motte-Beuvron. — La reconstitution des forêts. — Maître Pierre le Solognot. — Le canal de la Sauldre. — La marne de Blancafort. — Foules économiques. — De la Motte-Beuvron à Blois en tramway à vapeur. — La vigne en Sologne. — De Blois à Romorantin. — Cheverny. — La fabrication des chemises.

Romorantin, 1ᵉʳ mars 1890.

La Motte-Beuvron restera célèbre dans les annales de la Sologne. C'est le cœur de ce pays. Là est le siège de ce comité central de Sologne, le principal artisan de la reconquête du sol. Dans le cabinet du secrétaire général, M. Gaugiran, on montre, avec orgueil, la médaille d'or obtenue à l'Exposition de 1889, et dont une délibération a confié la garde à ce Solognot de la première heure.

La Motte est une longue bourgade; sa rue principale, d'une longueur démesurée, rappelle les villes de la plaine hongroise; mais les constructions ont un air de gaieté et de prospérité.

L'hôtel de ville, lourd édifice de briques, est une étrange construction due à Napoléon III ; l'architecte se serait, dit-on, inspiré de l'arsenal de Venise ! L'ancien domaine impérial est devenu une colonie pénitentiaire d'enfants, qui possède des terres remarquablement cultivées et des prairies superbes. L'aspect suffirait à faire comprendre ce que l'on peut faire des sols ingrats ; mais on a répandu tant d'argent ici que l'opération n'a guère pu se solder par des bénéfices. Il vaut mieux chercher chez les particuliers.

La Motte-Beuvron ne mérite pas d'être visitée au seul point de vue agricole. La forêt domaniale est également une conquête sur la bruyère. Cette forêt se compose de plusieurs massifs isolés, un grand nombre d'essences y ont été essayées. Sauf un chêne d'Amérique à croissance très rapide, et les pins maritimes et sylvestres, tous les nouveaux venus ne sauraient être considérés comme acclimatés. Il y a, par exemple, de très beaux cèdres dans les allées, mais ils ont été obtenus au prix de soins qui ne sauraient entrer dans la pratique. Par contre, chênaies, pinèdes, boulaies, sont des faits probants pour la reconstitution des bois. Le pin sylvestre, replanté après le grand désastre de 1880, donne déjà de beaux massifs. Ici fut semée une des pépinières destinées à fournir gratuitement les plants nécessaires au reboisement. Je l'ai déjà dit, tous les pins maritimes avaient été gelés. Le désastre semblait irréparable, il l'eût été peut-être sans l'énergie du conservateur des forêts, M. Boucard. Par ses conseils, on exploita les bois atteints ; malgré l'énorme accumulation, ils trouvèrent tous acquéreurs. Des pépinières furent ouvertes. En même temps, M. Boucard prodiguait les conseils, cherchait des débouchés aux produits forestiers, devenait l'âme du grand travail de régénération. Il a été pour la Sologne, et au même degré, ce que fut M. Chambrelent — le maître Pierre d'Edmond About — pour les landes de Gascogne. Il est juste de le dire, il fut remarquablement secondé par M. de la Taille et M. de Maisonneuve, inspecteurs des forêts. M. Clément, chef de culture des pépinières, et M. Julien, brigadier forestier, ont également une grande part dans le travail. Ce dernier, aujourd'hui chargé de la surveillance des bois de la Motte-Beuvron, a passé de longues années dans la forêt d'Orléans. En 1870, il sauva la brigade Cathelineau en la conduisant à travers les lignes prussiennes. Devenu chef des pépinières de la Motte, il a élevé des millions de jeunes arbres, aujourd'hui parure de ce pays.

Les campagnes de la Motte sont fort belles ; là,

aboutit le canal de la Sauldre, venant de Blancafort, au pied des plus grandes et plus riches marnières de France. Sur tout son parcours, il a rendu la fertilité à ces terres privées de l'élément calcaire. Malheureusement, le manque d'esprit de suite a, en partie, enrayé les bienfaits du canal. Il aurait dû être prolongé vers le Cher et la Loire, en deux branches suivant les vallées de la Sauldre et du Beuvron, dans les régions de la Sologne où la marne est le plus utile. Le bassin de la Motte est bien relié au chemin de fer par un embranchement, mais cette voie, longue d'un kilomètre à peine, grève la marne de 50 cent. par tonne ; d'autre part, les tarifs pour le transport de la marne étant fort élevés, l'envoi par chemin de fer est presque insignifiant. Il y a pis encore, on a construit un tramway à vapeur de Blois à la Motte ; ce tramway traverse une des régions les plus déshéritées et n'aboutit pas au canal ; on a laissé une lacune d'un kilomètre à peine ! Lorsqu'on a vu les effets merveilleux du marnage, on ne peut trop déplorer ces erreurs.

L'intérêt des compagnies est cependant de favoriser, par tous les moyens, l'arrivée de l'élément de fertilisation. On devrait conduire la marne au prix le plus réduit, ce prix ne laissât-il aucun bénéfice au transporteur, comme a fait la

Compagnie Paris-Lyon-Méditerranée pour le sulfure de carbone. Jadis il en fut ainsi : le chemin de fer déposait même la marne sur son parcours, en dehors des stations. On a abandonné cette méthode, on a augmenté les tarifs, oubliant que toute terre marnée donnant de belles récoltes et nourrissant du bétail pendant vingt années, sans avoir besoin d'autre marne, fournirait au chemin de fer des produits abondants et déterminerait un courant d'échange aujourd'hui presque nul. Chercher un bénéfice sur une matière comme la marne est donc une spéculation peu habile.

Pour voir un coin de la vieille Sologne, il faut aller de la Motte à Blois, par le tramway à vapeur. Ce mot de tramway est assez peu applicable à un chemin de fer traversant les champs sur une grande partie de son parcours et suivant les accotements des chemins sur une autre. C'est une ligne à voie étroite, « le chemin de fer vicinal » de nos voisins les Belges, qui ont trouvé une désignation précise alors que nous avons une foule de termes pour rendre imparfaitement la même pensée : chemins de fer économiques, chemins de fer départementaux, chemins à voie étroite, tramways, Decauville, etc.

Du tramway, il a juste la disposition longitudinale des sièges dans les voitures de voyageurs, et les plates-formes à l'avant et à l'arrière. Il n'y a, il est vrai, ni gares, ni maisons de gardes-barrières. Au point d'arrêt se trouve simplement une guérite d'abri pour le « correspondant », aubergiste de la localité, chargé de la réception et de la remise des colis ; des voies de garage, étoilées autour d'une plaque tournante, font l'office de gares de marchandises ; l'expéditeur charge les wagons, le destinataire les décharge. Tout se fait avec une grande simplicité, presque sans personnel. Toutefois, on a exigé l'emploi d'un mécanicien et d'un chauffeur sur chaque machine, alors que les tramways des environs de Lille et même les trains-tramways de plusieurs grandes lignes et les trains légers de l'État n'ont qu'un mécanicien.

Le service se fait régulièrement, mais la vitesse est faible : il faut trois heures et demie pour parcourir 62 kilomètres.

Pour visiter la Sologne, c'est charmant. De la dernière plate-forme, on voit fuir derrière le train les landes, les bois et les étangs ; les étangs surtout. Ici le pays en est semé, c'est la partie de la Sologne qui en a le moins détruit. Étangs mornes, étalés dans des dépressions sans reliefs et entourés d'un lais de vase blanche. Au loin, la bruyère, peu de bois, peu de cultures, de très rares fermes. Autour des villages le spectacle change; la propriété étant plus morcelée, le cultivateur a travaillé. On rencontre la vigne sur beaucoup de points. Celle-ci vient très bien en Sologne; le docteur Burdel, l'apôtre du vignoble solognot, assure même que l'on pourrait la cultiver sur des milliers d'hectares.

Quelques centres ont un air prospère. La Ferté-Beauharnais, ainsi nommée d'un château ayant appartenu au prince Eugène, a les allures d'une petite ville. Neung-sur-Beuvron, bâtie au pied d'une butte qui fut une forteresse gauloise, a de belles campagnes sur les bords de la rivière. Au delà recommencent les étangs, la bruyère et la brémaille, mais partout où un ressaut de terrain l'a permis, on a planté de la vigne.

Malgré tout, ce pays sue la fièvre. Trop d'étangs, pas assez de bois, une nature chétive et triste, dont la marne et la chaux feraient vite une nouvelle Beauce.

Entre Montrieux et Dhuizon, deux villages placés au sommet de buttes, en partie artificielles sans doute, la Sologne se montre particulièrement malingre et pauvre. De là, on aperçoit les étangs par douzaines, échelonnés dans les bas-fonds, entre des rives de roseaux. Plus loin, le paysage change brusquement; on entre dans la forêt de

Boulogne: d'abord dans les pins, puis dans les hautes futaies. Cette forêt, dans laquelle sont enclavés Chambord et son parc, est superbe et montre l'aspect de la Sologne aux temps anciens, avant que les déprédations eussent fait disparaître le couvert des grands bois. On en traverse la lisière jusqu'à Mont, pour entrer un instant dans la forêt de Russy, et traverser ensuite les beaux vignobles de Vineuil.

Une autre voie ferrée parcourt un coin de Sologne plus transformé. C'est la ligne de Blois à Romorantin. Au delà de la forêt de Russy on atteint, à Cheverny, le domaine où un agronome célèbre, le marquis de Vibraye, a donné l'exemple des transformations agricoles. Cheverny est aujourd'hui une des plus belles terres de France. C'était un désert quand, en 1829, M. de Vibraye entreprit de le mettre en culture. Seize cents hectares de bruyères changés en bois ; deux cents hectares d'étangs mis en culture, soixante-dix hectares de terre drainés, cinquante kilomètres de routes percés, cent cinquante kilomètres de fossés creusés, telle est cette œuvre qui a nécessité quarante années de travaux assidus. Elle est la preuve la plus éclatante de ce que l'on peut faire de la Sologne.

On peut constater, jusqu'à Romorantin, que l'exemple de Cheverny n'a point été perdu. Les bruyères sont rares ; beaucoup de bois, beaucoup de cultures, des fermes propres et gaies. Les étangs sont peu nombreux, mais leur nappe bleue est entourée de bois. Chênes et pins marient leurs nuances. Le pin sylvestre, avec ses reflets d'un bleu glauque, offre des massifs d'une grande beauté.

Pourtant ce paysage est monotone, mais il change aux environs de Romorantin. Il y a cinquante ans, cette ville était encore entourée d'étangs et de bruyères ; le développement de son industrie : la draperie, a amené les défrichements. C'est aujourd'hui le centre d'un vignoble considérable. Il se développerait beaucoup plus sans les maladies cryptogamiques. Le vigneron, jadis fort à son aise, est dans une situation fort gênée. Le commerce parisien est venu à son aide en transplantant à Romorantin une industrie jusque-là confinée dans les campagnes du Berry : la lingerie.

La rue du Sentier se prolonge au delà de la Loire par des succursales dans toutes les petites villes et les bourgs un peu considérables. De Romorantin à Argenton et au Blanc c'est un immense atelier où l'on brode des mouchoirs, où l'on fait des chemises, des faux-cols, des manchettes, des camisoles, des pantalons de femme. Pas une maison, même dans les plus petits hameaux, où les femmes ne soient occupées à ces travaux.

Vers 1848, une femme d'un village de l'Indre, Chabris, avait eu l'idée de demander du travail à Paris, dans des maisons où elle avait travaillé jadis ; elle eut bientôt de nombreuses ouvrières pour la confection des plastrons à petits plis dont la vogue fut si grande. Puis le maire de Chabris créa un ouvroir où des sœurs instruisirent de nombreuses jeunes filles. Bientôt ce fut une fièvre. Les commerçants de la localité se firent entrepreneurs de lingerie, payant le travail en marchandises. La mode de la chemise à petits plis tomba, on dut chercher une autre occupation, on se mit à faire le faux-col, la camisole, etc. De Chabris, l'industrie se répandit au loin ; on la vit même s'implanter jusqu'à Sully-sur-Loire, où un descendant du grand Sully avait fondé un ouvroir.

Simple passe-temps en pays vignoble, la lingerie, avec la maladie des vignes, est devenue la principale ressource des populations. D'abord entre les mains de petits commerçants, elle tend aujourd'hui à se transformer en manufacture.

Une des grandes maisons de la rue du Sentier, la maison Hayem, a installé à Romorantin une fabrique qui est une merveille industrielle. Elle occupe à la confection des chemises, depuis les plus communes jusqu'aux plus fines, quatre cents ouvrières.

Un millier de femmes travaillent au dehors pour la lingerie d'homme ou la lingerie de femme, desservies par des dépôts dont le plus important est celui de Selles-Saint-Denis.

La manufacture de Romorantin serait bien plus considérable encore si l'on pouvait trouver des ouvrières, mais la ville et la banlieue n'ont pu fournir plus de 400 femmes à l'établissement. Encore a-t-on été heureux de trouver les ouvrières de la grande manufacture de draps de troupe, qui, privées de travail par l'emploi des machines à épurer la laine, dites « grattonneuses », ont pu se mettre à la lingerie.

Afin de permettre le recrutement et le développement de l'usine, on a créé une école professionnelle dans laquelle les jeunes filles sont reçues à onze ans. Elles ont quatre ou cinq heures de classe par jour et travaillent à la lingerie le reste de la journée. Ouverte il y a peu de temps, cette école a donné des résultats surprenants ; les fillettes, sorties de chez les sœurs, ne savaient presque rien ; dès la première année plusieurs ont obtenu le certificat d'études, grâce à l'école professionnelle. L'émulation est entretenue par des récompenses consistant en livrets et timbres d'épargne.

A treize ans, les jeunes filles qui ont leur certificat d'études entrent dans les ateliers. Ceux-ci, construits sur les bords de la Sauldre, en face de la promenade de la ville, sont très clairs et très gais. Le spectacle des vastes salles où les machines à coudre sont employées à la confection des chemises, depuis les grandes coutures jusqu'aux boutonnières, est fort curieux.

Sauf pour le repassage, dans lequel la Parisienne est sans rivale et ne pourra jamais, dit-on, en rencontrer, le travail est excellent à Romorantin. Il y a eu de rapides progrès, et, aujourd'hui, les chemises sortent de l'usine ayant jusqu'à leurs boutons. A l'usage des contrées exotiques, les boutons de porcelaine dorée de l'usine de Briare ornent une lingerie éclatante, qui fait le bonheur des nègres et des métis, car cette industrie est surtout une industrie d'exportation.

Par le taux des salaires, on peut juger du bien-être répandu. Les repasseuses gagnent environ 2 fr. 50 c., les mécaniciennes de 2 fr. à 2 fr. 50 c. Tout le travail, soit à l'usine, soit au dehors, est payé en argent, au lieu de l'être en marchandises comme en d'autres centres. C'est là un progrès énorme, car les marchands avaient l'habitude de faire de grandes avances de marchandises. Les ouvrières étaient sollicitées par la facilité d'obtenir vivres, vêtements et surtout objets de coquetterie féminine sans bourse délier. Elles cédaient, s'endettaient et se trouvaient à la merci de leur créancier. On en cite qui, devant plus de 200 fr., travaillaient, sans toucher un centime, pendant des mois entiers, parfois une année.

Cette industrie si curieuse, rencontrée sur ma route, m'a un peu écarté de mon sujet. Il me faut cependant dire ce qu'ont tenté les cultivateurs pour faire de la Sologne une contrée agricole. Ces efforts méritent d'être mis en lumière ; ils sont un titre de gloire pour notre pays.

X

LES COLONS DE SOLOGNE

Colons de Tunisie et colons de Sologne. — Le comité central de la Sologne. — Création de prairies. — Les rendements agricoles. — La vigne. — Plantation de forêts. — Comment fut brûlé le premier cotret. — Les ennemis du pin. — Le « charbon de Paris ». — Ce qu'il faut à la Sologne.

Salbris, mars 1890.

Il y a un rapprochement intéressant à faire entre la colonisation actuelle en Tunisie et l'œuvre de la régénération de la Sologne. Là-bas, comme ici, les capitalistes ont joué un grand rôle. Les domaines sont souvent beaucoup plus vastes que la majeure partie de nos communes. Les étendues de mille hectares conquises par un seul particulier sur la bruyère, la brémaille et les pâles lichens sont nombreux. A tout considérer, si la Tunisie est loin et si l'effort en tire une certaine grandeur, la colonisation de la Sologne est plus merveilleuse. La régence avait pour elle un sol fertile et un admirable climat. La « triste Sologne » ne présente que des sables ingrats reposant sur une couche imperméable, un climat changeant où l'on voit souvent, à fin mai, le thermomètre descendre au-dessous du point de glace. Faire de ce pays une terre à blé et à fourrage, c'était lutter contre des obstacles en apparence insurmontables.

Pour les grands propriétaires il fallait des capitaux abondants, il fallait surtout se résigner à ne récupérer que dans un avenir éloigné et incertain les sommes jetées en Sologne. Il faut reconnaître que nul n'a hésité. Citer la liste de ces colons courageux serait trop long; on trouvera dans les *Annales du comité central* le récit annuel de tous ces efforts.

De tous les travaux entrepris, le plus frappant dans ses résultats n'est pas le reboisement, mais bien la création de prairies. Dans cette contrée où les eaux courantes sont rares en été, où les pentes sont incertaines, l'irrigation naturelle était difficile ; il fallait avoir recours aux canaux spéciaux, aux « fausses rivières ». Le sol, trop sablonneux, produit une herbe courte et sans saveur, on a dû lui donner vigueur et qualité par l'emploi des phosphates. Les prairies sont assez nombreuses; au-dessous de la plupart des étangs, on a pu irriguer quelques petites étendues. Mais c'est, naturellement, dans les vallées que l'on a fait de la création des prairies une œuvre de longue haleine. Le Barangeon, la Sauldre, le Beuvron, le Cosson et leurs affluents sont, en certains points, bordés de prés admirables; résultat dû à de longs et persévérants efforts.

Le domaine de la Rébutinière, près de Souesmes, est le premier en date de ceux qui se sont ainsi transformés. Au moyen d'une prise d'eau dans la petite Sauldre, M. Rousseau a créé une vaste étendue de prairies de qualité excellente. Il a fait mieux encore : sur le plateau dominant la rivière, il a également créé des pâturages et se livre à l'embouche du bétail nivernais. Les résultats sont fort beaux; dans un rapport sur la Sologne fait à la Société des agriculteurs de France par un Nivernais, on dit des pâturages de M. Rousseau : « Ils sont comparables aux riches prairies des Amognes ou du val de l'Allier, célèbre par ses produits de concours. »

Chez M. Courtin, au château du Chesne, l'effort est de date plus récente ; on peut assister à une transformation extraordinaire, qui a valu à son auteur le prix du service hydraulique agricole décerné par le ministère de l'agriculture. Ce domaine, vaste de près de 1,500 hectares, est arrosé par plusieurs cours d'eau : la Sauldre, en ce point large et profonde, le Naon, le Coussin et d'autres ruisseaux. On a barré et curé le Naon ; deux canaux d'irrigation longs chacun de six kilomètres et obtenus, sur quelques points, au moyen de tranchées profondes, ont été creusés dans les parties hautes. Le sol a été aménagé en ados présentant une série de pentes disposées de telle sorte que les eaux répandues au sommet de l'ados coulent sur le pré et, recueillies par des collecteurs, sont ramenées à la rivière sans séjourner sur aucun point. L'étendue de la prairie ainsi créée est de sept hectares ; d'après les projets de M. Courtin, elle sera de 175 hectares. Ce sera le plus vaste effort qui ait été tenté en Sologne.

Et le revenu ? Un autre pionnier de la Sologne, M. Fortin Hermann, qui a eu à étudier le domaine du Chesne pour le comité central, fait ressortir le produit net par hectare de 85 à 155 fr., impôts déduits, pour l'année 1888, et alors le sol exigeait cependant pour 275 fr. d'engrais (chlorure de potassium, plâtre, scorie de déphosphoration et nitrate de soude). Ce grand effort aura, il faut l'espérer, de précieux résultats pour la Sologne, car l'exemple portera ses fruits. J'en ai eu la preuve en visitant le Chesne. Un des fermiers, vrai type de Solognot du vieux temps, est venu demander à M. Courtin de lui céder de l'eau pour irriguer un terrain où il voudrait faire une prairie. Il y a dans ce fait l'indice d'une transformation profonde dans les idées.

Le comité central ne néglige rien pour assurer la création des prairies. Chaque année une commission parcourt la Sologne pour attribuer des récompenses aux plus méritants des créateurs de prés. L'an dernier elle faisait attribuer la médaille de vermeil du ministère à M. Chauveau, de Neuvy-sur-Barangeon, dont l'exemple et les bons conseils ont décidé maints fermiers à transformer des prairies marécageuses en prés luxuriants. A Sully-sur-Loire, elle donnait une médaille de bronze à M. Remy Perin; à Coullon, une médaille d'argent était attribuée à M. Marin Butet qui, chaque année, gagne de nouvelles prairies sur les marécages. Ces récompenses sont un précieux et fécond encouragement.

L'agriculture proprement dite ne progresse pas moins. L'emploi de la marne et de la chaux comme amendement a eu pour résultat d'amener les cultivateurs à écouter les conseils de la science. Les engrais chimiques sont fort utilisés aujourd'hui. Les syndicats d'agriculture de Loir-et-Cher et du Loiret livrent, à prix réduits, tous ceux qui leur sont demandés. De même, pour les prairies, des récompenses sont accordées aux cultivateurs qui ont fait preuve de progrès. La plupart de ces terres, qui ne produisaient jadis qu'à grand'peine et après une succession de jachères, de maigres récoltes de seigle et de sarrasin, donnent en moyenne 20 hectolitres de blé ou de seigle et 25 hectolitres d'avoine. Il ne semble pas que ce rendement soit dépassé sur beaucoup de points. Cependant on peut faire mieux.

En 1888, le prix d'honneur était accordé à M. Camille Boucault, fermier de M. Fougeu, à Millançay, près de Romorantin. La moyenne de ses rendements en blé était de 25 hectolitres, le produit ayant même atteint 31 en 1885. Les avoines ont donné jusqu'à 35; M. Boucault était arrivé, sur la ferme de Sainte-Marie, il y a dix-sept ans, n'ayant pour tout avoir, sa femme et lui, que leurs bras et 3,000 fr. d'économie. Ils sont eux-mêmes aujourd'hui propriétaires en Sologne. La ferme qu'ils exploitent renferme 5 chevaux, 17 vaches, 105 brebis, une centaine d'agneaux, 12 porcs, 100 poulets, 25 canards, 120 oies et 200 dindes. Le produit de la vacherie est annuellement de 15 veaux et de près de 800 kilogr. de beurre. Cette ferme, qui couvre 92 hectares, est louée 2,400 fr.

Quelle meilleure preuve pourrait-on donner de

ce que peut la persévérance pour transformer les terres les plus pauvres ?

On pourrait multiplier les exemples, ceux-ci suffisent.

Un produit important de la Sologne c'est la pomme de terre. Non seulement ce pays fournit à la consommation de Paris et des villes voisines, mais encore il donne lieu à une exportation considérable. Deux maisons d'Orléans ont expédié, l'an dernier, en Angleterre et en Asie-Mineure, 10,000 tonnes de ce tubercule, qui vient admirablement dans les sables.

La vigne tient une large place dans les préoccupations du comité central. Jadis le pays était grand producteur de vin; on trouve encore, en défonçant le sol, de fortes souches indiquant une ère de prospérité. Aujourd'hui, après un moment d'abandon, on replante sur beaucoup de points.

La sylviculture est l'objet favori des préoccupations du comité central. Les « semeurs de bois » sont plus nombreux dans son sein que les agronomes et les planteurs de vigne. On comprend cette prédilection à la vue de ces beaux massifs percés d'allées où le cerf et le chevreuil trouvent asile. On devine surtout le sentiment de satisfaction du propriétaire, voyant, chaque année, monter plus haut la flèche de ses pins. Pour beaucoup, l'arbre est plus qu'un végétal, c'est presque un enfant dont on suit toutes les phases d'existence avec sollicitude, dont on assure la vitalité par des soins et une surveillance de tous les instants. Un des grands sylviculteurs de Sologne, M. Cannon, a fondé un prix annuel pour les gardes et régisseurs qui auront fait montre de plus de zèle et d'intelligence dans la plantation et la culture des bois. L'an dernier, ce prix était attribué à M. Chaintreau, garde de M. de Dreuzy, qui a semé et surveillé des reboisements couvrant 828 hectares.

On ne saurait assez dire de quelle ardeur, de quelle ténacité surtout ont fait preuve les planteurs. Semer du bois, élever du pin n'était rien ; il fallait encore, il fallait surtout trouver des débouchés. Sait-on que la vente des cotrets, si facile aujourd'hui, a nécessité un véritable apostolat ? M. de Laage de Meux, propriétaire du domaine de Maisonfort, près d'Orléans, où il avait planté 1,300 hectares de forêts, ne pouvant se débarrasser des bois provenant des « dépressages » ou éclaircies, imagina le cotret ou rondin fendu. Aucun boulanger d'Orléans ne voulait en acheter ; il décida l'un d'eux à en faire l'essai et à accepter 1,000 cotrets gratuitement offerts. Celui-ci s'en trouva bien. Tous les boulangers d'Orléans vinrent alors en chercher. M. de Laage fils se rendit ensuite à Paris ; à force de démarches, il réussit à ouvrir ce vaste marché au pin de Sologne.

Aujourd'hui, malgré la gelée, malgré la concurrence du pin des Landes et des fours chauffés à la houille, le cotret solognot est encore le chauffage de prédilection de la boulangerie parisienne. Malheureusement les frais de transport sont trop élevés. Alors que le cotret des Landes paie trois centimes par kilomètre, celui de Sologne en paie cinq ; la distance, il est vrai, est plus grande pour les Landes, mais elle est compensée par la croissance plus prompte des bois en Gascogne. Tous les efforts du comité central en vue d'obtenir un traitement meilleur ont échoué ; aussi un mouvement d'opinion très vif se produit-il en faveur du prolongement du canal de la Sauldre vers la Loire et le Cher, et de la création de chemins Decauville, transportant les produits vers les canaux aboutissant à Paris.

Une des grosses difficultés de la culture du pin, c'est le manque de débouchés pour les menus produits du « dépressage ». Les fagots ou bourrées n'ont pour ainsi dire aucune valeur. Le dépressage et la confection nécessitent une dépense de 3 cent. par bourrée, dépense sans compensation pour qui n'a pas une tuilerie à alimenter. On avait bien proposé de laisser ces bois sur le sol, pour lui donner de la fraîcheur et former de l'humus au moyen des aiguilles, mais, dans ces débris, viennent, par myriades, les ennemis du pin : l'*hylobe* ou grand charançon brun, qui détruit les jeunes plantations et gîte de préférence dans les souches ; les *hylésines*, qui s'en prennent aux arbres, en rongent la moelle et font tomber les pousses : les Allemands les ont appelées jardiniers de la forêt ; les *bostriches chalcographes ou sténographes*, ainsi nommés parce qu'ils font dans le bois des galeries d'un dessin curieux, et tant d'autres.

Il faut donc se débarrasser des bourrées. M. Boucard est encore intervenu ; sur ses indications, un garde général des forêts, M. de Rocca-Serra, a construit un four mobile destiné à carboniser les bourrées. Ce four, transporté dans les pinèdes, peut réduire en charbon jusqu'aux aiguilles de pin. Les bourrées, achetées au prix de confection, sont carbonisées, le charbon est conduit à Salbris, où il est réduit en poussière dans une usine récemment créée. Ces poussiers sont mêlés à du goudron de houille et comprimés en briquettes ; celles-ci, soumises à une haute température qui les porte au rouge, donnent ce combustible sonore et

léger devenu d'un si grand usage sous le nom de
« charbon de Paris ». Il y a là une tentative intéressante dont la réussite serait, pour la Sologne
entière, un inestimable bienfait.

On ne saurait trop admirer la fertilité de ressources de tous ces éleveurs de forêts. Quand partout, après 1880, on arrachait les jeunes pins atteints par la gelée, même lorsqu'ils montraient
un peu de vitalité au collet, M. de Verneuil imaginait de recéper ceux de ses arbres qui avaient
conservé une partie verte. Le résultat a été surprenant. Sur 25 hectares, M. de Verneuil a aujourd'hui des pinèdes bonnes à débiter en cotrets,
alors que ses voisins, moins avisés, ont perdu
cinq ou six années.

On ferait un volume avec le récit de tous ces
efforts. Il est des noms comme ceux du baron de
Morogues, de M. Baguenault de Viéville et tant
d'autres qui sont restés chers à tous les amis de
ce pays. Chacun de ces colons a tenu à marquer
son passage sur la terre solognote par quelque
amélioration nouvelle.

Qu'on le sache bien, cette triste Sologne qui
frappe si péniblement le voyageur qui la contemple par la portière d'un wagon entre Orléans
et Vierzon sera, avant longtemps, une des con-

trées les plus prospères de notre pays. Sans secours de l'État, ses habitants, grâce aux amendements calcaires et aux engrais, font avec des sables infertiles des terres productives et de riches pâturages, comme ils ont transformé des landes tourbeuses et fiévreuses en forêts salubres.

Qu'on vienne en aide à cette population si admirable de ténacité, en lui donnant des voies ferrées économiques, en achevant le canal de la Sauldre, et cette région n'aura rien à envier à la Beauce pour la fertilité; elle aura, de plus qu'elle, le charme de ses bois de pins, de chênes et de bouleaux, ses beaux parcs et ses riantes vallées, où le flot clair des rivières ne s'épanchera plus dans les prairies marécageuses. La dépense ne serait pas considérable, et le pays tout entier tirerait profit de cette régénération.

XI

LA SOLOGNE BERRICHONNE

L'école des Barres. — La Sologne berrichonne — Sully souverain indépendant. — Boisbelle et Henrichemont. — Aubigny et ses vieilles maisons. — Le fond de la Noue. — La grande marnière. — Blancafort. — Rôle des chemins de fer — Une exploitation agricole industrielle

Nogent-sur-Vernisson, mars 1890.

Il était difficile de parcourir la Sologne sans venir, au delà de la Loire, dans ce Gâtinais qui ressemble à la Sologne par tant de côtés, visiter cette belle école des Barres où, depuis soixante années, de si intéressantes tentatives ont été faites par M. de Vilmorin ou par l'État pour doter notre pays d'arbres nouveaux. J'ai vu les admirables laricios, droits comme des mâts de navire, plantés vers 1829, et, devant ces arbres splendides, je me disais quelle merveille ce serait si la Sologne pouvait un jour nous donner de telles futaies.

Pour gagner Nogent, en venant de Salbris, j'ai parcouru la Sologne orientale, la moins connue et la plus pittoresque. Il y a, aux bords de la

Petite-Sauldre, des sites charmants, qui contrastent avec la vaste étendue des bruyères. Autour de Souesmes, grand village aux maisons de torchis et de poutrelles bariolées de couleurs claires, où la rivière remplit d'eau vive les fossés d'un château, les rives exposées au midi ont une apparence luxuriante. Mais le plateau est d'une aridité affreuse. On fait des lieues dans la bruyère ou les landes couvertes d'un lichen blanc, ayant l'apparence de la neige. Sur les trente-deux kilomètres qui séparent Salbris d'Aubigny, on ne rencontre que deux villages, Souesmes et Ménétréol, et quelques locatures d'aspect mélancolique. Peu de pins, peu d'arbres, sauf les grands massifs d'Ennordres et de la Thiau.

La lande s'étend jusqu'aux portes mêmes d'Aubigny-sur-Nère. Cette petite ville doit à la marne, abondante sur son territoire, à la division du sol et à son commerce, une transformation complète. Si l'on veut comprendre ce que peut la petite culture pour tirer parti des terrains les plus arides, il faut voir les beaux jardins d'Aubigny. Ils alimentent de légumes toutes les villes de la région; on y récolte des choux-raves monstrueux, vendus bien loin de là, jusqu'à Cosne, à Sancerre, à Bourges et à Vierzon.

Peut-être faut-il attribuer à Sully une partie de

ces progrès agricoles. Tout ce pays conserve le souvenir du grand ministre. En sa ville de Sully, assise au bord de la Loire, à la marge de la Sologne, il a dicté ses *Économies royales*; le vieux château, érigé pour lui en duché-pairie, est encore debout au bord du fleuve. A la Chapelle-d'Angillon, une vaste construction, restaurée par lui, a pris le nom du berceau de sa famille; c'est le château de Béthune, campé sur un ressaut du sol dominant la Petite-Sauldre.

Plus loin, vers Bourges, il existe même une ville construite en entier par Sully. C'est Henrichemont. Là, dans un étroit vallon, est une bourgade habitée exclusivement par des tanneurs. Dix-sept établissements, d'une organisation primitive, sont assis au bord d'un petit ruisseau dont la source claire jaillit dans une carrière de silex, à un quart de lieue. Ce village nommé Boisbelle, aujourd'hui ignoré, aurait pu, cependant, s'il avait trouvé son chansonnier, devenir célèbre à l'égal d'Yvetot. Jusqu'à la Révolution, ce fut le chef-lieu d'une souveraineté indépendante dont Sully fit l'acquisition. Boisbelle était une assez pauvre capitale; le nouveau prince résolut de construire une ville digne de lui servir de résidence. Il fit choix du plateau qui domine Boisbelle et d'où l'on a une vue riante sur les collines revêtues par les forêts de Saint-Palais, de Menetou et de la Borne. Le site est beau ; la situation de la ville, à l'endroit où plusieurs cours d'eau sortis du massif de Sancerre creusent de fertiles vallées s'ouvrant sur la Sologne, semblait lui assurer une grande prospérité. Le plan fut donc vaste. Deux grandes routes se croisent sur une place carrée, ornée d'une fontaine jaillissante ; d'autres rues partent des angles. Ce noyau central devait être enveloppé de voies géométriquement tracées. Mais tout est resté presque à l'état d'ébauche.

Cette régularité, retrouvée aujourd'hui par nos jeunes villes d'Algérie, rend Henrichemont assez maussade. Fait qui prouve combien la volonté d'un homme, si puissant soit-il, ne saurait suffire à créer les grandes cités, la majeure partie des habitants de la commune résident à Boisbelle, où la tannerie a maintenu un groupe compact de population, et à la Borne, gros village de potiers, bâti dans les bois. Si Henrichemont avait été placé plus bas, dans la vallée, peut-être serait-il devenu une ville importante, mais sa situation sur la colline l'a empêché de profiter de la force motrice de ses ruisseaux. Plus tard, le chemin de fer a dû faire un grand détour pour le desservir, encore la gare est-elle à près de deux kilomètres. Le rôle de centre d'attraction pour la Sologne, qui lui semblait dévolu, est resté à Orléans, à Romorantin, à Vierzon et à Aubigny.

Cette dernière ville n'a rien de la régularité de sa voisine, mais elle est encore, pour l'heure, un legs précieux de la Renaissance dans la France centrale. Bâtie dans une situation excellente, près de nombreux cours d'eau descendus du haut massif du Sancerrois, par où le commerce trouvait un facile accès, assise au pied même du plateau de Sologne, elle fut, au moyen âge, un grand marché pour le produit commercial par excellence à cette époque : la laine. Là étaient apportées les toisons solognotes et berrichonnes ; là elles étaient lavées, peignées, filées et tissées. Sans atteindre le degré de splendeur des grands centres lainiers de la Flandre ou de la Normandie, Aubigny n'en fut pas moins, comme Ypres et Louviers, une ville prospère, plus vaste et peuplée que de nos jours. De son passé il lui est resté un château et de vieilles maisons de bois sculptées, gardant des fenêtres à meneaux, dont les voussures sont ornées de guirlandes de chêne, de sarments de vigne et d'attributs industriels. Malheureusement elles vont par bribes dans les musées ou chez les collectionneurs ; puis le « goût du jour », chez le petit bourgeois, veut qu'on recouvre de mortier ces sculptures délicates, pour simuler la pierre !

Les drapiers ont mis quelque orgueil à rappeler leur métier en gravant leurs outils. D'aucuns ont fait sculpter leur portrait et celui de leur femme sur les poutres. Partout, dans les vieilles rues, on rencontre des colonnades de bois, imbriquées, terminées en aiguilles gothiques. La plus belle de ces maisons, située derrière l'église, a été fort saccagée, une porte a été enlevée, pour Cluny, dit-on. Mais elle est fort belle encore, avec ses mascarons et ses chapiteaux grotesques, ses cordons de fuseaux, de quenouilles et d'autres attributs de fileur.

Comme en Flandre et à Lyon, le métier solitaire du tisserand et du fileur avait amené une sorte de mysticisme social dans la population. On pourrait croire qu'il en reste quelque chose en voyant, près de la gare, une statue du Christ, entourée de fleurs et cette inscription moderne :

Pour l'amour du genre humain
Jésus fut bon républicain.

Le château appartient aujourd'hui à la ville ; elle y a installé ses services publics. Construit par un Stuart d'Écosse, à qui Charles VII le donna en récompense de ses services, il devint plus tard propriétaire d'une maîtresse de Charles II d'Angleterre, la duchesse de Portsmouth, à qui Louis XIV en fit don ; le fils de la duchesse devint même duc d'Aubigny et fut élevé à la pairie. On voit encore, dans la grande salle, le portrait d'un jeune seigneur de très bonne mine, qui pourrait bien être ce bâtard de Charles II. Aucune indication ne le fait connaître et la municipalité d'Aubigny n'a pu me fournir de données sur ce tableau, qui n'est pas sans valeur.

Le parc, dessiné dans le goût du grand siècle, a été transformé en jardin anglais ; il est fort vaste et conserve de belles charmilles, dont l'une porte sa date par le nom d'*allée des Soupirs*. C'est aujourd'hui la promenade publique.

Quant aux sources du Loiret, que les gens d'Olivet disent nées de gouffres près d'Aubigny, elles doivent abandonner leurs prétentions à cette origine héroïque. Il y a bien des rivières souterraines, mais ce sont des bras de la Nère dérivés jadis sous la ville pour faire mouvoir les machines des draperies. Le « gouffre » est une plaine creuse, appelée le *fond de la Noue*, où les eaux du plateau de Sologne filtrent après les grandes pluies, formant parfois une sorte de lac ; mais elles se sont vite infiltrées à nouveau. Le Loiret doit donc se résigner à rester un bras souterrain de la Loire, et peut-être une issue pour les « gouffres » où se perdent les eaux de la forêt d'Orléans.

Si Aubigny avait eu, comme Argent, un canal navigable, nul doute que cette ville aurait pris une grande importance commerciale, grâce à l'esprit d'initiative de sa population. Dotée d'un chemin de fer longtemps attendu, elle parle aujourd'hui de s'éclairer à la lumière électrique. Une usine et un terrain ont été réservés dans ce but. Cet éclairage aurait eu lieu depuis longtemps sans la difficulté de trouver un concessionnaire qui consente à construire et à exploiter à la fois l'usine et des abattoirs. Si je signale ce fait, c'est pour déplorer, dans nos mœurs industrielles, un embarras assez fréquent pour les petites villes qui ne se soucient pas d'étendre à l'infini leurs services municipaux.

A huit kilomètres au nord d'Aubigny se trouvent les grandes marnières de Blancafort, près d'un des plus beaux châteaux de Sologne, dont les grosses tours rondes sont d'un grand effet dans le beau paysage de la Sauldre. Toutes les collines, dans cette partie de la vallée, recouvrent des gisements de marne. En 1848, quand fut entrepris le canal de la Sauldre, on ne connaissait guère que le gisement de Launay, au-dessous du bourg, mais il a été épuisé. Depuis lors MM. Fernault frères ont commencé à extraire la marne aux Janvres, à trois kilomètres plus haut. Dans ces dernières années, ce canal, — dont le trafic atteint 40,000 tonnes, plus que la Loire ou le Cher, — a été prolongé jusque-là. Toutes les exploitations ont été groupées entre les mains d'un seul propriétaire, et l'on a pu créer ainsi des chantiers importants, reliés au canal par de petites voies ferrées. Les wagons se déversent dans les bateaux qui les transportent jusqu'à la Motte-Beuvron. Aux Janvres, la couche de marne atteint 16 mètres d'épaisseur, recouverte par 1 *mètre* de terre à peine ; 12 mètres peuvent être abbattus et conduits au port sans autre travail que le remplissage des wagons. A peine si, de temps à autre, on rencontre des poches remplies d'argile, appelées des *clous*. Cette exploitation est fort active ; elle occupe plus de quarante ouvriers et atteint jusqu'à 30,000 mètres cubes par année, le mètre cube pesant 1,250 kilogr.

L'exploitation serait plus considérable et l'emploi plus répandu, si le chemin de fer ne refusait un traitement plus favorable ; il ne veut réduire ses tarifs que pour des trains complets. Aussi la marne ne va-t-elle guère au delà du canal et des

20 ou 22 kilomètres de ses rives, distance qu'un attelage peut parcourir en un jour.

Cette question des transports est vitale pour la Sologne. Ce pays privé de calcaire a la chance de posséder la marne de Blancafort, contenant de 50 à 80 p. 100 de chaux se délitant très facilement et l'emploi en est presque impossible! Dans la haute vallée de la Sauldre, vers Vailly, pays agricole assez riche, se trouvent des gisements de phosphate considérables, mais il n'y a pas de canal, les chemins de fer sont loin et coûteux.

Pourtant le service commercial des compagnies a, sous les yeux, les résultats des amendements sur les mauvaises terres. Il n'est pas sans connaître cette ferme de Saint-Aignan-le-Jaillard, près de Sully-sur-Loire, où un industriel, originaire du Nord, M. Boniface, a transformé 270 hectares de terre solognote en terre fertile, où la betterave et le topinambour récoltés sur la ferme ont suffi à faire naître une distillerie agricole importante, qui a développé ces cultures chez les voisins. Là, grâce à la marne, base de la transformation, on voit, sur cette ferme, 12 chevaux, 20 bœufs de travail, 65 bêtes à corne à engraisser, dont 60 taureaux et 440 brebis ou agneaux. Tout ce bétail est nourri de pulpe. Non seulement la ferme fournit tout ce qui lui est nécessaire, mais elle vend

2,400 tonnes de pommes de terre par année; les étables donnent 1,800 tonnes de fumier. Les cultures de froment, sur 60 hectares, produisent 20 hectolitres à l'hectare. 50 hectares de prairies artificielles ont été créés.

Bien plus, pour le sarclage de ces cultures, il a fallu employer une main-d'œuvre considérable. Le Solognot était peu préparé à ces travaux; chaque année des ouvriers venus de Belgique instruisent les ouvriers du pays. En 1889, deux équipes de Solognots ont pu être formées; le temps n'est pas loin où l'on n'aura plus recours à la main-d'œuvre étrangère.

Ces faits devraient ouvrir les yeux et déterminer l'État et les chemins de fer à favoriser l'emploi de la marne et de la chaux. Il y a quelque chose d'inexplicable dans l'obstination, signalée par les rapports des préfets, à se refuser à toute réduction de tarifs, saufs pour les trains « spéciaux et complets ». En admettant qu'un particulier puisse se passer ce luxe, comment ferait-il pour charger, décharger et enlever sa marne dans le délai accordé par la compagnie?

XII

LE SAFRAN EN GATINAIS

En Gâtinais. — La vallée de l'Essonne. — Distraction dominicale. — Pithiviers, ses pâtés d'alouettes et son miel. — Abeilles en pension. — Le safran. — Son origine. — La mort du safran. — Parchemins antiques. — La culture, la cueillette et l'épluchage — Un tableau Empire. — Grandeur et décadence du safran.

Pithiviers, mars 1890.

En sortant de cette Sologne dont je me suis efforcé de faire comprendre le caractère de colonie expérimentale, on éprouve quelque difficulté à parler du Gâtinais. C'est un pays quelconque, tenant de la Beauce par ses cultures et la nudité de ses plateaux, de la Sologne par des coins de landes et de forêts. Mais les cultures n'ont pas la beauté des champs beaucerons, la lande y est plus maigre, le bois plus rabougri qu'en Sologne. Pourtant les vallons y sont riants, quelques sites de ville, comme Montargis, sont vraiment beaux; mais, dans son ensemble, le pays est sans intérêt.

Il y a, cependant, pour l'agriculteur, quelques

points dignes d'attention. Aux environs de Nogent-sous-Vernisson de grands agronomes ont des exploitations remarquables, notamment la distillerie agricole de Changy-ès-Bois, qui a déterminé la culture des betteraves et des topinambours dans toute la région. Il y a, surtout, l'école forestière des Barres.

Mais, nulle part, on n'est sollicité, comme en Sologne, par la grandeur de l'effort et du résultat obtenu. En outre, les villes sont peu intéressantes, sauf Montargis et Pithiviers, où l'on rencontre des monuments d'un style bien rare, le gothique de la Renaissance, dont l'effet n'est pas sans grâce. Quelques ruines pittoresques dominent les vallons. Yèvre-le-Châtel est la plus remarquable ; elle doit à la monotonie des plaines voisines une beauté plus grande.

Il y a, pourtant, un coin réellement beau : c'est la vallée de l'Essonne. Les éboulis et les entassements de roches de grès sont comparables aux sites de Fontainebleau. Les pins sylvestres croissent dans ces roches avec une vigueur qu'on ne rencontre pas en Sologne. Ces hauts fûts rougeâtres, cette verdure d'un bleu sombre, sont d'un grand effet sur les amoncellements de roches grises. Aux environs de Malesherbes surtout, le paysage a une réelle grandeur. Puis, au delà, recommencent les plateaux du Gâtinais, d'une nudité désolante. Il semble que l'habitant ait horreur des arbres. J'ai visité ce pays un dimanche ; partout, j'ai rencontré, dans les champs et les vignes, des gens armés de cognées, abattant les cerisiers et les pêchers échappés à des coupes précédentes.

Pour retrouver des arbres, il faut les chercher dans la ville même, sur les boulevards et sur les pentes de ce curieux ravin de l'Œuf, qui enserre la patrie des pâtés aux alouettes. Pâté aux alouettes ! le mot vient de lui-même sous la plume, Pithiviers évoquant cette phrase des anciens manuels de géographie : pâtés d'alouettes, miel et safran.

Pour le pâté d'alouettes, il y a longtemps qu'il ne suffit plus. Pithiviers y joint maintenant le pâté de perdreaux, le pâté de lièvre, le pâté de pigeons, que sais-je encore ? Bien plus, les chasseurs économes n'ont qu'à envoyer leur gibier sur les rives de l'Œuf et on le leur rend sous forme de pâté, dans des boîtes de fer-blanc.

Quant au miel du Gâtinais, il a conservé son ancienne réputation. Il la doit surtout à la Sologne. Beauce et Gâtinais élèvent des abeilles en quantité ; il n'est pas une ferme, pas un jardin sans ruche. C'est là un phénomène étrange : de quoi peuvent bien vivre ces bestioles, une fois le sainfoin défleuri et les moissons parties avec la végétation florale qu'elles abritent ? Pas de prés, pas de haies en fleur, pas de jardin, c'est la famine.

C'est que la Sologne est proche. La Beauce est dépouillée quand les bruyères solognotes étendent leurs nappes roses ; puis le blé noir en fleur met des champs de neige entre les bruyères éclatantes et les pins sombres. C'est le paradis des abeilles à l'arrière-saison. Beaucerons et Gâtinais chargent alors leurs ruches sur des voitures ou sur des wagons et en route pour la Sologne. On va dans les locatures, on y met les abeilles en pension, au prix de cinquante centimes par essaim. Ce n'est pas là un cas particulier, c'est général. A Salbris, j'ai vu une locature qui reçoit trois cents ruches par année, soit 150 fr. de revenu pour le pollen du sarrasin, du genêt et de la bruyère. Voilà comment la poésie pastorale, évoquée par ces visions d'abeilles bourdonnantes, se traduit en piles d'écus.

Le safran est, lui aussi, fils du soleil et de la poésie. Son nom seul vous a un réjouissant parfum de bouillabaisse et d'orientalisme. Mais le safran subit une crise, il a vu la gelée détruire ses plus belles planches et le *rhyzoctonia* ronger ses bulbes. Rhyzoctonia est le nom donné à un champignon par les savants, qui recherchent les causes d'une maladie, pour la guérison de laquelle une prime de 500 fr. est promise. Avoir trouvé le nom est quelque chose, le remède serait mieux. Le safranier, lui, ne se pique pas de jargon scientifique ; il a baptisé le mal du nom de *mort : mort du safran*. C'est plus pittoresque et plus facile à prononcer.

Cette culture est une des curiosités de notre pays, on ne la retrouve pas ou, plutôt, on ne le retrouve plus ailleurs. Dans le Comtat Venaissin, d'où elle vint ici, elle a été abandonnée. Dans l'Angoumois, où un La Rochefoucauld l'introduisit, elle ne se rencontre pas davantage. Mais, il y a quelques années, je voyais ramasser, dans les prés de Champniers, aux environs d'Angoulême, la colchique d'automne dont les stigmates servent à falsifier le vrai safran, c'est tout ce qui est resté d'une des tentatives agronomiques chères aux grands seigneurs du siècle dernier, imbus des idées de Jean-Jacques.

Le vrai safran est originaire de l'Orient. Un vieil historien de cette plante nous apprend que Tyriens et Sidoniens l'employaient pour teindre les voiles des jeunes mariées, pour leurs parfums, leurs aliments et la médecine. Ils le tiraient des bords du fleuve Éleuthère ou Vallania, dans le Liban. Mais il y en avait aussi en Cilicie, tellement abondant qu'il aurait donné son nom à la forêt et à la ville de Coryce. Dans les fêtes de Bacchus, qui s'y célébraient, les prêtres étaient couronnés des fleurs du safran. Mon auteur cite, à ce propos, Homère et Virgile et les fêtes de Vénus ; il rappelle, d'après Pline, « que l'on se couronnait à table de cette fleur ; que son évaporation neutralisait les vapeurs du vin et que les Sybarites buvaient du safran avant de se livrer à la débauche de Bacchus et de Vénus ».

Et le bouquin d'où j'extrais ceci ajoute que les aruspices, les femmes et les *petits maîtres*, nos pschutteux d'aujourd'hui, ne portaient de bonnets, de chaussures et d'habits que de la couleur du safran, d'où ils nommaient cet habillement *crocota*.

Le safran a donc des parchemins en règle. Sa culture dans le Gâtinais remonte officiellement, dit-on, à 1698 ; un édit de Louis XIV en autorisa la culture. La plante avait été apportée d'Avignon, au temps des croisades, par un seigneur de Boynes. Elle trouva en Gâtinais des terres noires et légères qui lui sont éminemment favorables et s'y développa à tel point, que l'on vit, une année, la seule paroisse de Boynes en fournir pour 300,000 livres, soit plus de 600,000 fr. de notre monnaie. Bientôt le safran du Gâtinais eut une réputation universelle ; son arome était tel qu'on l'achetait surtout pour le mélanger à ceux d'autres pays, auxquels il communiquait son odeur pénétrante.

Décrire une plante avec le vocabulaire du botaniste serait ennuyeux. J'aime mieux dire que le safran ressemble au crocus, si commun maintenant dans les jardinières d'appartement, surtout au crocus à fleur gris de lin, dont la nuance est semblable à la sienne. La partie utile est composée de trois stigmates donnant une poussière d'un jaune orangé.

Cette culture est, par excellence, de la petite culture. Jadis, quand les bras étaient plus nombreux, on a fait jusqu'à 50 ares à la fois, aujourd'hui on n'y consacre pas plus de 10, 12 ou 15 ares. C'est qu'il faut trois façons à la terre, elle doit être ameublie et épierrée, les oignons doivent être plantés un à un. Les trois façons ont des noms particuliers. En hiver on fait l'*hivernage* ou *muvage*; en avril, le binage ; avant de planter, à la mi-juillet, on fait le *recoulage* ou *binage*.

En octobre, les fleurs apparaissent, c'est le moment du grand travail. La récolte dure trois semaines, mais si la saison est favorable, elle peut se prolonger longtemps. En 1806, l'hiver fut si clément que les 5 et 6 janvier on récoltait en quantité les fleurs dans les paroisses de Boesses, Eschilleuses, Boynes, Bouilly, Vrigny et Bouzonville. Elles provenaient des caïeux de l'année.

Toute la famille se rend à la safranière, chacun un panier au bras ; le matin à la rosée, le soir au crépuscule ; on coupe les pédoncules avec l'ongle et l'on jette les fleurs dans des paniers ou des hottes. Elles sont portées en hâte dans les maisons où l'on procède à l'épluchage. Voici comment, en 1809, un botaniste décrivait cette opération ; le morceau est bien Empire : « Que de chansons, que de contes dans ces réunions villageoises ! Tous les éplucheurs, autour d'une table, prennent, à mesure, à la masse des fleurs posées au milieu, en détachent le pistil de chacune en pesant sur le pédoncule avec l'ongle gauche et retirent les stigmates ou flèches de la main droite, après qu'elles ont été rompues et séparées du pistil par cette section. Chacun met en tas devant lui les flèches, ou stigmates du pistil, et jette sous la table la corolle et les étamines comme inutiles. Il y a assaut de diligence et, souvent, les meilleurs travailleurs acquièrent une double réputation auprès de leurs amantes. »

Le tableau a perdu de son pittoresque. En réalité, il n'a jamais été aussi rococo. De vieux Gâtinais m'ont dit qu'on faisait surtout faire ce travail par les gamins, à qui l'on donnait quelques sous Ainsi Louis Veuillot, né à Boynes, a épluché le safran en revenant de l'école. D'ailleurs la gelée de 1879-1880 et le développement de la *mort* ont beaucoup nui au safran ; on en faisait 30,000 kilogr. par année : en 1889 la culture a donné à grand'-peine 3,000 kilogr. Déjà, en 1789, une gelée causa de grands dégâts. On eut beaucoup de peine à replanter. On y parvint cependant, malgré les guerres qui enlevèrent, pendant vingt-cinq ans, tant de bras à la campagne.

Le goût de la vie facile avait réduit cette culture ; le paysan envoyait ses enfants à la ville au lieu d'en faire des cultivateurs, mais aujourd'hui, on réagit. La plupart des jeunes ménages se mettent à faire du safran et lui doivent une aisance réelle. Un des grands safraniers de Pithiviers me disait que ceux-là qui cultivent le safran sont les meilleurs fermiers et payent régulièrement leurs loyers. Sur 12 ares, étendue moyenne d'un champ, on fait, par année, de 1^{k},500 à 3 kilogr. La saconde année est la meilleure. Or, le kilogramme s'est vendu 140 fr. cette année.

Une planche de safran dure trois ans, il faut alors relever les caïeux et les replanter dans une autre terre, car pendant dix-huit ou vingt ans on ne pourra replanter le safran à la même place, le sol est trop épuisé.

Cette culture est donc fort curieuse et digne d'intérêt. Elle a résisté à bien des misères. En 1787, un rapport de l'intendant d'Orléans évaluait à 40 millions de livres argent (au prix de 30 fr. la livre en poids) le produit du safran au temps de sa plus grande prospérité. Il était retombé à 12 millions de revenu. Puis la *mort* redoubla d'intensité, l'étendue des cultures diminua. En 1868, on fit venir du Japon 500 oignons d'une variété nouvelle, 2,000 autres d'Autriche pour essayer de reconstituer les planches. En 1869, on évaluait à 1,143 hectares l'étendue des safranières du Gâtinais. Le rendement par hectare était de 9 à 12 kilogr., au prix de 90 à 100 fr. le kilogramme. Déjà la culture diminuait, on signalait sa disparition dans Vaucluse et aux environs de Tours et d'Angoulême.

En 1871, M. Cosson, le savant botaniste, qui est membre du conseil général du Loiret, faisait à cette assemblée un rapport d'après lequel la valeur du safran n'était plus que de 75 fr. M Cosson attribuait la *mort* à la multiplication par caïeux au lieu de graines, il conseillait de régénérer la plante par des semis et citait le cas d'un spécialiste qui avait obtenu, à force de soins, des graines lui revenant à 5 fr. pièce. C'est à ce moment que le conseil offrit une prime de 500 fr. à celui qui trouverait un remède contre la *mort*.

Un des embarras du commerce du safran est la falsification au moyen du safran d'Espagne, et surtout du faux safran d'Allemagne. Dans du safran venu de ce pays et destiné à faire du laudanum, on a reconnu à peine un cinquième de vrai safran.

En 1880, l'État donnait 20,000 fr. pour l'achat d'oignons d'Espagne destinés à reconstituer les safranières gelées ; la tentative n'a pas eu de suites, c'est regrettable, car cette culture est des plus productives. Le petit livre, daté de 1809, dont j'ai donné quelques extraits, évalue la dépense de culture et de cueillette à 1,017 fr. par arpent pour trois années, et le revenu à 2,750 fr. Peu de cultures donnent de tels résultats.

Le safran a des débouchés assez étendus. En Allemagne, on en fait une grande consommation.

L'Espagne, l'Angleterre, l'Orient, les Indes sont aussi des marchés importants pour le Gâtinais. Les droits de douanes pour un produit de cette valeur et de cette qualité sont relativement peu considérables, aussi n'ai-je pas trouvé beaucoup de doléances contre le régime étranger. Par contre, on réclame des droits sur les safrans d'Espagne qui viennent lutter contre les nôtres et servir aux falsifications et mélanges. Ce n'est pas d'aujourd'hui seulement ; j'ai retrouvé ce vœu dans les discussions du conseil général sous le second Empire.

Le safran, avec ses méthodes particulières de culture, ses fleurs gris de lin, les idées gracieuses qu'évoque la cueillette, met un brin de poésie à cette nature de Beauce et du Gâtinais qui a toute la monotonie des pays de plaine sans en avoir la mélancolique grandeur.

XIII

ORLÉANS

Orléans. — Calme trompeur — Orléans commercial. — Les premiers fez. — Épingles à cheveux. — Concurrence allemande.

Orléans, mars 1890.

Méfiez-vous de l'eau qui dort. Au premier aspect, de toutes nos grandes villes de province, Orléans est la plus calme, la plus endormie. Même les abords de sa belle gare sont plus tranquilles que Poitiers, et pourtant...

En vain ont-ils d'admirables boulevards et des quartiers haussmannisés, les Orléanais restent chez eux. Il y a des stations de voitures de place, mais les voitures ne les quittent guère; elles semblent faire partie du décor immuable de la vieille cité. Peut-être comme les bergers du littoral méditerranéen salariés par les villes pour donner une note pittoresque à la banlieue, les fiacres orléanais sont-ils là pour représenter le mouvement. Pauvres fiacres! les tramways leur ont enlevé leur mince trafic; à eux seuls, ces derniers sont devenus la vie d'Orléans.

Le calme est surtout à la surface. Ce n'est pas un médiocre étonnement de découvrir, sous cette placidité provinciale, une vie commerciale active. Orléans n'a rien des villes de fabrique, cependant son industrie est grande, ses commerçants font un chiffre d'affaires considérable; enfin, dans le grand mouvement économique déterminé par l'expiration de nos conventions commerciales, Orléans paraît jouer un rôle important. Aucune ville, dans les pays que j'ai traversés jusqu'ici, ne paraît avoir pris ainsi à cœur la solution des grands problèmes soulevés en ce moment.

On peut expliquer cet état d'esprit par la conscience qu'ont les négociants orléanais du rôle énorme qui pourrait être dévolu à leur cité dans le mouvement économique du pays, si la merveilleuse situation de leur ville n'était pas annihilée par l'organisation défectueuse des transports. La Loire, abandonnée depuis que les chemins de fer ont pris un si grand développement, est presque innavigable; bien rarement, les bateaux peuvent venir s'amarrer au port fluvial. Le canal d'Orléans n'aboutit pas en ville, mais à six kilomètres du port, à Combleux. De là des frais de camionnage et de réexpédition annulant en grande partie le bénéfice des transports par eau. Pour les charbons, Orléans est resté entièrement tributaire des chemins de fer. Aussi peut-on constater un mouvement sérieux qui tend à prolonger jusqu'à Orléans même le canal de ce nom.

On comprend maintenant pourquoi Orléans n'a pu prendre dans l'industrie la place assignée par sa situation au cœur de la France, au grand coude de la Loire, à la jonction de huit lignes de chemins de fer. Pour qu'Orléans puisse devenir une ville de fabriques et jouer le rôle auquel aspirent ses commerçants, il lui aurait fallu une voie ferrée indépendante vers Rouen et le Havre, et surtout un canal amenant à son port même les houilles du Berri, de Bourgogne et de la Loire.

Les industries créées ou maintenues sont de celles pour qui ces questions de transport sont secondaires, étant donnée la valeur du produit ou la possibilité d'aller à Combleux chercher la matière première. Ainsi, les vinaigreries d'Orléans fabriquant beaucoup moins de vinaigre de vin depuis l'invasion du phylloxéra, peuvent supporter le transport de l'alcool, base d'une grande partie de leurs produits. Quant au vinaigre de vin, la culture de la vigne autour d'Orléans donne aux fabricants une supériorité marquée.

De même pour les fabriques de couvertures; les

laines peuvent subir le transport du port de Combleux à l'usine et les produits de cette industrie ont, dans la proximité de Paris et des grandes villes de l'Ouest, un débouché assuré. C'est même là une fabrication prospère. Ces usines donnent à tout un quartier d'Orléans un grand caractère industriel. L'origine en est assez curieuse ; jadis Orléans avait le monopole de la fabrication de la calotte turque, le *fez*. Puis l'Autriche s'étant mise de la partie et se trouvant plus rapprochée que nous du grand marché levantin, la fabrication est tombée ; on s'est rejeté sur la couverture et Orléans est devenu un grand centre lainier, avec Romorantin et Châteauroux, qui ont d'immenses usines pour l'équipement des troupes et habillent même les soldats russes, hellènes, roumains, etc., avec Amboise qui fait aussi la couverture. Orléans seul utilise plus de 5,000 broches.

Une industrie florissante prouve la possibilité qu'il y aurait pour Orléans à conquérir une situation industrielle plus considérable, c'est celle des épingles à cheveux fabriquées dans l'usine de M. Noël Leroy occupant environ cent personnes, sans compter les pensionnaires de l'asile des aliénés à qui la préparation des planches d'encartage pour le vernissage donne une occupation utile. Cent mille épingles à cheveux, 600 kilogr. environ, sortent chaque jour de cette maison. Ce fut jadis une fabrique de pointes et d'épingles ordinaires. On tenta l'épingle à cheveux et les produits acquirent bientôt une telle réputation que la manufacture ne fit plus autre chose. Là fut inventée l'épingle ondulée, maintenant d'un usage général.

Mais aucune industrie n'a plus à souffrir de la concurrence allemande; aussi l'entrée de l'usine est-elle difficile. On tient à ne pas divulguer aux étrangers ces petits secrets de fabrication. Pour le *Temps*, les portes se sont ouvertes. J'ai pu constater ici jusqu'où la fabrique allemande va dans la contrefaçon. Non seulement on imite l'épingle, mais on copie jusqu'à l'étiquette et au nom de l'imprimeur orléanais. Grâce à nos agents à l'étranger, on a pu découvrir l'origine de la fraude. La Westphalie, notamment Aix-la-Chapelle et Iserlohn, se livre à cette opération. Les usiniers français ont fait apposer le timbre de l'Union des fabricants, les contrefacteurs ont encore imité le timbre. Mais les Allemands ont ici affaire à forte partie. Les fabricants orléanais ont stylé leurs agents en Espagne, en Italie, en Amérique. Ils n'ont pas eu de peine à faire reconnaître que les produits à bon marché étaient en réalité les plus coûteux. La contrefaçon allemande a un vernis imparfait, des bavures, une section franche au lieu de l'aiguisage de la pointe. Ces épingles, les moins prévenus les reconnaissent à première vue; elles s'accrochent aux cheveux par leurs aspérités, déchirent la peau et, surtout, se perdent facilement. Aussi à Barcelone, grand marché de ce produit de la toilette féminine, s'approvisionne-t-on chez les agents de la maison française.

Plus intéressante encore, plus importante aussi par la valeur de ses produits est l'industrie orléanaise des pépinières. Il y a là un mouvement d'affaires considérable, des efforts et des procédés dignes d'être examinés.

XIV

LES ROSES D'OLIVET

Au faubourg d'Olivet. — Les pépiniéristes orléanais. — Les arbres américains et leurs graines. — Le hemlock. — Origine des pépinières. — Les jardiniers voyageurs. — Acclimatation des végétaux. — Rosier franc-de-pied. — La rose d'Orléans à l'étranger. — La forêt d'Orléans. — Beaucerons au bois. — La Beauce et le progrès agricole. — Outarville et les pommes de terre des Bas-Alpins. — Les champs de bataille de la Beauce. — La forêt de Marchenoir. — En route pour le Vendômois.

Patay, mars 1890.

Le grand faubourg d'Olivet, qui s'étend sur la rive gauche de la Loire jusqu'au Loiret, est une des curiosités d'Orléans. De nombreux pépiniéristes s'y sont installés, ils ont transformé la plaine alluviale en forêt de Lilliput. A travers les grilles des portails on aperçoit de longues allées bordées d'ifs bizarrement taillés, traversant des semis de jeunes arbres dont les teintes tranchées forment des damiers, comme les cultures au flanc des coteaux. Une dizaine de maisons ont pris rang dans le grand commerce et jouent un rôle considérable dans le monde des affaires. Quelques-unes, dirigées par des hommes d'une haute intelligence comme MM. Transon, ont su se faire une place incontestée sur les marchés du nouveau monde, leurs chefs ont couru le globe entier à la recherche de plantes nouvelles ; l'un d'eux qui appartient à la chambre de commerce, au conseil général et à la municipalité d'Orléans, a visité l'Asie centrale, les États-Unis et la Colombie britannique. Il en a rapporté des graines d'essences nouvelles ; celles-ci, semées à Orléans, ont donné du plant renvoyé dans le pays d'origine pour y servir à la reconstitution des futaies. Ainsi l'Amérique du Nord et le Canada, après avoir dévasté leurs beaux bois de hemlock, résineux dont les extraits servent à la tannerie, les reconstituent par des plants fournis par les pépinières d'Orléans et de la Sologne.

Ce n'est pas une industrie nouvelle pour Orléans. De tout temps ses alluvions faciles à cultiver, où les racines des arbres trouvent un terrain se prêtant admirablement à la production du chevelu, ont servi pour les semis d'arbres. Le plus ancien catalogue de fruits que l'on connaisse — il est à la Bibliothèque nationale — rédigé par Le Lectier, procureur du roy à Orléans de 1598 à 1628, contient la liste de 298 variétés de poires. — Or, toutes ces variétés, en nombre si considérable pour l'époque, avaient été rencontrées chez les pépiniéristes d'Orléans.

La méthode de ces industriels était assez curieuse ; elle s'est perpétuée jusqu'au commencement du siècle. Des jardiniers, emportant avec eux des plants d'arbres fruitiers, partaient au commencement de l'automne et allaient s'établir dans les principales villes de France ; ils y vendaient leurs produits et entreprenaient la plantation des jardins et des vergers. Ils rentraient chez eux au printemps pour s'occuper de leurs cultures. Cette méthode tend à renaître pour les plantes d'Orléans. Angers et Lyon ont, dans les villes du Midi, des dépôts temporaires rappelant assez ce commerce nomade, mais Orléans a rompu avec ces traditions. Les jardiniers forains sont devenus des négociants, ayant chacun une culture et une clientèle spéciales. L'arbre à fruit est la branche principale du commerce. Les semis de poiriers, pommiers, pruniers, cognassiers, cerisiers se font par millions. A côté des grandes maisons, il y a une multitude de petits planteurs. Pas un jardinier maraîcher d'Orléans qui n'ait une partie de son terrain consacrée à la culture des plants d'arbres à fruits, c'est même le plus gros et le plus clair de son revenu. Le nombre d'arbres élevés dans la plaine d'Olivet, arbres forestiers, arbres d'alignement pour plantations dans les villes, arbres et arbustes d'ornement est prodigieux. Tous les parcs plantés en Espagne, en Italie, dans la plupart des pays de l'Amérique sont tributaires d'Orléans. A peine un arbre nouveau est-il signalé comme pouvant convenir à nos climats, il est aussitôt introduit à Orléans. Là, des pépiniéristes, de véritables artistes en leur genre, s'occupent de le cultiver; un an ou dix-huit mois après, des centaines de pieds de cet arbre sont livrées au commerce ; souvent on n'a eu comme tige-mère qu'un bout de racine ou quelques centimètres de branches ayant servi à faire des boutures.

Une autre culture spéciale à Orléans est celle du rosier franc-de-pied. On entend par là un rosier vivant sur ses propres racines au lieu d'être greffé sur des tiges d'églantiers. Les plantations ont une étendue considérable ; un chiffre en donnera une idée : la rose Bourbon ou *Hermosa* se propage à elle seule par plus de 500,000 sujets chaque année. On compte par centaines les variétés de rosiers cultivées de la sorte aux environs d'Orléans.

Sur tous les marchés de l'Europe, à Rome, Milan, Barcelone, Lisbonne, Copenhague, Stockholm, où la rose est en honneur, on trouve à très bas prix des rosiers fleuris en pots. Tous sortent d'Orléans, provenant des « cultivateurs de fleurs forceurs pour appartements » de la route d'Olivet.

Ce commerce fait vivre dans le val de Loire plusieurs milliers de personnes employées à la culture des arbres.

J'ai sous les yeux le catalogue d'une des principales maisons d'Orléans. C'est un volume de plus de cent cinquante pages, renfermant tous les arbres et arbustes de pleine terre et d'orangerie, tous les arbres fruitiers. Rien ne saurait mieux rendre la grandeur de l'effort accompli que cette liste de milliers d'essences et de variétés de plantes ligneuses.

Le rôle économique de l'Orléanais est donc surtout forestier; non seulement la Sologne tend à se changer en futaie continue, mais les bois rénovés couvrent une vaste partie de la Gâtine et de la Puisaye. De grands efforts sont accomplis par l'État pour restaurer les antiques forêts détruites par l'incurie de nos pères. La forêt d'Orléans avec ses quarante mille hectares était devenue une sorte de garenne, où de maigres bouquets d'arbres se dressaient au milieu des bruyères. Des plantations de pins, des semis naturels de chênes font peu à peu disparaître les vides. Le gros œuvre est même achevé; dès maintenant, on peut aller des environs d'Orléans aux abords d'Ouzouer-sur-Loire, sans quitter les arbres, sur une ligne courbe de près de soixante kilomètres de développement. Mais la forêt d'Orléans ne sera jamais une source de production de beaux bois. Le sol, d'une faible épaisseur, repose sur une couche de calcaire et d'argile peu propre à donner les arbres de fortes dimensions recherchés par la construction.

La forêt d'Orléans et sa voisine la forêt de Montargis n'en sont pas moins précieuses pour la Beauce, où de vastes étendues sont privées de bois d'œuvre et de chauffage. La forêt d'Orléans est un peu, pour les habitants du plat pays, la terre des merveilles et des plaisirs. On part au soir des villages beaucerons; on voyage en charrette toute la nuit pour arriver sous bois au matin; on charge les cotrets et les bûches, on va remiser dans les bourgs de la lisière et, pendant que les chevaux se reposent, on se livre à des repas pantagruéliques. Ces visites à la forêt sont pour le Beauceron la grande fête de l'année.

Ces coutumes vont se perdant peu à peu, car la Beauce, que l'on s'habitue encore à considérer comme une terre riche et prospère, est de toutes nos régions agricoles la plus éprouvée. Lorsqu'on l'a parcourue, on est frappé de cette situation due, hélas! aux habitants eux-mêmes. Alors que les régions les plus pauvres, celles où le sol est le plus ingrat, s'appliquent à transformer leurs méthodes de culture, se syndiquent pour pouvoir acheter et employer les engrais dans des conditions avantageuses, la Beauce reste à l'écart de ce mouvement. Les cultures sont encore primitives. Certes, le sol est bien ameubli, pas une herbe parasite ne vient faire tache dans les blés et les prairies artificielles; mais ces blés sont semés à la main, mais leur vigueur ne répond pas à la réputation de la Beauce. Il semble que ce pays doive rester sans cesse en arrière; déjà, au temps d'Arthur Young, la fertilité n'était obtenue qu'au moyen des jachères. Aujourd'hui, si l'on travaille le sol avec soin, on se refuse obstinément à tous les progrès modernes. L'exemple des rares fermiers qui suivent les données de la science agricole, les conseils des professeurs d'agriculture sont dédaignés et tournés en dérision. Ne sommes-nous pas le grenier de la France! répondent les cultivateurs. Avec une obstination invraisemblable, on s'en tient aux vieilles méthodes, on obtient des rendements dérisoires; le pays souffre et se dépeuple. A côté, le val de Loire et le Perche prospèrent.

Sur quelques points, on relève des progrès prouvant ce que l'on pourrait obtenir. Aux environs de Nogent-sur-Vernisson, quelques-uns des maîtres de l'agriculture française ont leur domaine. A Outarville, la culture des pommes de terre s'est développée, grâce à un débouché assez singulier ; toute la production est dirigée vers les Basses-Alpes.

Mais, en somme, la Beauce souffre du manque d'énergie et d'initiative de sa population. On trouve difficilement des fermiers, aussi les grandes fermes se morcellent. De petits fermiers s'installent sur ces débris des vastes domaines avec une ou deux vaches. Ne possédant que leurs bras, n'ayant pas d'engrais, ils mettent en jachère le tiers ou le quart du sol, ils l'épuisent par des cultures irraisonnées et font ainsi de ce pays une terre misérable. Pas de moutons ; on les voit disparaître peu à peu de cette Beauce qui avait des troupeaux par centaines.

Les cultures industrielles sont loin de s'accroître, sauf la betterave qui trouve son emploi dans les grandes sucreries de Toury et de Pithiviers et la distillerie de Changy-aux-Bois. Le lin a été tenté, la culture en serait rémunératrice, malheureusement l'absence de canaux prive ce textile de ses débouchés vers le Nord. La tonne paie 44 fr. pour atteindre les centres liniers

On ne peut guère constater ces souffrances qu'en écoutant les habitants. La Beauce, au printemps, donne l'idée d'une opulence incomparable. Les immenses étendues vertes qui ondulent, les trèfles incarnats, la nappe d'or des colzas sont vraiment superbes.

Pour qui parcourt ce pays, il est difficile de ne pas être saisi d'une émotion poignante. D'Orléans à Étampes et à Châteaudun, de Blois à Vendôme, il n'est pas un bourg, pas un hameau qui ne rappelle de tristes souvenirs. J'ai visité la Beauce, ayant à la main la carte des combats livrés par l'armée de la Loire. Chacune de ces fermes qui surgit à l'horizon, au milieu de la plaine immense, a vu tomber quelques-uns de nos soldats. Autour de Loigny, des bosquets oblongs, entourés d'épines, marquent les sépultures. Pas un monument digne des héroïques morts. Rien pour les fantassins courageux qui se firent décimer en défendant la ferme de Villepion. Par contre, les tombes des zouaves pontificaux sont l'objet d'un soin pieux. L'église de Loigny, un cimetière, une colonne consacrée aux compagnons de Charette, font oublier que d'autres héros tombèrent dans cette plaine de Patay. Il y aurait un devoir à remplir en rendant à tant d'autres vaillants leur légitime part de gloire.

Si Coulmiers a son monument, rien ne rappelle les luttes formidables qui eurent lieu entre Beaugency et la forêt de Marchenoir. Rien à Messas, dont le haut clocher domine la plaine; rien à Villorceau, théâtre d'un combat si ardent; rien à Josnes. A Beaugency, une plaque de marbre a été placée dans l'église, par les mobiles de la Sarthe, à la mémoire de leurs camarades tombés dans les combats des 7, 8, 9 et 10 décembre 1870. Ces monuments placés dans les églises et les cimetières sont des *ex-voto* particuliers. On voudrait voir sur ce plateau de Beaugency, près du chemin de fer de Bordeaux, un monument qui rappellerait l'admirable campagne de Chanzy.

Une pyramide placée en avant de la forêt de Marchenoir, à Binas, entre Ouzouer et Marchenoir, évoque les combats de Vallières, un des rares succès de la guerre. Ce petit édifice, sous lequel reposent les morts, est déjà en partie disloqué, la pointe de la pyramide va tomber, le monument, rongé par les mousses, a l'air d'une ruine; si l'on n'y prend garde, il disparaîtra peu à peu.

La forêt de Marchenoir, autour de laquelle ont été livrés tant de combats jusqu'au moment où Chanzy dut battre en retraite sur le Mans, est aujourd'hui accessible aux visiteurs. Jadis placée à l'écart des grands courants de circulation, elle est

traversée, depuis quelques mois, par un chemin
de fer à voie étroite faisant partie du réseau des
tramways du Loir-et-Cher. Cette belle forêt,
percée en tout sens de longues avenues, est bien
plus pittoresque que la forêt d'Orléans. Si elle
n'a pas les étangs de celle-ci, ses abords sont
beaucoup plus accidentés. Elle tient déjà au Perche
vendômois, curieuse et pittoresque contrée, trop
peu connue, trop peu visitée et qui mériterait
cependant d'attirer les touristes plus que bien des
régions trop vantées.

XV

LES TROGLODYTES DU VENDÔMOIS

La vallée du Loir. — Un paysage français. — Ronsard et Racan. — Autour de Vendôme. — La bonne aventure, ô gué ! — Les Roches, Lavardin, Montoire et Trôo. — Château-du-Loir. — Les chemins de fer concurrents. — Toujours l'atavisme.

Château-du-Loir, avril 1880.

Même si la Beauce, plate et nue, n'était pas sa voisine et ne contrastait pas avec les riants paysages du Bas-Vendômois, la vallée du Loir serait un des plus pittoresques pays de France. De Vendôme à Château-du-Loir, les sites gracieux se suivent. Ce ne sont pas les grands horizons des montagnes ni les larges échappées du val de Loir ; mais la vallée est si gracieuse, ses collines ont des reliefs si doux, des accidents de terrain si imprévus, les villages creusés dans la roche ont une telle originalité, les grandes ruines ont un caractère si romantique, qu'on ne voit rien à retoucher à ce paysage éminemment français. Il est tel site de la vallée où l'on évoque involontairement la nature naïvement chimérique des vieux poètes, de Charles d'Orléans à Ronsard : la terre molle et délicieuse dont parlait Dante et, par une affiliation d'idées insensible, jusqu'aux coteaux modérés de Sainte-Beuve. Montez, par une belle soirée de septembre, au sommet du promontoire qui, séparant la vallée du Loir du vallon du Dinan, supporte la petite église de Sainte-Cécile, et vous aurez dans tout son charme, dans sa douceur exquise, ce paysage heureux. Dans cette contrée, Racan et Ronsard sont nés ; tous deux ont tenté, avec des fortunes diverses, d'introduire le paysage dans notre littérature, et le paysage qu'ils rêvaient c'était celui-là.

Il faut partir de Vendôme pour cette excursion. Plus haut, vers Châteaudun, la vallée est riante sans doute, mais elle n'a pas le caractère héroïque, au sens pictural du mot, du cours moyen de la rivière. A Vendôme seulement, avec les ruines du vieux château, l'admirable église flamboyante de Saint-Jacques et la porte fortifiée devenue hôtel de ville, s'ouvre la suite de tableaux offerte par la vallée. A peine a-t-on dépassé la ville et déjà le paysage prend un caractère nouveau. Le Loir décrit de grands méandres bordés de véritables falaises, roches à pic ou taillis escaladant les pentes abruptes. A l'extrémité d'un de ces méandres, une tourelle apparaît dans les arbres, c'est tout ce qui reste du château de la Bonaventure, jadis lieu de rendez-vous pour le roi de Navarre, père de Henri IV, et dont le nom, tourné en calembour par le prince, se retrouve dans la célèbre chanson *la Bonne aventure, ô gué !*...

A partir de là, toute la rive exposée au soleil s'escarpe en roches percées de cavernes et servant encore aujourd'hui de demeures.

Ces villages de troglodytes sont peut-être les plus curieux de France ; il en est d'autres le long du Cher, sur la Loire, aux abords de Tours et de Saumur ; mais ici, sur le Loir, des villages entiers, presque des villes, sont creusés dans le tuf. La rive tournée vers le Nord contient beaucoup moins de ces demeures primitives, la roche y est trop molle et trop humide.

C'est aux Roches qu'il faut aller, pour voir, dans tout son pittoresque, ce genre particulier de demeure. Le village, peuplé de près de 600 habitants, n'a guère de maisons en dehors des habitations creusées dans le roc. A peine y a-t-il place pour la route entre le Loir et la colline. Celle-ci présente un haut rempart de tuf, des amoncellements de roches tombées, d'autres roches en surplomb. Tout cela, falaise, roches éboulées est percé d'ouvertures. Portes et fenêtres ont été taillées à même la roche. Celle-ci a été excavée et la caverne transformée en appartement. Chambres, cuisines, caves, écuries, ont été patiemment creusées dans le tuf.

Les cheminées sont des puits qui atteignent le faîte de la colline, entourés d'une margelle destinée à les préserver de la pluie et des terres qu'elle pourrait entraîner. De loin, elles ont le vague aspect de monuments druidiques. En hiver, quand les foyers sont allumés, la fumée sort de tous ces édicules et produit l'effet le plus étrange.

De tous les villages de troglodytes, celui des Roches est un des plus saisissants ; les sentiers qui joignent les maisons à la route courent entre des rochers où le figuier, l'amandier et les arbustes amis de la pierre croissent dans les fentes. Quelques vieilles murailles et, parmi les maisons construites de toutes pièces, des bâtisses vermoulues ajoutent encore au caractère étrange de ce site.

En face des Roches, à l'autre extrémité du méandre, se dressent d'admirables ruines qui sont parmi les plus belles et les plus imposantes de France. Aucune n'est plus vaste, aucune n'est plus belle par les motifs d'architecture et de sculpture qui ont résisté au temps et aux déprédations de l'homme. C'est Lavardin, forteresse féodale construite avec tout l'art du moyen âge. Elle fut décorée avec tout le goût des maîtres de cette époque et décorée, au début de la Renaissance, par un prince artiste. Le donjon ne présente plus que trois faces, mais il a encore grande mine : ses créneaux sont à trente mètres au-dessus du sol. Les voûtes des divers étages sont détruites ; mais la retombée, avec ses nervures et ses culs-de-lampe, existe encore : les cheminées armoriées, les croisées à meneaux, sont restées. Il y a les débris d'une tourelle d'escalier d'une légèreté admirable. Un autre escalier, dit escalier d'honneur, est resté entier ; c'est une merveille d'élégance.

Les tours, les remparts, les ruines, abondent sur ce rocher, dont la plate-forme n'ayant pas moins de 4 hectares était couverte de constructions. Tout cela aurait grand besoin d'être déblayé pour être rendu plus accessible.

Des ruines, et surtout du sommet du donjon, où l'on parvient par des escaliers fort raides, véritables échelles placées par le fermier, on a une vue étendue sur toute la vallée. Le Loir, sinueux, baigne la base des collines percées de grottes ; des ravins étroits s'ouvrent dans la falaise, quelques-unes servant de lits à des ruisseaux qui s'épanchent en cascade. Au pied des coteaux s'étend la petite ville de Montoire, dont le donjon en ruines serait fort pittoresque, s'il n'était voisin de Lavardin.

La route entre Lavardin et Montoire est fort curieuse. La falaise est en pleine exposition du Nord ; aussi les grottes y sont-elles plus rares et la végétation plus verdoyante que sur les faces exposées au soleil. Quant à Montoire, c'est une aimable ville ; mais elle n'offre guère au touriste qu'un point d'étape. Cependant, il faut aller voir la chapelle Saint-Gilles dans le faubourg Saint-Austrilles ; il y a là des peintures du douzième siècle bien rares, puisque, partout ailleurs, les fresques de cette époque ont disparu sous le badigeon.

Au delà de Montoire, sur la rive droite de la rivière, un mamelon de forme arrondie se dresse, portant à son sommet une flèche d'église, c'est Trôo, le point le plus intéressant de la vallée.

Ce mamelon, couvert de maisons à sa base, est, sur ses pentes, entièrement creusé de demeures, comme les Roches. Mais Trôo fut jadis une ville ; de tous temps il y eut là des habitations humaines. Aussi l'art est-il venu compléter l'œuvre patiente des troglodytes. Beaucoup de ces maisons souterraines ont des portes et des fenêtres sculptées. Ici l'arc roman et ses ornements guillochés ; ailleurs, l'ogive angevine. Ces façades taillées dans la roche, entourées de jardinets où le figuier, l'amandier et le pêcher dominent, sont d'un effet étrange. Il y a plusieurs étages de ces maisons. De la base au faîte s'ouvrent des galeries qui vont à l'intérieur de la colline, reliées entre elles, et ayant issue vers des fontaines ; c'est le type le plus complet de l'habitation préhistorique. Plus tard, quand l'homme, sorti des cavernes, se construisit des demeures au dehors, le coteau perforé de Trôo resta habité pendant que le bas se couvrait de maisons, que des remparts étaient élevés et que des forteresses couvraient la crête, à côté d'un tumulus converti en promenade. Sur le plateau, une belle église du douzième siècle attire les archéologues ; à côté, un puits couvert, appelé le *Grand Puits*, est l'objet des visites de tous les pays voisins. Ce puits, profond de quarante-cinq mètres, large de deux, présente un phénomène curieux : le moindre objet qui y est jeté provoque le bruit. Ainsi une épingle, une brindille, envoient au bout de quelques secondes une rumeur sourde et puissante. Une pierre provoque une véritable détonation. Pour les gens de Trôo et des environs, c'est la « merveille » par excellence. Un tronc placé à l'une des poutres est destiné à l'entretien du puits. Si nombreux sont les visiteurs et leurs « expériences », que des curages fréquents s'imposent.

Du haut du tumulus qui domine l'église, on a

une vue ravissante sur le pays, des ruines de Lavardin à la Chartre. Trôo apparaît de là sous un de ses plus curieux aspects, montrant les étages successifs de grottes, séparées par d'étroites terrasses couvertes de jardinets où croissent surtout les plantes odoriférantes, le thym, le romarin et la sauge; le tuf jaunâtre surgit par place, sous les lambrequins de lierre qui le drapent; des amandiers tordus se penchent.

Le Loir, semé d'îles, coule limpide et calme au pied de la colline; longé par le chemin de fer dont le ballast d'un jaune d'or forme dans la campagne un fauve sillon. Tout autour, des tumulus, des ruines informes: le Louvre, ancien château; le prieuré; Notre-Dame-des-Marchais, et d'autres débris d'une opulence disparue. Peu de coins de la vallée sont aussi pittoresques.

Au delà de Trôo, au confluent de la Braye, la vallée s'élargit. Là, près de Couture, est le château de la Poissonnière, où naquit Ronsard. La vallée de la Braye est déjà le Perche, sinon au point de vue historique, au moins par son aspect et son industrie chevaline.

A Pont-de-Braye, la vallée du Loir devient industrielle, juste comme peut l'être cet aimable pays; des filatures mues par les claires eaux de la rivière, et dont l'existence, loin de toutes villes de fabriques, est un phénomène assez curieux, donnent quelque animation à la ville de la Chartre. Le centre le plus considérable de cette région est Château-du-Loir, dont le rôle commercial est plus grand que ne pourrait le faire supposer la faible population de la ville. De grosses maisons de commerce s'y sont établies et ont concentré le mouvement d'affaires de toute une vaste zone dans la Sarthe, l'Indre-et-Loire et le Loir-et-Cher. La construction de la grande ligne de Paris à Bordeaux par l'État a déterminé une recrudescence d'activité. La ligne de Tours au Mans y rencontre la voie maîtresse; par la force des choses, les lignes de Pont-de-Braye à Blois, de Bessé à Saint-Calais, dépendent de la gare de Château-du-Loir, dont l'importance croît sans cesse. Ce mouvement amènera sans doute, à bref délai, le changement de direction de la ligne de la Flèche, qui s'embranche à Aubigné sur la ligne de Tours, alors que Château-du-Loir est tout indiqué pour servir de point de départ. Dans ce cas, au moyen d'un tronçon de moins d'un kilomètre, les trains partant de Château-du-Loir quitteraient la ligne de Tours au delà de Vaas; on aurait ainsi, de Paris, de Blois et d'Orléans une seconde ligne vers Angers.

Malheureusement, la composition des réseaux

rend fort difficile l'usage de ces lignes dans un sens utile à la fois aux intérêts généraux du pays et aux intérêts des populations. Dans un petit espace, cinq compagnies : l'Ouest, l'Orléans, l'État, les chemins de fer départementaux et les tramways de la Sarthe se partagent les voies ferrées dans des conditions telles que la concordance des trains n'existe pas et que l'on est obligé de faire de longs détours pour aller d'un point à un autre. Les voyageurs des gares situées aux environs de la Flèche ne peuvent profiter des trains de l'Ouest et de l'État, plus commodes cependant pour leurs relations avec Paris ; en effet, il y a des arrêts de plusieurs heures à Château-du-Loir. Le Mans et la Flèche, deux villes que des rapports administratifs semblent lier, étaient hier encore étrangères l'une à l'autre. La Flèche était en relation avec Angers et Saumur plus qu'avec son chef-lieu, car il lui fallait passer par Aubigné, sur une ligne de 75 kilomètres qui n'est desservie par aucun train express. Aujourd'hui, on s'est décidé à utiliser une ligne de 50 kilomètres, de la Flèche-la-Suze-le-Mans, partagée entre l'Ouest et l'Orléans.

La vallée du Loir mérite mieux que ces entraves économiques. Elle est industrielle, vinicole et éleveuse. Ses marchés : Vendôme, Montoire, Château-du-Loir, sont fort considérables. La foire aux cuirs qui se tient au Lude, le Raillon, dont je parlerai un jour, fait pour des millions d'affaires chaque année. Un tel pays devrait progresser. Mais sa large et profonde rivière est désertée par la navigation; les chemins de fer, mal répartis entre les compagnies, sont des entraves aux relations rapides avec les voisins qui ont le malheur de ne pas être sur le même réseau. Tout au plus trouverait-on des rapports réguliers entre l'État et les tramways à vapeur de la Sarthe, qui lui servent d'affluents. Et encore !... Les trains directs ne s'arrêtent pas à la Chartre, où aboutit le chemin de fer sur route, et il n'y a pas de raccordement entre les deux voies. C'est une situation économique bien étrange. Tous ces entrepreneurs de transports, se cantonnant jalousement au lieu de s'aider, feraient croire que les mœurs des troglodytes de Trôo, enfermant dans une enceinte de murailles leur colline excavée, ont laissé des traces parmi nous.

XVI

LES VIGNES DU VAL DE LOIRE

La Loire — Son rôle économique. — Concurrence avec les chemins de fer. — Les vignobles du val de Loire. — Phylloxera et mildiou — Le désastre de 1889. — A quelque chose malheur est bon — Le chasselas de Pouilly — Ardeur des Orléanais contre le mildiou. — Le vignoble du Cher. — En Touraine

Luynes, près Tours, avril 1890.

Luynes est encore une ville de troglodytes ; son rocher est creusé de grottes moins curieuses, il est vrai, que Trôo ou les roches de Montoire. D'ailleurs, tout l'intérêt de ce coin de Touraine est dans le château historique dont les sombres murailles dominent le fleuve. La population est gaie. Aujourd'hui dimanche, garçons et filles s'en vont ensemble à quelque assemblée d'un village voisin C'est pour les grands-pères de cette jeunesse que Paul-Louis Courier fit la fameuse *Pétition pour les villageois qu'on empêche de danser.*

Non loin de Luynes, un autre château porte le nom d'un autre favori de Louis XIII : Cinq-Mars ;

mais les souvenirs sont plus tragiques. Luynes est encore habité, Cinq-Mars n'offre que des ruines, deux tours crénelées irrégulièrement percées de fenêtres à meneaux; des remparts formidables enceignent la forteresse. Richelieu ne se contenta pas de faire tomber la tête d'Henri de Cinq-Mars, il fit raser le château.

Ces débris attirent moins les visiteurs à Cinq-Mars que la « Pile »; tour pleine située en face de l'embouchure du Cher et sur laquelle discutent les archéologues. Quelle était la destination de cet édifice singulier? Sa situation isolée permet de croire que c'était un signal destiné à faire connaître aux mariniers le confluent des deux fleuves. Ceux-ci n'ayant pas les levées qui les contiennent aujourd'hui, bordés dans leur cours supérieur de forêts qui retenaient les eaux et les versaient aux rivières sous formes de fontaines, au lieu des crues formidables de nos jours, devaient être des chemins commodes pour les conquérants. On peut croire que l'activité de la navigation avait rendu nécessaire une balise signalant le point de jonction de la Loire et du Cher.

Aujourd'hui, la pile de Cinq-Mars, si étrange avec son fût mince et ses pyramidions d'angle, sur laquelle le bon goût moderne a juché un drapeau-girouette, n'est plus qu'un ornement pour le paysage. Elle ne voit guère passer de gabare sur la Loire. Quant au Cher, on ne compterait pas chaque année trois bateaux chargés doublant le bec pour atteindre le cours supérieur de la rivière.

L'état de ce beau fleuve de Loire est véritablement une honte. Un tel cours d'eau coupant en écharpe un pays comme la France aurait dû être maintenu navigable à tout prix. Les raisons tirées du peu de fixité du courant et des bancs obstruant le lit sont certainement très graves, mais on ne peut s'empêcher de constater que, jusqu'à nos jours, c'est-à-dire jusqu'à la construction des voies ferrées, la Loire fut un grand chemin. Toutes les vieilles vues panoramiques des villes de la Loire, Orléans, Blois, Tours, nous montrent le fleuve couvert de bateaux. On serait en droit de se méfier, en se rappelant les formules du paysage selon Poussin et Claude Lorrain, les vides remplis par des navires et des « fabriques », si nous n'avions pas à ce sujet les constatations d'un témoin impartial, Arthur Young. Le voyageur anglais ne manque pas de signaler les bancs de sable, le peu de fixité du lit, le triste aspect de la Loire en été ; mais il la représente comme animée par la navigation. « On voit amarrés aux quais, dit-il à propos d'Orléans, beaucoup de barges et de bateaux construits sur la rivière, dans le Bourbonnais, etc..., chargés de bois, d'eau-de-vie, de vins et d'autres marchandises ; ils sont démembrés à leur arrivée à Nantes et vendus avec la cargaison. Le plus grand nombre sont en sapin. Entre Nantes et Orléans il y a un service de bateaux partant quand il se trouve six voyageurs à un louis d'or par tête. On couche à terre ; le trajet dure quatre jours et demi. »

Aujourd'hui, on fait le trajet en chemin de fer pour moins de 20 fr., en sept heures. Le progrès est immense, mais on ne trouverait pas un bateau entre Orléans et Tours, ce qui est déplorable. Il ne serait pas impossible, cependant, de donner au fleuve un lit suffisamment fixe et profond pour des bateaux d'un faible tirant d'eau. Il y a entre Tours et Vouvray un service de bateaux à vapeur omnibus ; l'an dernier, il a fonctionné sans interruption, bien que cette partie du fleuve soit en amont des grands affluents qui en augmentent le débit. Du reste, la Loire, à Tours, présente un certain mouvement. On a même vu, il y a peu de temps, les négociants se syndiquer pour amener à Tours, par eau, les sucres de Nantes pour résister au chemin de fer qui avait élevé ses tarifs. Mais c'est seulement au delà de Saumur, vers l'embouchure de la Maine, que la Loire est vraiment fréquentée.

Si la France n'a pas conservé les industries qui faisaient jadis du val de Loire et des régions voisines un foyer d'activité, il faut l'attribuer à cet abandon du fleuve. Les canaux finissent à Combleux. A partir de là, soit le fleuve, entretenu par des dragages et des enrochements, soit les rivières latérales, faciles à canaliser, comme le Dhuy, l'Ardoux, le Loiret, le Cosson, la Cisse, le Cher, l'Authion, auraient offert une excellente ligne de navigation. Les charbons de l'Allier et de la Nièvre auraient pu venir à bas prix, tandis qu'il faut s'approvisionner de charbons anglais venus par Saint-Nazaire ou la Rochelle.

Les vignobles eux-mêmes, richesse du val de Loire, ont beaucoup à souffrir de cette absence de voies de navigation. Jadis, avant que les chemins de fer eussent tué la batellerie, Nevers, Pouilly, Sancerre, fournissaient à Nantes un fret considérable. Aujourd'hui, Saumur, dont la fabrication de vins champagnisée s'accroît sans cesse, emploierait une bien plus grande quantité de vins du haut fleuve si la navigation pouvait la lui porter.

Pauvres vignobles! Ils subissent une crise qui paraît avoir atteint son apogée l'année dernière. Si le phylloxera n'a pas fait de progrès bien rapides, grâce au climat et au sol, le mildiou a frappé durement. Au début de l'invasion du fléau, on traita un peu au moyen des solutions de cuivre; mais, en 1887, le mildiou n'ayant pas fait son apparition, on se crut sauvé, il y eut une belle récolte; en 1888, nouvelle apparition, on ne fit rien; en 1889, quelques propriétaires traitèrent, en butte aux railleries des voisins. Jamais la récolte ne s'était annoncée si opulente; on escomptait des vendanges merveilleuses. En septembre, le mildiou apparut et bientôt détruisit toutes les feuilles des vignes non traitées, depuis le Bec d'Allier jusqu'à l'embouchure de la Loire. Le désastre fut énorme. Sur les rives du Cher, du Loir, de l'Indre, de la Vienne, le mal ne fut pas moins grand : un seul chiffre en donnera une idée : le canton de Château-du-Loir, dans la Sarthe, dont quelques communes seulement possèdent des vignes, éprouva une perte de deux millions.

Mais une chose fera plus encore que les conseils, c'est l'étendue du mal et l'irréfutable efficacité du traitement. Après l'invasion du mildiou, quelques beaux jours enrayèrent le mal et donnèrent à la vendange une chance d'être sauvée. Alors survint une gelée précoce ; tout ce qui restait de feuilles fut détruit, les grappes sans abri ne purent mûrir. Mais les vignes traitées résistèrent et, jusqu'en novembre, conservèrent leurs feuilles. Ce fait a eu raison de toutes les résistances.

Un des points où le mal a été le plus grand est la région de Sancerre. Pouilly-sur-Loire surtout a été fortement atteint. Ses coteaux, jadis célèbres par leurs vins blancs, qu'il ne faut pas confondre avec le pouilly de Bourgogne, sont presque uniquement exploités pour la production du raisin à destination de Paris. Ce commerce a pris une extension immense. Des commissionnaires se sont installés à Pouilly, ils reçoivent et expédient les paniers et paient les vignerons chaque jour après réception de dépêches fixant le cours aux halles. La quantité de raisins expédiés par les gares est extraordinaire. En 1887, celle de Sancerre envoyait 248 wagons avec 74,397 paniers pesant 786,639 kilogr. En 1888, année de la grande invasion du mildiou, il n'y eut pas un seul panier! En 1889, on remontait à 41,329 paniers en 140 wagons. Mais on peut fixer à 350 wagons les expéditions de Sancerre pendant les bonnes années. Pouilly doit en envoyer un millier.

Avec un hectare de vigne, dans cette région fortunée, le paysan est heureux. Mais en ce moment c'est la ruine. En vain a-t-on voulu engager les vignerons à sulfater, ils s'y sont refusés. A la Charité, il y a plus d'énergie : un comité viticole s'est fondé, il a appris aux vignerons à reconnaître et à traiter le mildiou. Le professeur d'agriculture de la Nièvre a vu ses leçons écoutées et suivies. Mais à Pouilly tous les efforts ont été vains jusqu'ici.

On ne peut s'empêcher de plaindre cette population : elle est travailleuse, vaillante et endurante. Toutes les vignes sont admirables par les soins de culture. Les vignerons font tout à la bêche. La plantation des échalas, fort pénible dans ces terrains caillouteux, a fait inventer un appareil assez curieux, en forme de sabot, qu'on place sous l'aisselle ; la pointe de l'échalas entre dans le creux, et l'homme peut, sans se blesser, déployer une grande force. Peut-être l'emploi de ce petit instrument si simple a-t-il trouvé dans la routine les obstacles que la bouillie bordelaise rencontre aujourd'hui.

Pour voir la lutte fortement organisée, il faut aller dans le Loiret. Là un vignoble considérable, dont Orléans est le centre, couvre tout le val, atteint jusqu'à la Beauce et à la Sologne : 30,000 hectares. Le phylloxera et le mildiou ont été pour ce pays un désastre qui semblait sans remède. En 1889, on évaluait à 6,000 hectares la surface atteinte, dont 3,000 entièrement détruits. Le conseil général a entrepris avec énergie de combattre ces fléaux. Des pépinières de vignes américaines ont été créées, elles ont livré l'an dernier plus de

60,000 boutures ; 46 écoles, et des concours de greffage ont été institués. Ces cours de greffage sont suivis (1889) par près de 5,000 élèves. Le professeur d'agriculture a visité la plupart des communes, faisant des conférences, prodiguant les conseils. Par une innovation fort heureuse et qu'on ne saurait trop signaler aux autres départements, ces conférences sont ensuite imprimées et distribuées aux auditeurs. Dix-sept de ces opuscules, tirés à 41,000 exemplaires, ont été répandus gratuitement. Le résultat ne s'est pas fait attendre : partout dans le vignoble orléanais on lutte ; partout on replante ; le temps n'est pas loin où l'étendue des vignes sera plus considérable que jamais.

Dans Loir-et-Cher, où la vigne a une importance plus considérable encore, où les deux rives du Cher et les coteaux de la Loire produisent des vins de qualité bien supérieure aux vins d'Orléans, le professeur d'agriculture s'est heurté à une apathie plus grande. Mais, là aussi, l'excès du mal a produit une réaction salutaire.

L'inertie des populations est combattue avec un grand zèle. Le professeur d'agriculture a visité les communes vinicoles, s'entretenant avec les cultivateurs, prodiguant les conseils. Trente et un champs de démonstration ont été créés pour propager la vigne américaine. Le professeur a été envoyé en mission par le conseil général pour visiter la France vinicole et étudier ce qui a été fait contre les ennemis de la vigne. D'autres champs de démonstration établis aux environs de Chambord ont pour but de faire connaître les remèdes à opposer à la pyrale, dont les dégâts sont effrayants, à tel point que beaucoup de vignerons ont arraché leurs vignes. On procède par l'ébouillantage, remède d'une efficacité éprouvée.

Quant au phylloxera, les viticulteurs ont eu le tort, au début, de ne pas engager la lutte. Le mal a pris des proportions inquiétantes. Toutefois, les syndicats de défense ont réussi, sur nombre de points, à maintenir le vignoble en pleine production.

Dans la Touraine, par contre, rien de semblable à cette agitation. Le rapport du préfet au conseil général d'Indre-et-Loire est muet là-dessus. L'indifférence est profonde. Le professeur d'agriculture prêche dans le désert; ses conférences sont peu suivies; aucun fonctionnaire, aucun élu du suffrage universel ne l'accompagne. Naturellement, on ne trouve là ni pépinières de vignes américaines, ni écoles de greffage, ni syndicat pour le traitement contre le mildiou. Le tempérament tourangeau se prête mal à ces efforts ; d'autre part, les animosités politiques font oublier les maux réels du pays. Cependant la Touraine a déjà perdu beaucoup de vignes ; sur plus d'un point on peut constater les arrachages de ceps. C'est une fortune énorme qui s'en va. Les pertes se chiffrent chaque année par dizaine de millions. Les riches vignobles de Vouvray, de Bléré, de Saint-Avertin, de Chinon, de Richelieu, de Langeais sont fortement compromis.

La visite du val de Loire est donc bien faite pour causer de légitimes appréhensions. La gêne a pris la place de cette prospérité qui a tant contribué à la légende du « Jardin de la France ». Il reste au val de Loire, il est vrai, ses heureux horizons, ses châteaux célèbres, ses « varennes » soigneusement cultivées ; mais la source de richesse est profondément atteinte. Puisque l'industrie est impossible depuis que le fleuve est laissé dans son état de banc de sable, il faudrait au moins tenter de refaire le vignoble. Le paysan n'est pas aussi routinier qu'on pourrait le croire. Plus qu'ailleurs, peut-être, il fait montre des qualités laborieuses de notre race. On peut voir des champs aussi bien soignés, mais on n'en trouvera pas qui soient retournés avec plus de soins que ces terres alluviales du val. Un dimanche, j'allais de

Tours à Langeais par la pittoresque route qui passe au pied de Cinq-Mars et de Luynes ; j'ai croisé, tout le long, des vignerons revenant de fort loin chercher des boutures pour reconstituer leurs vignes. Ils s'en allaient ainsi, leur lourd fardeau sur le dos, prêts à recommencer la tâche interrompue par l'arrivée du terrible puceron. Qu'étaient ces sarments et ces boutures ? Sans doute des sarments provenant des vignobles de Bourgueil, jusqu'ici indemnes grâce à la nature du sol. Transplantés sur les rochers de Luynes, ils ne tarderont pas à être atteints à leur tour. N'est-ce pas pitié de voir tant d'efforts condamnés à rester vains faute d'encouragement et de conseils de la part de ceux qui ont charge des intérêts du pays ?

XVII

LA CAPITALE DES TANNEURS

La capitale de la tannerie. — Ses origines — Une industrie qui se transforme — L'écorce de chêne. — Les bois de châtaignier et les tanins liquides. — Du lan et du temps. — Un novateur. — Les tanneries américaines. — Le hemlock. — Les ouvriers de Châteaurenault.

Châteaurenault, avril 1890.

De toutes les villes de la Touraine et de l'Orléanais, Châteaurenault est la seule qui donne, au passage, l'impression d'une ville industrielle. De hautes cheminées d'usines dominent les arbres dans lesquels sont enfouies les maisons : on a l'impression de quelque cité des Flandres, avec, en plus, la pureté du ciel et la tranquillité de l'horizon. Mais ces cheminées, fait singulier au premier aspect, ne répandent point sur le paysage la fumée noire et lourde des usines : une buée légère, d'un gris de lin, monte en volutes vers le ciel. Les deux vallons de la Brenne et du Gault ne perdent rien de leur fraîcheur, et le vieux château, dominé par les ruines pittoresques d'un donjou du douzième siècle, n'est pas noirci par le voisinage des usines.

La gare elle-même n'a pas le caractère ordinaire de ces monuments dans des cités ouvrières : c'est un ravissant édifice Louis XIII, d'une pureté et d'une élégance bien rares, tentative heureuse pour réagir contre la banalité ordinaire des bâtisses de voie ferrée. C'est, du reste, le type adopté pour les gares voisines sur la ligne de Tours.

L'entrée en ville répond peu à ce premier aspect. Des maisons basses et grises, d'étroites ruelles ramènent à la réalité. Une odeur pénétrante de tannée saisit. A travers des grilles, on aperçoit de hauts bâtiments à claire-voie ; par les fentes des persiennes, on voit se balancer d'étranges objets. Le sol est formé de tannée. Un bruit sourd, sans cesse répété se fait entendre : ce sont les machines à battre et assouplir les cuirs. Nous sommes en effet dans une ville de tanneurs ; bien mieux : au cœur même de cette industrie. Châteaurenault est pour les cuirs ce que Lyon est pour la soie, Lille pour les lins et Bordeaux pour les vins : une capitale. La marque de Châteaurenault vaut de l'or; tout cuir portant cette estampille fait prime. Aussi, la contrefaçon en profite-t-elle — tous les cuirs de Châteaurenault n'ont pas été tannés dans les eaux du Gault.

Cette prépondérance de Châteaurenault sur l'industrie du cuir apparaît à première vue. Les usines, notamment celles de Placide Peltereau, ont un caractère monumental qu'on ne trouve pas ailleurs: on a mis une sorte de coquetterie dans la construction de ces hauts bâtiments. Les charpentes sont peintes; des planches découpées et ajourées bordent les toitures; les escaliers extérieurs ont une légèreté et une grâce bien faite pour étonner; dans plusieurs établissements, la lumière électrique a remplacé le gaz. On devine une industrie florissante.

L'origine de la tannerie de Châteaurenault remonte à plusieurs siècles. La maison Placide Peltereau, autour de laquelle ont été créés dix autres établissements de tannerie, tous considérables, a été fondée en 1542. De père en fils, elle s'est maintenue jusqu'à nos jours. Les écorces, très abondantes et excellentes dans cette région, la force motrice de deux cours d'eau ont été la cause de cette prospérité. En outre, Tours, beaucoup plus peuplée, bien plus commerçante alors qu'aujourd'hui, était pour Châteaurenault un excellent débouché. Mais la supériorité des produits de Châteaurenault fut pour beaucoup dans cet accroissement incessant de l'industrie des cuirs. C'est un honneur pour cette petite ville d'avoir su conserver sa place et sa réputation. Pourtant, la contrefaçon n'a rien épargné. La marque de Châteaurenault étant mise sur des cuirs de qualité inférieure, les tanneurs se sont syndiqués pour poursuivre les contrefacteurs devant les tribunaux. L'an dernier, on apprenait que des quantités de cuirs jetés sur le marché au-dessous du cours par une maison du Midi étaient vendus comme cuirs de Châteaurenault ; huit maisons ont fait analyser ces peaux et ont découvert que, pour augmenter le poids, on les avait chargées de glucose et de baryum. La cour d'Orléans a condamné les contrefacteurs.

Il ne faudrait pas conclure que l'industrie des cuirs, même à Châteaurenault, est à l'abri de la crise. Nos exportations souffrent beaucoup de nos rapports avec l'étranger. Jadis, nous étions maîtres incontestés du marché en Italie, en Orient, en Amérique. L'Orient est resté tributaire pour les cuirs de bœufs, dits cuirs à semelles ; la supériorité de nos veaux nous a maintenu la prépondérance dans le Levant, l'Angleterre, le Canada, les États-Unis, le Brésil, l'Australie. Mais l'Amérique est devenue un grand producteur ; de plus, elle a mis sur les veaux corroyés un droit *ad valorem* de 25 p. 100 qui réduit nos exportations.

L'Allemagne nous fait concurrence ; elle pénètre chez nous par la voie belge, et chaque jour voit les marchés se restreindre. La tannerie résiste cependant, mais là seulement où les procédés se sont modifiés, où des capitaux puissants ont permis de transformer l'outillage. Les petites usines disparaissent : c'est ainsi que sept ou huit tanneries de l'Indre se sont récemment fermées.

Les procédés séculaires de la tannerie ont subi depuis quelques années une transformation profonde, grâce à l'emploi de nouvelles matières tannantes et surtout à l'emploi du tanin pur. Jadis, l'écorce de chêne était le seul agent connu pour le tannage. C'est ce qui donnait à la France, particulièrement à la France centrale, une sorte de monopole pour le commerce des cuirs. Les Anglais ont tenté les premiers d'échapper à notre influence. Ils ont employé le *gambier* ou *cachou* de l'Inde. Comme ce produit donne une teinte trop foncée, ils y mêlaient l'avelanède, cupule d'un chêne d'Orient, le *quercus ægilops*. La base de cette fabrication était l'emploi de la décoction de cachou, c'est-à-dire du tanin dilué.

Un chimiste lyonnais, M. Michel, qui avait le premier extrait du bois de châtaignier un acide fort riche en tanin, l'acide gallique, et l'avait employé à la teinture des soies, eut l'idée de triturer le bois de châtaignier pour en faire du tan destiné à remplacer l'écorce de chêne. Une vaste usine fut construite, ayant à sa tête M. Aimé Koch. Celui-ci, qu'un long séjour en Angleterre avait familiarisé avec les méthodes commerciales de ce pays, tenta d'y faire pénétrer le châtaignier. Il se heurta à l'emploi du tanin dilué. Les Anglais avaient raison, car ils épargnaient de la sorte le temps nécessaire à la décoction du tan dans les fosses et pouvaient doser exactement le tanin employé. M. Aimé Koch constata ce fait; il emporta la conviction que l'avenir est au tanin liquide. Il avait sous la main, dans le bois de châtaignier, une matière fort riche en tanin, à plus bas prix que l'écorce de chêne : il tenta de produire du tanin plus pur et plus assimilable que l'acide gallique des teintureries lyonnaises et y réussit.

Mais autre chose était de préparer du tanin et de le faire employer. La tannerie française, habituée à des procédés remontant à une haute antiquité, ayant comme axiome fondamental que, pour faire du cuir, il faut *du tan et du temps*, montra encore plus d'éloignement pour l'extrait de châtaignier qu'elle n'en avait montré au tan de ce bois. Alors que le nouveau produit pénétrait en Angleterre et y luttait contre le cachou, qu'il se frayait place en Saxe, dans les provinces rhénanes, en Suisse, en Autriche, la France restait réfractaire.

Cependant les avantages de l'emploi du tanin étaient d'une évidence extrême. Dans l'ancien procédé, il fallait faire passer les cuirs dans trois fosses successives, en laissant au *temps* le soin d'épuiser le *tan*. Cela demandait parfois un à deux ans. Avec le tanin, au contraire, le *tan*, écorce de chêne, bois de châtaignier ou tout autre produit, ne sert guère qu'à séparer les cuirs les uns des autres et à permettre aux jus de les pénétrer plus facilement. En deux ou quatre mois au plus, les trois opérations du passage en fosse sont achevées. On comprend combien, dans une industrie qui nécessite l'immobilisation de si grands capitaux et un matériel aussi coûteux, ce temps gagné représente d'avantages de tous genres.

Pourtant la lutte fut vive ; les plus grands tanneurs ont été les plus ardents à se refuser à l'emploi des extraits. L'énergie d'un homme finit par avoir raison des obstacles ; mais, quand l'inventeur finit par faire entrer l'emploi des extraits dans l'industrie, ses brevets étaient tombés dans le domaine public, et d'autres que lui ont profité de cette transformation.

Pendant quelques années, tous les tanneurs qui employaient l'extrait ont acheté celui-ci tout préparé. Mais, là encore, les falsificateurs ont eu beau jeu. On a été amené à fabriquer l'extrait en tannerie, car les sels et la mélasse servaient à monter le degré du tanin des fabriques. De plus, il fallait compter avec le préjugé. Pour les marchands et les fabricants d'objets en cuir, il n'y avait de bon cuir que celui tanné à l'écorce de chêne. Hors de là, rien. En vain leur démontrait-on, en 1867 et en 1878, aux deux Expositions, l'équivalence des produits : ils s'obstinaient. Pendant ce temps, le tannage à l'extrait faisait des progrès incessants ; la couleur foncée du début avait fait place à cette teinte ambrée si recherchée, et les prétendus connaisseurs du commerce des cuirs refusèrent souvent des cuirs tannés à l'écorce, leur préférant des cuirs à l'extrait en se trompant sur les procédés employés.

Aujourd'hui, l'extrait a triomphé : les plus grands tanneurs l'emploient ouvertement. Mais à Châteaurenault, par exemple, on a passé une sorte de compromis : on fabrique les jus, non concentrés comme l'extrait, au degré voulu, et au moyen d'écorces de chêne. On a donc maintenu la réputation de l'industrie locale de ne tanner qu'à l'écorce de chêne en même temps qu'on bénéficiait des avantages énormes offerts par l'emploi d'un tanin extrait à l'avance et employé à une dose déterminée. La vieille formule *du tan et du temps* a désormais vécu. Elle se perpétue encore dans quelques établissements, mais elle ne tardera pas à disparaître. Pour qui connaît la persistance des traditions dans certaines industries, ce n'est pas là un phénomène sans intérêt.

Nous n'avons pas fini, dans cet ordre d'idées. L'Amérique nous menace trop pour qu'on ne soit pas amené à lutter contre elle. Les Américains ont un agent tanifère très abondant, le *hemlock spruce* ou *abies canadensis*, arbre qui forme, au Canada et dans les États du Nord, des forêts entières. Les tanneries américaines se sont établies au milieu même des forêts, on taille à blanc; quand la forêt est épuisée, on va s'établir ailleurs. D'autre part, les Anglais ont installé des fabriques d'extraits utilisés en Angleterre. Cette exploitation excessive de l'*abies canadensis* a eu pour résultat de dépeupler les forêts : déjà, en Amérique, on tanne au gambier et l'on reboise en hemlock. Fait curieux : ce sont les pépinières d'Orléans et de Sologne qui fournissent les plants nécessaires à ce reboisement. Il me semble qu'il y a là pour nos forestiers solognots une indication précieuse. Ne pourraient-ils cultiver le hemlock pour la tannerie? Ce produit, il est vrai, a une odeur un peu forte, mais pas plus que la *garouille* employée par nos tanneurs du Midi.

Un nouvel agent dont on ne connaît pas encore l'importance en tant qu'étendue forestière est employé en Australie. C'est l'écorce d'un mimosa dont la richesse en tanin dépasse tout ce que l'on connaît. Sans doute, les nouvelles découvertes en Amérique et en Afrique feront connaître d'autres produits.

On peut conclure que la crise qui sévit sur la tannerie serait fort atténuée par un emploi plus judicieux et plus étendu des extraits. La France possède, dans ses châtaigniers, et surtout dans ses chênes, dont la culture en taillis permet des récoltes fréquentes, une source inépuisable de tanin. L'Amérique doit au hemlock une richesse facile à épuiser, car, pour donner un rendement suffisant en tanin, les arbres doivent être âgés ; les plantations nouvelles demanderont de longues années pour produire de nouveau tanin ; les frais de plantation et de garde élèveront considérablement le prix de ces bois.

Le point noir, c'est la fermeture des débouchés pour nos produits fabriqués. Si le régime de protection à outrance demandé par les agriculteurs venait à prévaloir, on pourrait bien s'apercevoir que l'agriculture aurait fort à perdre à voir nos marchés industriels fermés. Les peaux de nos veaux, qui donnent lieu à un commerce si considérable avec une grande partie de l'Europe et de l'Orient, ne trouveraient plus acheteurs, et la production du bétail s'en ressentirait.

Puisque Châteaurenault m'a conduit à cette étude de la tannerie, il convient de signaler en terminant que la tannerie lui a valu des industries annexes. Ainsi les débris des usines servent de matière première à deux importantes fabriques de colle forte, usines que l'on ne rencontre que dans les grands centres industriels.

La population ouvrière de Châteaurenault est des plus tranquilles et des plus heureuses. Les ouvriers à la tâche, c'est-à-dire l'immense majorité, gagnent 42, 48 ou 50 fr. par semaine. Les ouvriers à la journée sont rares; ils gagnent de 2 fr. 75 c. à 3 fr. Dans plusieurs usines, des sociétés de secours mutuels ont été créées et donnent de bons résultats. Mais ce qui manque ici, c'est l'esprit et le goût d'économie ; l'ouvrier n'a pas le désir de devenir propriétaire. Nulle part, cependant, cette transformation ne serait plus rapide, grâce aux facilités de l'existence et au taux des salaires.

XVIII

LA CHAMPAGNE TOURANGELLE

Jeanne d'Arc et Sainte-Catherine-de-Fierbois. — L'épée de Charles Martel. — En « Champeigne ». — Les falunières. — Sainte-Maure. — Les landes du Ruchard. — Villaines et ses vanniers. — Une société coopérative aux champs.

Sainte-Catherine-de-Fierbois, avril 1890

Ceux des admirateurs de Jeanne d'Arc qui voudraient faire un pèlerinage aux lieux illustrés par l'héroïne pourraient se préparer à bien des déceptions. Si, à Orléans, son image est partout, gravure, statue à pied ou à cheval, il n'en est pas de même à Patay, où rien, sauf des enseignes de magasins, n'évoque le souvenir de la bonne Lorraine. Dans le village d'où je date cette lettre, il n'y a qu'une enseigne d'auberge pour rappeler l'un des faits les plus curieux de la vie de l'héroïne, la recherche de l'épée de Charles Martel dans l'église de Sainte-Catherine-de-Fierbois. Dans aucune partie de cette grande épopée le côté merveilleux n'apparaît mieux. Jeanne ne devait guère connaître l'invasion sarrasine, l'existence de Charles Martel et le village de Sainte-Catherine ; elle donna, cependant, sur l'épée enfouie sous une dalle, derrière l'autel, des détails d'une précision surprenante. Sur la garde de fer, annonçait-elle, étaient gravées cinq croix. On trouva l'épée et les marques.

Après la mort de Jeanne, on voulut célébrer ce miracle en construisant un monument nouveau. Charles VII remplaça le vieil oratoire de Charles Martel par une église gothique, fort belle pour ce petit village et dont quelques détails font prévoir les merveilles de la chapelle d'Amboise. Mais on aimerait retrouver les pierres sous lesquelles reposa l'épée du grand maire du palais. La voûte romane aurait pour nous plus de prix et de mystère. Dans cette église nouvelle, rien ne rappelle Jeanne ; pas une image, pas une inscription. Dans le croisillon droit, une longue notice gravée nous apprend que, en ce siècle, la muraille de cette partie du transept s'étant écroulée, quelques habitants, dont on donne les noms, la firent réparer et qu'un châtelain du voisinage a fourni gratuitement la pierre. C'est se tailler un brin d'immortalité dans la gloire des héros de la vieille France.

A cette heure, où la dévotion de Jeanne d'Arc est devenue un véritable culte, il est bon de signaler l'oubli dans lequel est laissé Sainte-Catherine-de-Fierbois.

Ce village, aujourd'hui ignoré après des siècles de gloire, se trouve dans l'un des pays les plus curieux de France. Sous le sol s'étendent les *falunières*, qui font du plateau d'entre Cher et Indre un lieu de pèlerinage pour les géologues. Aujourd'hui, les falunières sont faciles à visiter; un petit réseau de chemin de fer à voie étroite les traverse. Une branche principale part d'Esvres, sur la ligne de Tours à Montluçon et aboutit au Grand-Pressigny, sur la ligne de Port-de-Piles au Blanc. De Ligueil un embranchement se dirige sur Loches.

Esvres est un pittoresque village, bâti au bord de l'Indre, dans une des plus fraîches vallées de la France centrale, mais creusée entre des plateaux nus et tristes. Le petit chemin de fer du Grand-Pressigny s'élève sur le plus aride de ces plateaux : la *Champeigne*, monotone comme toutes les *Champagne* de France. Beaucoup de jeunes pinèdes, autour de Saint-Branchs, quelques vignes, des constructions grises et délabrées. A mesure que l'on s'élève, le paysage devient plus sauvage, des pins, des landes, des étangs à demi desséchés. C'est une Sologne, mais plus âpre, plus triste que la Sologne orléanaise. De gros villages apparaissent à de longs intervalles : le Louroux, à l'issue d'un vaste étang ; Manthelan, déjà un peu ville, avec des campagnes mieux cultivées. Le pays est mort : ni voyageurs, ni marchandises dans les gares. Au delà, vers Ligueil et autour de cette petite ville, c'est une Champagne semblable à celle des environs de Cognac et de Barbezieux ; mêmes collines crayeuses, mêmes bords de vallée couverts de prairies, mêmes cours d'eau glauques et lents.

Autour de Manthelan s'étendent les falunières. Qu'on s'imagine un entassement de coquillages marins formant une couche de cinq à vingt-cinq mètres d'épaisseur, et cela sur une étendue de 25,000 hectares. Le Louroux, Louans, Sainte-Catherine, Bossée, la Chapelle-Blanche, Sainte-Maure sont bâtis sur le prodigieux dépôt que recouvre une mince couche de terre végétale. Le falun s'extrait par des excavations où s'amassent les eaux, formant des mares profondes ; aussi ne peut-on guère juger de cette accumulation de débris calcaires ; mais par les tas amoncelés près des falunières, par les faluns répandus sur les champs, on voit l'infinie variété de coquillages amassés là il y a des milliers d'années. Ce sont les mêmes que la vague roule encore aujourd'hui sur nos plages, mais mêlés à des variétés qu'on rencontre seulement dans les mers tropicales. Des polypiers, des branches de corail, de petites algues mêlées à la masse des coquilles et, comme elles, devenues de la chaux presque pure, ont conservé leurs délicats ornements. Quelques propriétaires de falunières ont des collections fort belles ; tout le monde peut s'en faire de semblables.

Les falunières n'ont pas seulement l'utilité spéculative de servir de preuves aux théories actuelles de la science géologique ; elles ont une importance économique considérable pour les sols privés de calcaire de la Champeigne et des régions voisines : le falun agit comme la marne et la chaux en Sologne et dans les terres granitiques du plateau central. C'est un amendement énergique qui, s'il était exploité par des moyens moins primitifs, pourrait être envoyé en Sologne et en Limousin.

Toute cette zone des falunières a conservé l'aspect des terres océaniques; les horizons sont fuyants et indécis; les arbres, rares et bas, donnent la sensation d'îlots perdus dans le lointain. Le sol est gras, peu de chemins ferrés, mais des pistes larges où des ornières pleines d'eau, creusées dans une boue tenace, s'allongent entre des haies d'ajonc. Malheur au piéton qui se hasarde là après la pluie ! Il n'achèvera sa route qu'après avoir pataugé dans un sol gluant, dur obstacle à la marche.

Quand on a passé une après-midi à parcourir cette nature ingrate, on trouve avec joie les ravines verdoyantes de Sainte-Catherine-de-Fierbois et la grande route de Bordeaux, large et droite ; elle traverse le plateau de Sainte-Maure et permet de découvrir, vers le sud, les lointaines vallées de la Vienne et de la Creuse, couvertes de grands arbres.

A Sainte-Maure se creuse un vallon profond et étroit, auquel le viaduc du chemin de fer donne un grand caractère. Tous les voyageurs qui vont à Bordeaux connaissent ce site, un des plus pittoresques de la ligne. La Manse s'en va à la Vienne, au fond de l'étroite gorge, entre deux minces ourlets verts de pré ; elle ronge la base du vaste plateau du Ruchard, un des plus tristes pays de landes de France, mais en pleine voie de transformation. Ces landes du Ruchard ont été acquises ou louées par l'État ; il y a installé une des grandes écoles de tir. Tout le terrain inutile à l'armée a été cédé à de petits cultivateurs et, aussitôt, on a vu la division du sol produire ses merveilles. Par les amendements calcaires, par les engrais, la lande, où ne croissaient que de maigres bruyères, s'est couverte de récoltes. Toute la partie orientale, vers Villaines et Avon, est aujourd'hui conquise. Vers Chinon l'œuvre est moins avancée, mais l'exemple ne tardera pas à porter ses fruits.

La laideur de la lande contraste avec la fraîcheur des vallons qui s'y creusent. L'un d'eux, surtout, est ravissant, avec ses falaises percées de grottes habitées, ses ruisseaux et ses sources, son fond étroit planté d'osiers, ses petites mares, où l'osier coupé baigne pour conserver sa souplesse. Les chemins qui courent entre le ruisseau et les maisons s'appellent des *coulées*, les ponts sont l'*arche*; les grottes habitées sont des *caves*. Dans toutes ces caves, dans toutes les maisons, sur les chemins, sur les talus, on ne voit qu'osier : femmes qui fendent et pèlent les vertes brindilles, hommes et enfants qui plient sous leurs doigts agiles les baguettes blanches. Le village tout entier est peuplé de vanniers; on ne vit que par la vannerie.

A Villaines, tout le monde est vannier, et tous les vanniers font partie d'une association coopérative. Il n'y a pas de patrons, tous les produits sont centralisés dans des magasins et vendus au compte de l'association.

De tout temps Villaines fit de la vannerie, l'osier du vallon étant de qualité excellente. Mais les produits ne trouvaient guère de débouchés que dans la région, chez les marchands forains venant s'approvisionner sur place. En 1843, un vieux curé, dont le nom est resté populaire, l'abbé Chicoyne, eut l'idée de créer une société de production ; aidé de M. le comte de Villermois, il groupa les ouvriers et prépara les statuts d'une société. Ces statuts sont encore en pleine vigueur aujourd'hui.

Il y a 151 chefs de famille ou jeunes hommes ayant plus de 21 ans dans l'association. Celle-ci possède un conseil d'administration de neuf membres, avec un président, un vice-président et un secrétaire-trésorier ne faisant pas partie du conseil. Ce dernier, qui est chargé de toute la partie commerciale, est la véritable cheville ouvrière. Tous les ans a lieu une assemblée générale dans laquelle les comptes sont lus ; les conseillers sont rééligibles par tiers chaque année ; le président est nommé par l'assemblée générale.

Cette année même, l'association a été renouvelée pour vingt ans. Tous les articles des statuts ont été maintenus, cependant quelques-uns sont sévères ; ainsi aucun des membres ne peut quitter la société avant les vingt années, à moins qu'il n'aille se fixer à plus de vingt-quatre kilomètres de Villaines : encore n'a-t-il aucun droit sur l'avoir social.

Les produits fabriqués sont remis tous les quinze jours à des messagers qui les inscrivent sur des livrets et les portent dans les magasins de la société. Les participants n'ont pas le droit de livrer une seule pièce aux marchands; il leur est interdit de faire la vente en gros aux particuliers. On considère comme vente en gros la livraison de douze pièces. Cette interdiction porte sur toute la fabrication de chaque famille.

Le tarif de chaque article est fixé à l'avance. Sur le prix, la société prélève, pour être versé à son avoir social, de 10 à 20 p. 100; les statuts interdisent aux administrateurs de prélever plus d'un cinquième, mais l'assemblée générale peut fixer à 35 p. 100 la retenue. Le paiement a lieu selon la volonté de l'ouvrier, soit à la livraison, soit plus tard. Les vanniers sont tenus de fournir l'osier; ils le cultivent en faible partie et achètent le reste aux bords de la Vienne, vers l'Isle-Bouchard, Chinon, Croisilles, Trogues et même plus loin, vers la Loire, près de Langeais. L'osier de Villaines fatigué par une culture excessive dépérit peu à peu.

Les ouvriers gagnent de 2 à 4 fr. par jour, les femmes de 1 à 2 fr.; les enfants de quinze à seize ans se font autant que les hommes. D'ailleurs, presque toutes les familles ont un peu de bien un soleil, terre ou vigne. Aucun n'est riche, mais tous sont à leur aise. Malheureusement une catastrophe financière a englouti les économies. Une banque d'Azay-le-Rideau a sombré; la société y avait tout son avoir social, 23,000 fr.; des ouvriers y avaient jusqu'à 2,000 et 3,000 fr.: tout a été englouti; on espère cependant une répartition. Cet accident n'a arrêté en rien l'entrain de ces braves gens. La société développe chaque jour ses affaires; de 105,000 fr., le chiffre est monté l'année dernière à 135,000.

Ce n'est point la vannerie fine qu'on fabrique à Villaines, mais des produits communs; la spécialité principale est la fourniture de bannes ou bannetons pour la boulangerie, des vans, des hottes, des paniers à pruneaux, des paniers à bois. En dehors du marché à Paris, le plus important, la société fait des affaires dans un rayon de vingt lieues; elle approvisionne tout le commerce local.

Une société de secours mutuels dont, jusqu'à ces derniers temps, le curé était à la fois le trésorier et le secrétaire, complète cette organisation sociale, qui, depuis quarante ans, a fait de ce coin de terre de Villaines un des plus heureux de France. Il ne faut pas s'étonner si la société coopérative a fait naître là où elle est connue une généreuse émulation. Ainsi les vanniers de Fays-Billot, dans la Haute-Marne, viennent de s'organiser de la même façon, et il s'agit d'un groupe de 1,500 ouvriers.

Je ne pouvais m'empêcher de songer, en constatant ces merveilleux résultats de l'association, aux malheureux vanniers de la Thiérache. Ceux-ci, au nombre de plusieurs milliers, vivent avec des salaires dérisoires, parfois à peine six sous par jour. On se souvient de l'espèce de jacquerie née, il y a deux ans, dans la vallée de l'Oise, de ces scènes de pillage dont Origny-en Thiérache fut le théâtre. S'il s'était trouvé dans ce pays un philanthrope comme le curé Chicoyne, tous ces ouvriers seraient groupés en société de production et la misère aurait été fort atténuée.

Villaines est à une lieue et demie d'Azay-le-Rideau, une aimable petite ville assise dans une des plus riantes parties de la Touraine. De là, le chemin de fer ramène rapidement à Tours, par les hauteurs de Druye et de Joué, couvertes de vignes, coupées de vergers. En ce moment ce n'est qu'un champ de neige, les pruniers fleuris s'étendent au loin.

Et cependant les landes du Ruchard sont encore en vue, et l'aride plateau de Champeigne est proche. La Touraine est la terre des contrastes. Si c'est le jardin de la France, c'est un jardin dont une bien faible partie encore a été défrichée.

XIX

RABELAIS GUIDE EN TOURAINE

Rabelais guide en Touraine. — Chinon et le Chinonais. — Richelieu. — Une grande ville avortée. — Harnois de gueule. — La campagne de Chinon. — La Varenne. — Les terres à chanvre. — Mœurs tourangelles. — Bêche et bêton. — Les pruneaux de Tours. — Candes et Montsoreau. — Le commerce des poires tapées.

Montsoreau, mai 1890.

Si l'on peut parcourir la Palestine la Bible à la main, en guise de Bœdecker, on pourrait se servir de Rabelais comme guide dans l'aimable pays de Chinon, où il a placé l'action de son docte Pantagruel, si le chemin de fer n'avait détruit l'ordonnance du voyage en obligeant à compter avec l'itinéraire officiel. On éprouve un singulier sentiment en voyant transformer en gares et la Roche-Clermault, et Mirebeau-en-Mirebalais, et Chinon. — Chinon, dix minutes d'arrêt ! buffet ! Voilà ce que n'a pas prévu la sybille de Panzoust.

Même si Rabelais n'avait pas rendu populaires

ses riantes bourgades, le Chinonais serait encore à visiter. Les voies ferrées qui s'y croisent en tous sens en font une des régions de la Loire les plus accessibles. Chinon a fière mine avec ses coteaux couverts de ruines et son beau quai sur la Vienne. Le Chinonais possède même son petit Versailles, mort et solennel comme le Versailles parisien : c'est Richelieu, création du cardinal. Les guides s'extasient sur la ville, « régulière, vaste, luxueuse ». L'admiration porte à faux. Certes, pour régulière, Richelieu l'est ; mais « vaste et luxueux » est de trop.

Une seule rue a été achevée : la rue principale ; elle a exactement 450 mètres de longueur. Le plan entier de la ville comporte 600 mètres de long sur 400 de large. C'est modeste. Le cardinal n'a jamais songé à faire plus grand, puisque les fossés et les portes, encore debout, montrent bien les limites dans lesquelles il voulait circonscrire la ville digne de porter son nom. Comme Sully à Henrichemont, le ministre de Louis XIII, tout puissant qu'il fût, n'a pu déplacer la vie d'une province. Même son plan n'a pas été entièrement réalisé. La seule rue construite est bordée de lourds hôtels, hauts et solennels. Elle aurait grand air si la vie étriquée et mesquine des locataires qui ont succédé aux courtisans du cardinal n'avait amené à rapetisser l'aspect des maisons. Ces grandes portes, ces vastes baies n'étaient pas en harmonie avec les habitudes des petits bourgeois et des boutiquiers qui sont venus loger là. On a aveuglé des ouvertures, rétréci les autres ; parfois l'impossibilité de trouver des locataires a amené l'abandon : des maisons inoccupées en partie sont lamentablement lézardées. Quelques hôtels ont échappé à ce sort. Habités par des bourgeois aisés, soigneusement entretenus, ils ont réellement un air majestueux et donnent une idée de ce qu'aurait pu être une ville telle que la comprenait l'esprit ordonné du grand cardinal.

Richelieu disparu, son œuvre s'est arrêtée. Au lieu de recevoir des hôtels, les rues secondaires se sont bordées de maisons sans caractère, laides et basses. Le plan d'une ville seigneuriale se prêtait peu aux besoins d'une ville de labeur : alors les constructeurs se sont jetés sur les remparts. Ceux-ci ont été creusés de maisons; d'autres bâtisses se sont élevées contre ou sur la muraille. Ces habitations parasites, s'élevant au milieu des broussailles qui couronnent les remparts, regardant le fond des douves devenues de petits jardinets, sont le pittoresque de Richelieu; elles rachètent le majestueux ennui de la grande rue et la morne placidité des rues latérales. Dans une de celles-ci, on voit encore une enseigne devant remonter aux premiers âges de la ville : celle de l'auberge de la Galère. Elle représente un combat naval et porte en exergue : « Victoire sur les ennemis ».

Des monuments dont Richelieu voulait orner sa ville, il ne reste qu'une curieuse halle et l'église, le type le plus pur du style jésuite ; elle ne manque pas d'harmonie et de grandeur. Quant au château, on n'en voit plus qu'une aile, surmontée d'un dôme. L'édifice a été détruit par la bande noire, subissant ainsi le sort de la belle demeure voisine, Champigny, que fit raser le cardinal pour assurer à Richelieu le premier rang dans la province. Mais Champigny a conservé une admirable Sainte-Chapelle et de précieux vitraux.

Malgré son abandon, Richelieu est assez prospère. La ville le doit moins au cardinal qu'aux harnois de gueule chers à Rabelais. La petite cité tourangelle a imité les habitants de Vaucluse en plantant des bois de chênes truffiers qui lui rapportent pour plus de deux millions de truffes chaque année. A leur tour, les truffes ont amené le commerce des conserves alimentaires : on fait des pâtés et des jambons. Par cette industrie de victuailles, Richelieu est restée tourangelle, bien plus : chinonaise et rabelaisienne.

Plus que Chinon même. Celle-ci s'efforce de se transformer ; mais ses nouvelles percées n'ont pas réussi à lui enlever le ravissant caractère que lui donnent ses maisons de la Renaissance. Ses habitants, d'ailleurs, ont un patriotisme local très vif : ils conservent, avec un soin jaloux, les demeures seigneuriales construites sur les flancs du coteau. Près de l'église Saint-Maurice, il y a toute une rue bordée d'édifices charmants, entretenus avec un goût bien rare.

Le grand charme de Chinon est dans sa campagne. Rien n'est riant comme les petites collines traversées par le chemin de fer de Port-Boulet, avec leurs vergers de pêchers et de pruniers, les chemins bordés de maisons qui unissent les villages. Par contre, la partie basse, la Varenne, est, en dépit de son opulence, quelque peu monotone. Sans le large ruban de la Loire, qui fuit entre les peupliers, le paysage serait triste.

Mais les collines sont délicieuses. Les vignes alternent avec les luzernières ; les pêchers mettent une neige rose au flanc des vallons. Au sommet des coteaux, des moulins à vent, bizarrement campés sur des pyramides, tournent gaiement. Ce paysage m'a rappelé, avec je ne sais quoi de plus vivant, la presqu'île d'Arvers, aux bords de la Sendre.

Dans la partie vignoble, la population est aimable et gaie. Mais, dans la Varenne, une race toute particulière s'est créée. La culture du chanvre, qui fait la richesse de la contrée, a transformé le tempérament des habitants. Dans ces terres humides, la fièvre règne souvent, surtout au moment du rouissage. Aussi ne trouve-t-on pas la gaieté heureuse des vignerons des coteaux.

Les habitants des Varennes, ceux de Bréhémont surtout et des villages voisins : Lignières, la Chapelle-aux-Naux, etc., sont, pour leurs voisins du vignoble, un sujet de plaisanteries inépuisable. Quand on veut parler d'un sot, on dit : « Il est de Bréhémont. » Ou encore : « A Bréhémont, on laisse le cheval à l'écurie, la *vireuse* (charrue) sous l'*angar* et l'on travaille à la bêche. »

La bêche est l'instrument indispensable de l'habitant des Varennes. Avec elle sont retournées les fertiles alluvions où croissent les meilleurs chanvres de France. Ce n'est point parce que la culture est meilleure : c'est à cause de l'extrême morcellement du sol. L'amour de la terre est tel à Bréhémont, commune possédant plus de 50,000 fr. de revenu, que les héritages se partagent en parcelles infinitésimales. Comme dans les îles de Ré et d'Oléron, chaque héritier veut sa part du plus mince lopin. On m'a signalé un bout de terre de

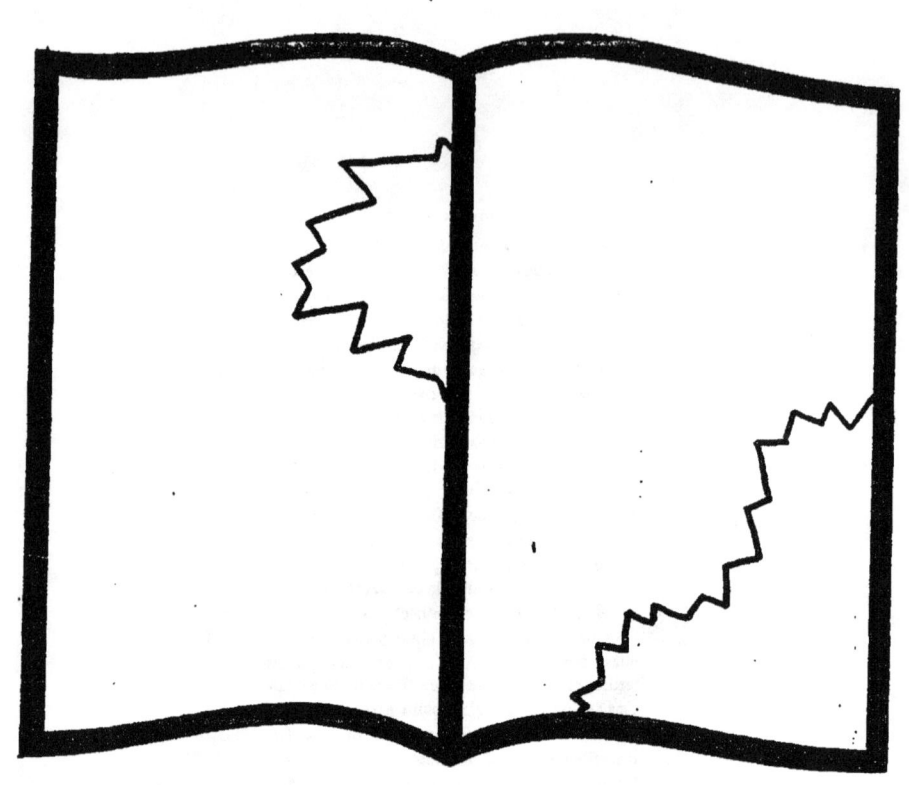

six ares partagé entre neuf! On le conçoit, de tels *champs* ne sauraient être labourés à la charrue : la *vireuse* ne saurait y virer. Il faut la bêche. On s'est ingénié à rendre cet ustensile plus expéditif. Chaque cultivateur a dans sa poche un morceau de suif destiné à frotter les mains pendant le travail, afin d'atténuer les callosités. La bêche est très large ; au-dessus de la pelle, sur le côté droit, existe une équerre en fer destinée à permettre d'enfoncer l'instrument plus avant. Le manche, fort long, sert de levier. Un gros sabot, qui reçoit plusieurs lits de planchettes en guise de semelle, complète l'armement. Le fer de la bêche creuse bientôt une rainure dans ce sabot; on l'enduit de suif pour faciliter le glissement.

Ce sabot n'est pas porté ailleurs qu'aux champs. C'est pourquoi on voit le paysan aller au travail ayant, sur l'épaule, sa lourde bêche et un trident aux dents duquel est attaché le sabot. D'autres sabots, plus légers, sont la chaussure ordinaire; encore, pour ne pas les user, les tient-on à la main et marche-t-on nu-pieds. Le sable fin du sol rend cette marche fort agréable.

Les femmes ne sont pas moins âpres au travail. Elles se tuent à force de travailler, me disait-on. Elles bêchent, s'en vont *quers* au loin et portent sur leur dos toute la nourriture de leurs vaches, fourrages ou racines. Au point du jour, on les voit partir, en jupe courte, sur le dos une hotte, à la main un lourd bâton qui joue un rôle considérable. Sans ce bâton, la paysanne des Varennes ne serait pas complète. C'est son aide indispensable. Quand la hotte est chargée d'herbes fraîches, de navets et de choux, il ne serait pas facile de se lever. La paysanne saisit alors son bâton, s'appuyant dessus à la façon des primates, et, s'agenouillant, s'efforce de se relever. La hotte a survécu, alors que les autres traditions disparaissaient. Seules, les femmes d'un certain âge ont conservé l'ample manteau à capuchon, rabattu sur les yeux, jadis d'un usage si général. Cependant les jeunes filles ont encore l'habitude de se voiler la face avec du tulle noir, les jours de communion. Elles ont gardé aussi leur coquette coiffure, véritable monument composé d'un serre-tête, d'une bande de dentelle de prix et d'une coiffe.

Cette bande de dentelle est le seul luxe du pays bas. On se nourrit mal. Alors que le paysan des « hauts », c'est-à-dire des collines vignobles, préfère à la viande médiocre des boucheries locales les légumes, le gibier et le poulet, celui des Varennes ne vit guère que de pommes de terre et ne connaît la viande que le mardi-gras. Ce jour-là, par exemple, « mange qui mange », dit-on. On achètera quarante livres de viande de bœuf pour dix personnes, avec beaucoup de graisse. Et tout y passe.

Sous leur apparence fruste, ces paysans des Varennes n'en sont pas moins fort malins. Dans leurs conversations s'échappent plus d'un trait comique, de la sève à Rabelais. Ainsi, pour parler d'un homme qui entreprend une trop grosse tâche, on dit : « Il s'efforce comme une fourmi qui pond. »

Très sensibles à la flatterie, par exemple, mais peu croyants. A la suite de dissentiments avec leur curé, les habitants de Bréhémont n'ont-ils pas menacé de se faire protestants ! Si on les avait écoutés, il y aurait prêche quotidien dans leur commune.

En dépit de leurs défauts, qui sont en somme une originalité bien rare aujourd'hui, les habitants des Varennes n'en sont pas moins des travailleurs ardents. Ils ont su faire du val une des terres les plus riches de France ; leurs champs sont les plus beaux que l'on connaisse et entrent pour une large part dans l'alimentation des usines du Mans et d'Angers. Ils sont aussi les fournisseurs des fours à pruneaux de Candes, centre principal de l'industrie des pruneaux de Tours.

Cette industrie périclite un peu. On s'est en-

dorum, ans le val. . adis que les cultivateurs de Lot-et-Garonne amélioraient leurs cultures et leurs procédés, en Touraine on restait inactif. Les arbres morts n'ont pas été remplacés ; on ne replante guère. Naturellement, on s'en prend au Gouvernement.

Candes, où se font les plus grosses affaires, est bâti dans une situation fort pittoresque, au confluent de la Vienne et de la Loire, comme l'indique son nom de *Condate*, à peine défiguré et que tant de *Condé* assis à la jonction de cours d'eau portent encore. La Vienne, qui vient de couler au pied de belles collines boisées, le dispute au grand fleuve par la largeur et la masse de ses eaux. Candes est comme collé à la colline abrupte. Une admirable église, bâtie sur l'emplacement même de la cellule où mourut saint Martin, se dresse au milieu du village. Plus haut est un ancien château royal. Au fond, Montsoreau et son château de la Renaissance, qui devient une bâtisse lamentable, continue la perspective. C'est un des plus beaux sites de la Loire.

Candes et Montsoreau ont des cuiseurs qui vont dans toute la campagne voisine, en Touraine et en Anjou, chercher les prunes, les poires et les pommes destinées à être séchées. Il y a quarante ans encore, les cultivateurs eux-mêmes préparaient tous les fruits. L'industrie s'est transformée : à peine une moitié est-elle séchée sur place ; les cultivateurs livrent l'autre aux cuiseurs. Les prunes sont simplement séchées au four, sur des claies ; mais les fruits à couteau sont pelés, puis *tapés* après une cuisson incomplète et, enfin, séchés entièrement. Ce sont les plus beaux fruits, ceux que recherchent les marchés de Londres et de Bruxelles. Les petits fruits sont simplement séchés et expédiés dans le Nord et l'Ouest pour la fabrication des cidres.

La Touraine alimentait jadis l'Europe entière ; aujourd'hui, sauf pour les produits de première qualité, Candes rencontre la concurrence de l'Allemagne, de l'Autriche-Hongrie, de la Suisse et de l'Amérique. Jusqu'en 1878, le Chinonais exportait plus de 500,000 kilogr. de pommes et de poires tapées en caisses et en paniers et une quantité égale de pommes à cidre sèches. Ces chiffres ont fort diminué. L'Allemagne produit aujourd'hui près de soixante millions de kilogrammes. Le Havre reçoit, chaque année, 500,000 kilogr. de pommes sèches. En Amérique, dans certaines régions, la culture du pommier tend à remplacer les autres ; l'abondance y est telle que le prix des fruits n'est pas assez élevé pour payer la cueillette et le transport à l'usine. En 1888, on n'a pas ramassé tous les fruits. La diminution de prix a atteint 25 p. 100. Le Havre a reçu 4,856 tonnes de pommes à boisson, dites amiral, et 200,000 kilogr. de pommes à dessert, dites évaporées.

Dans leur réponse au questionnaire du conseil supérieur du commerce, les industries de Candes et de Chinon demandent naturellement la protection contre cette invasion. Mais je trouve la réfutation dans leurs doléances mêmes. Ils avouent que les produits de choix de leur pays ont continué à avoir la prépondérance sur les marchés étrangers. S'il en est ainsi, pourquoi ne pas transformer les cultures et abandonner la fabrication des produits communs? En admettant qu'on ferme la frontière, Allemands et Américains n'en prendront pas moins les marchés étrangers: nous ne pouvons les en empêcher. Dès lors, ne serait-il pas plus sage de chercher à les supplanter pour les produits de choix, ceux qu'ils ne peuvent obtenir parce qu'ils n'ont ni le sol ni le doux climat de la Touraine et de l'Anjou, grâce auxquels les fruits obtiennent une qualité et une saveur qu'on ne saurait rencontrer ailleurs?

XX

LA RÉGLISSE

Un chemin de fer inexploité. — Fontevrault et sa prison. — La réglisse de Bourgueil. — Dans les Varennes. — Bourgueil et son vignoble. — Graine d'oignon et réglisse. — Un domaine industriel : la Briche. — L'Indre-et-Loire et ses chemins de fer a voie étroite. — Les engrais dans du cristal. — La Bonneterie.

Château-la-Vallière (Indre-et-Loire), mai 1890.

A Montsoreau, à l'endroit où la route de Fontevrault quitte les bords de la Loire pour s'engager dans l'étroit vallon creusé par la fontaine d'Évrault, on aperçoit, noyée dans la chaussée ou les trottoirs, une paire de rails de chemin de fer à voie étroite. Croyant trouver au bout du ruban de fer une carrière ou quelque usine importante, je l'ai suivi. C'est un chemin de fer sur route qui, une fois construit, n'a pu être exploité. Il m'a conduit à Fontevrault, triste et maussade bourgade d'Anjou, jadis célèbre par sa merveilleuse abbaye, respectée par la Révolution, mais devenue maison centrale. Avoir eu des princesses royales comme abbesses, être restée pendant des siècles la plus illustre des maisons religieuses, et abriter maintenant les condamnés de cours d'assises, la transformation est profonde. Cependant, les édifices n'ont pas trop souffert de cette destination nouvelle. Le cloître, qu'un millier de misérables ont cependant pour préau, est une merveille d'élégance et d'originalité. La salle capitulaire est soigneusement entretenue ; ses précieuses peintures sont conservées avec un soin pieux. Son église, le « Grand Moutier », montre toujours celles des statues royales des Plantagenets qui ont échappé à la destruction des tombeaux pendant la Révolution. Enfin, la fameuse tour d'Évrault, pyramide creuse d'un caractère étrange et hardi, est restée intacte.

C'est, mais avec plus d'art, d'originalité, le style de la collégiale de Saint-Ours à Loches. A Loches, l'intérieur est géométrique et fruste. A Fontevrault, l'architecte s'est joué avec les lois de son art ; pour éclairer l'édifice, il n'a pas voulu avoir recours aux fenêtres ; il a planté, au sommet de la pyramide, une lanterne d'où le jour tombe en suivant la pente de la voûte. C'est du plus surprenant effet. Il paraît que la tour d'Évrault était jadis une cuisine.

LA RÉGLISSE.   233

Je n'ai pas l'intention, à propos de Fontevrault, de parler du régime pénitentiaire ; il est là ce qu'il est partout : les condamnés qui travaillent ont droit à de petites douceurs. Or, sait-on quelle est la douceur favorite des détenus ?... C'est le bois de réglisse. De même que beaucoup d'enfants, ils ont pour cette racine un goût particulier.

C'est que la réglisse de Fontevrault n'est pas semblable à celle des épiciers. C'est de la réglisse fraîche, récoltée non loin de là, sur l'autre rive de la Loire aux environs de Bourgueil.

En route pour Bourgueil. Voici une culture qui mérite d'être étudiée. Bourgueil est sur l'autre rive de la Loire, au pied des collines qui bordent les Varennes, sur ce point plus larges et plus opulentes encore que dans le reste du val. Rien ne saurait rendre l'aspect de richesse et de fécondité de ces terres grasses et profondes, divisées en une infinité de petits enclos. Là encore la propriété est fort morcelée. On en juge en voyant les cultivateurs procéder au hersage au moyen de râteaux à main. Pas de grandes agglomérations, mais des hameaux qui bordent les chemins. De Saumur à Bourgueil, toute la plaine ressemble, avec une végétation plus puissante et un ciel plus pur et plus chaud, à la campagne flamande, tant le sol est admirablement travaillé, tant les chemins sont bordés de maisons d'une commune à l'autre.

Il y a un grand vide dans cette plaine populeuse. Entre Bourgueil et Port-Boulet, d'immenses prairies s'étendent, parcourues par des ruisseaux à l'eau immobile appelées *boires*. Mais à Bourgueil recommencent la campagne jardinée, les petits chemins bordés d'incessantes files de maisons. Le sol s'élève peu à peu, jusqu'à une centaine de mètres au-dessus de la plaine, formant des pentes douces couvertes de vignobles. Là ont été plantés jadis des sarments venus de Chambertin. Ces vignes de Bourgogne ont été l'origine du plus fameux vin de Touraine. La vigne n'est qu'un élément de second ordre dans la richesse du pays. Bourgueil est, avant tout, un producteur de graines potagères. Tous ces petits jardins, plantés au bas du coteau, se livrent à la culture des légumes pour en obtenir la graine. Un chiffre donnera une idée de ce commerce : la graine d'oignon, à elle seule, fournit au commerce 25,000 à 40,000 kilogr. chaque année.

La culture la plus intéressante est, à coup sûr, celle de la réglisse. Elle se fait surtout sur les territoires de Benais et de Restigné, communes situées à l'est de Bourgueil. Un ruisseau clair y arrose un étroit vallon dont les terres, à la fois légères et profondes, conviennent particulièrement à la réglisse, la plante tirant toute sa valeur du développement de ses racines.

C'est un bien curieux phénomène agricole que la culture, confinée dans un petit coin du pays, d'une plante d'origine aussi lointaine. La réglisse vient des chaudes contrées du Midi. Elle croît naturellement en Provence, en Espagne, dans le Levant, mais nulle part elle n'est l'objet d'une culture raisonnée. C'est pourquoi on est très surpris de retrouver ce bel arbuste, semblable à un jeune taillis d'acacias, dans un habitat aussi différent de l'habitat naturel.

Comment la réglisse est-elle venue dans ce pays de Bourgueil ? Voilà ce que nul ne peut dire là-bas. De tout temps, disent les vieilles gens, cette culture s'est faite chez nous. Peut-être, comme pour le safran du Gâtinais, faut-il voir dans les croisades l'origine de cette acclimatation. Quelque croisé de Bourgueil, séduit par le goût de la racine, aura importé des graines.

Quoi qu'il en soit, la réglisse a trouvé dans ces alluvions meubles et fécondes un sol éminemment favorable, puisque depuis des siècles elle n'a pu l'épuiser, bien qu'elle se fasse sans cesse sur le même terrain. Bien mieux, elle a produit ici des racines de qualité supérieure. Ainsi, la Turønie donne une réglisse âcre au goût ; en Espagne, Saragosse et Murcie ; en Sicile Catane, produisent également en abondance une réglisse sauvage, plus sucrée que celle de Touraine, mais fermentant facilement ; pour l'utiliser, on a été conduit à fabriquer le sirop de réglisse, dit sirop de Calabre, industrie considérable sur le littoral méditerranéen. La réglisse de Bourgueil, au contraire, se conserve fort bien ; pour l'avoir fraîche, on la garde dans du sable. Dans toutes les préparations où l'on veut avoir un goût pur et éviter la fermentation, la réglisse de Bourgueil est préférée. Ainsi la droguerie et la pharmacie emploient de grandes quantités de réglisse en poudre, destinée à enrober ou isoler des pilules, etc. ; la réglisse de Bourgueil seule est employée à cet usage. Expédiée fraîche du centre de production, elle subit à Paris des opérations de dessiccation et de raclage avant d'être broyée.

Si Bourgueil est arrivé à donner des racines d'une longueur et d'une grosseur peu ordinaires, cela tient uniquement au sol et à la culture. Culture fatigante entre toutes. Elle consiste d'abord à prendre au collet de la racine, pendant l'arrachage, une sorte de rhizome jaunâtre qu'on plante par quatre ou cinq brins à la fois dans de larges sillons que l'on recouvre de fumier et de terre. La première année, on plante des haricots entre chaque sillon afin d'obtenir une récolte dérobée, mais l'année suivante, on se borne à bêcher le champ et, en décembre, à arracher les tiges de l'année, car la racine seule est vivace.

Jadis, au bout de trois ans, on procédait à l'arrachage, mais les plants sans cesse renouvelés par leurs racines ont dû perdre de leur vigueur; aujourd'hui, il faut de quatre à cinq ans pour obtenir des produits marchands. L'arrachage est la partie pénible de ce travail; il faut creuser entre chaque rang une fosse de plus de cinquante centimètres de profondeur, de façon à mettre à nu jusqu'aux moindres fibrilles de la racine. Alors le cultivateur, tenant la plante à pleines mains, la tire lentement du sol. Dur labeur; j'ai vu extraire à Fougerolles, hameau de Benais, des racines ayant près de deux mètres de longueur et plus grosses que le pouce. La fatigue est telle que la plupart des vieux cultivateurs de réglisse sont courbés; on les reconnaît facilement au milieu de la foule de Bourgueil, les jours de marché. La racine est apportée à Bourgueil chez les commissionnaires en réglisse et livrée à un prix considérable; on l'a vue atteindre 80 fr. les 100 kilogr.; le prix moyen est de 45 fr. Un hectare de terre peut donner de 9,000 à 10,000 kilogr. Au prix de

45 fr. c'est donc un revenu annuel de 900 fr. à l'hectare en ne faisant qu'une récolte tous les cinq ans.

On peut évaluer à 1,000 hectares l'étendue des terres consacrées à cette culture. Jusqu'à ces dernières années, il y a eu décadence ; on a fait parfois 500,000 kilogr. chaque année ; à peine en obtient-on en ce moment 250,000. La fatigue de l'arrachage, les revenus plus faciles de la vigne et des autres cultures avaient détourné les cultivateurs. Aujourd'hui, la maladie du vignoble et la crise agricole ont ramené l'attention vers la réglisse ; on peut prévoir le moment où elle aura repris toute son importance. Les mêmes causes qui ont fait abandonner et reprendre la culture du safran aux environs de Pithiviers se retrouvent donc à Bourgueil pour la réglisse.

Il serait à souhaiter que cette source de richesse pût se développer ; ainsi on devrait encourager la reconstitution par semis ; de la sorte on pourrait sans doute rendre à la réglisse toute sa force de végétation et ramener de trois en trois années la période d'arrachage. Les deux années perdues aujourd'hui ne représentant pas moins de 1,600 à 1,800 fr. par hectare.

Comme contraste avec ce « jardinage » qui

donne à la vallée de la Loire, de Tours à Ancenis, un aspect opulent, il y a, non loin de Bourgueil, une des plus grandes exploitations agricoles de France, celle qui a certainement le caractère le plus industriel de tous les domaines que j'ai visités jusqu'ici : c'est la ferme de la Briche, fondée par M. Cail, le grand constructeur parisien.

Conquise entièrement sur un sol aride et ingrat dans les parties hautes ; sur des argiles profondes, anciens lits d'étangs, dans les parties basses, elle est un des exemples les plus frappants de ce que peut la volonté humaine.

C'est presque une Sologne que cette partie de la Touraine. Des bois maigres, des bruyères, des ajoncs, des étangs, des terres d'une culture primitive, tout produit à qui la traverse après avoir vu les admirables terrains du val de Loire, une impression pénible. Or, à une lieue de la station de Continvoir, sur le petit chemin de fer de Port-Boulet à Châteaurenault, les bois et les landes disparaissent, une immense plaine se développe sans arbres ; une dizaine de fermes de même architecture, de même orientation apparaissent sur des chemins bien entretenus. Dans les guérets, de grands bœufs de Salers tirent avec effort la charrue dans un sol gras et profond. C'est le domaine de la Briche.

A la gare d'Hommes, une locomotive routière attend dans la cour. Deux lourds chariots y sont attelés. Dès que le train est parti et que la barrière est ouverte, elle se met en route et va, par une large chaussée, jusqu'à un vaste bâtiment dominé par de hautes cheminées de briques, près d'un château de noble façade. Cette locomotive et ces chars font le service de la ferme de M. Cail.

Ce n'est pas là fantaisie d'industriel. Sur ce domaine de 1,700 hectares, 1,200 hectares sont soumis à une culture intensive, 325 hectares sont, chaque année, consacrés à la betterave nécessaire à une distillerie installée à la ferme centrale, et produisent de 250,000 à 300,000 kilogr. La récolte annuelle en céréales atteint 8,000 hectolitres, les prés artificiels donnent de 8,000 à 10,000 kilogr. par hectare de fourrages. Ces fourrages et les pulpes de betteraves mises dans des fosses qui en contiennent 3,600 mètres cubes, font vivre 600 brebis, de 1,500 à 2,000 moutons, 200 bœufs dont un tiers à l'engrais. La bergerie n'a pas moins de 200 mètres de longueur.

La propriété est divisée en dix fermes, ayant chacune un chef de culture marié, chargé de la direction d'une partie du domaine. Ces fermes sont d'une propreté exquise; les cours en sont sablées comme la cour d'un château. Pas un crottin, pas un fétu de paille. Il y a plus de mérite à avoir obtenu cela du paysan qu'à avoir créé les trente kilomètres de routes empierrées que renferme la Briche! Pas un arbre dans la partie cultivée du domaine. Rien ne gêne la vue. C'est une mer de moissons et de prairies, sur laquelle se détachent blanches, les dix fermes. On a la sensation de quelque chose de lointain, d'un pays nouveau. Et c'est bien une chose nouvelle que cette tentative d'industrialisation de la terre — qu'on me passe le néologisme.

Ces 1,200 hectares de terres ainsi soumises à une culture intensive donnent plus de trafic au chemin de fer à voie étroite que tout le reste de la section de Port-Boulet à Château-la-Vallière, longue cependant de 42 kilomètres. Le domaine de la Briche donne à la gare d'Hommes un trafic de 1,500 à 2,000 tonnes de marchandises, dont 600 tonnes de charbon, autant d'engrais, de 400 à 600 tonnes de blé, de 3,000 à 4,000 hectolitres d'alcool. Ce serait plus considérable encore si, sur ce chemin de fer à voie étroite, les wagons n'étaient pas trop petits pour le transport des bœufs et n'obligeaient pas à un transbordement pour les moutons. Et voilà, disons-le en passant, une des causes des mécomptes causés par les lignes à voie étroite;

voilà pourquoi, par exemple, le département d'Indre-et-Loire doit faire face chaque année à une insuffisance de 450,000 fr. pour un réseau à voie étroite de 150 kilomètres à peine.

Ce domaine de la Briche devrait être pour les cultivateurs voisins une leçon et un exemple. Il n'en est rien. Les grands propriétaires ne songent qu'à la chasse ; les fermiers, peu encouragés et peu conseillés, se gardent bien de suivre le mouvement. Cependant les engrais chimiques commencent à attirer leur attention. J'ai vu, à Château-la-Vallière, aux devantures de magasins, des coupes de cristal présentant les engrais sous des apparences flatteuses, comme ou met le charbon chez les charbonniers de Paris. Les paysans admiraient ; des ingrédients ainsi présentés doivent leur paraître précieux. Mais les étalages ne suffisent pas. Il faudrait qu'on s'efforçât d'attirer l'attention sur les résultats acquis, là où l'on peut prêcher d'exemple. Ils sont rares les exemples dans cette belle Touraine ! En dehors de la Briche, d'une grande exploitation des environs de Loches que je n'ai pu visiter, et des fermes de M. Moisant, le constructeur du dôme central à l'Exposition, on ne trouve aucun effort digne d'être signalé.

M. Moisant a apporté la culture intensive dans une région très maltraitée, entre Neuillé-Pont-Pierre et Neuvy-le-Roi. Ces pays étaient jadis des vignobles fort riches. Les maladies ont ruiné les petits vignerons qui n'ont pas su tirer parti de leurs terres. C'est au milieu d'eux, au milieu d'une population fort arriérée en matière agricole, que M. Moisant a créé un beau domaine dans lequel il a obtenu des rendements, énormes pour le pays, de 30 à 35 hectolitres à l'hectare. L'élevage du mouton a été également entrepris; 750 brebis, 250 agneaux remplissaient les bergeries lorsque je suis passé à la Donneterie ; dans les deux fermes, il y avait 60 vaches. Pour ce pays, où tout l'élevage se borne aux chevaux, c'est une innovation extraordinaire.

Mais l'exemple est peu suivi; les méthodes de culture sont restées fort en retard, tout au plus faut-il constater de nombreux essais d'engrais chimiques.

Dans cette région, les anciennes mœurs du vigneron ont survécu à la destruction du vignoble. Le journalier qui va dans les fermes travailler pour 2 fr. 25 c. par jour apporte pour son repas une côtelette ou du poulet rôti. Le matin, il prend de la soupe, mais il la fait suivre de café. Chaque dimanche, il y a du rôti à la maison, même et surtout, me disait-on mélancoliquement, chez ceux qui ne paient pas le boulanger.

Je cite le fait en passant, parce que c'est là une note bien rare dans nos campagnes.

XXI

LA TOURAINE INDUSTRIELLE

La plaine de Blois. — Sociétés coopératives agricoles. — En Touraine. — L'industrie de Tours. — Ce que devient la soierie. — La Haye-Descartes. — Sa papeterie. — Rivière navigable sur le papier. — Belle écluse, pas de bateaux. — Un emploi du pin. — Pourquoi la Baltique et non la Sologne ? — Une cité ouvrière modèle.

Tours, mai 1890.

A Vineuil, village de la banlieue de Blois, entre la Loire et la forêt de Boulogne, la plaine présente un aspect d'opulence qui contraste avec le sol sablonneux. La vigne alterne avec les cultures maraîchères, car là on fait beaucoup de primeurs à destination de Paris. La chose n'aurait rien de particulièrement curieux, car les parties basses du val de Loire sont des pays de petite culture, si l'air de prospérité de ce pays n'avait pour cause l'application de l'association agricole.

Dans toute cette partie du val, à Saint-Claude, Vineuil et Villebarou, les cultivateurs se sont groupés pour la vente et l'achat de leurs produits.

Ce ne sont pas des syndicats agricoles au sens propre du mot, ce sont de véritables associations commerciales que l'on pourrait comparer aux fruitières du Jura. Les produits du sol sont réunis par les soins de chaque société, envoyés à Paris en commun et livrés aux commissionnaires aux Halles ; chaque sociétaire touche ensuite une part de la vente au prorata de ses envois. De la sorte, les frais généraux d'emballage, d'expédition et de transport sont réduits au strict minimum. De même pour les achats d'engrais et de machines agricoles. Ces dernières sont prêtées à tour de rôle à chaque associé moyennant une très faible redevance.

L'existence de telles associations dans le val de Loire est un fait social d'autant plus digne d'attention que l'on est moins habitué à rencontrer ici des organisations semblables. Sauf les vanniers de Villaines dont j'ai parlé dans une autre lettre, on ne rencontre pas d'efforts aussi curieux et aussi dignes d'intérêt. D'autre part, l'industrie n'est pas assez considérable dans le Blaisois et la Touraine pour avoir amené les ouvriers à se grouper en des sociétés de consommation. En dépit de son admirable situation au cœur d'un immense réseau de voies ferrées, sur deux rivières navigables, Tours est resté une ville de luxe, la capitale élégante de cette terre douce et délicieuse chantée par Dante :

> Terra molle, e dolce e dilettosa....

Peu de cheminées d'usines, les établissements industriels les plus considérables sont les ateliers du chemin de fer. Les fabriques de soieries, malgré leurs transformations, n'ont pas repris leur prospérité, de toutes les maisons qui produisaient les étoffes de grand luxe auxquelles Tours a dû sa richesse jusqu'à la révocation de l'édit de Nantes, quatre ou cinq seulement subsistent aujourd'hui. Il m'a été difficile d'obtenir des renseignements précis sur la situation de l'industrie séricicole à Tours, mais, à en juger par la réponse au questionnaire économique, Tours est dans une situation désavantageuse pour ses matières premières. Elle demande à Lyon les soies d'Italie et de l'Extrême-Orient, elle est tributaire de Lille pour les fils de lin, de Rouen et de Lille pour les filés de coton. En outre, les affaires en produits fabriqués ne se font guère que par commission. L'Amérique du Nord, qui emploie les produits de Tours, les achète par l'intermédiaire de maisons américaines de Paris. L'Amérique du Sud fait ses acquisitions par des commissionnaires parisiens. Enfin, les maisons anglaises ont des représentants à Paris et achètent sur ce marché les soieries tourangelles.

Jadis Tours avait un marché assez considérable en Autriche et en Russie, mais ce marché, d'ailleurs limité par des droits presque prohibitifs, est accaparé en partie par l'Allemagne et l'Italie auxquelles le bon marché de la main-d'œuvre permet de livrer à des prix plus bas.

Malgré ces causes d'infériorité, le maintien de cette belle industrie en Touraine n'en est pas moins un fait d'autant plus digne d'intérêt que les vallées de la Loire et du Cher ne possèdent plus un seul mûrier et n'entrent pour rien dans l'alimentation des fabriques de Tours.

Non loin de Tours, une industrie considérable, à peine plus favorisée par sa situation, s'est cependant développée. C'est la papeterie qui a fait de la Haye-Descartes une véritable ville industrielle. La Haye n'était guère destinée à ce rôle : bourgade morne, au bord d'une rivière navigable seulement *sur le papier*, elle serait profondément ignorée si Descartes n'y était né, et si une chute formée par la Creuse n'avait amené un industriel à créer une papeterie devenue, sous la direction d'un membre de la grande famille Montgolfier, un des établissements les plus importants qui soient consacrés à cette industrie.

L'usine est aux portes de la Haye, dans la commune de Balesmes. La Creuse, soutenue sur ce point par un puissant barrage, forme un bassin ravissant, où l'eau d'un vert sombre s'étale entre des saules, remplie d'îles jusqu'au port de la Haye. Une écluse, dont la construction a été imposée aux usiniers, permettrait aux bateaux de gagner la rivière en amont, si l'on avait eu la précaution de draguer le lit en aval; mais les hauts-fonds interdisent la navigation, et une dépense de 200,000 fr. est restée sans effet parce que l'on n'a pu mettre en état les trois lieues de chenal qui séparent la Haye de l'embouchure de la Creuse dans la Vienne.

La Creuse ne rend donc aucun service à l'usine de la Haye-Descartes en dehors de la force motrice. Le fait est d'autant plus déplorable que la papeterie emploie chaque année 4,000 tonnes de houille et reçoit d'immenses quantités de bois de pin pour la fabrication de la pâte; des trains spéciaux le conduisent à la Haye par 500 tonnes à la fois. Malgré le prix élevé du fret et du transport par voie ferrée, les bois de Suède arrivent cependant à meilleur compte que ne pourraient le faire ceux de la Sologne. Les chemins de fer demandent de 7 à 8 fr. par stère pour le transport des bois qui ne valent pas plus de 5 fr. en forêt. Ces prix sont trop élevés pour permettre aux sylviculteurs solognots de trouver un débouché. Il faudrait un tarif amenant le bois à l'usine au prix de 10 fr. Il faudrait surtout que le canal de la Sauldre, au lieu de finir en impasse à la Motte-Beuvron, fût prolongé au Cher et à la Loire, afin de pouvoir conduire le bois dans les usines susceptibles de l'employer. On oublie trop, quand on reproche à nos industriels de s'approvisionner à l'étranger, que la défectuosité de nos moyens de transport rend souvent cela nécessaire.

En ce cas particulier de la papeterie et de la culture du pin, n'est-il pas pitoyable que la Sologne, terre productrice du bois, ne puisse expédier ses produits faute de moyens de transport à bon marché? De même, que sa régénération agricole soit entravée par l'impossibilité d'employer la Sauldre et ses autres rivières au transport des amendements et des produits du sol?

C'est par là que notre papeterie, malgré tous ses efforts, est tributaire de l'étranger; la pâte de bois, d'un usage si général, ne peut être obtenue à prix suffisamment bas en Sologne et dans les Landes, où les chutes d'eau sont rares et de peu d'importance et où les charbons n'arrivent que grevés de frais de transport excessifs. Je disais tout à l'heure que l'usine de la Haye-Descartes emploie chaque année 4,000 tonnes de houille, qu'elle reçoit d'Angleterre ; cette houille lui vient par les lignes de l'État. L'État a bien fait un tarif réduit de la Rochelle à Port-de-Piles : pour 226 kilomètres on paie 6 fr. 50 c. la tonne ; de Port-de-Piles à la Haye, pour 10 kilomètres, on paie 1 fr. 80 c. Si la Creuse était réellement navigable, il est certain que la Compagnie d'Orléans abaisserait ses prix au taux de ceux de l'État.

Ces faits expliquent comment notre pays ne peut fabriquer avec le bois de ses pinèdes des pâtes pouvant fermer le marché aux pâtes de Suède et de Norvège. Dans la presqu'île scandinave, le pin et le sapin arrivent par les canaux et les rivières jusqu'aux grandes chutes où la force motrice est énorme, où la pâte est préparée à des prix très bas. Les navires la prennent et viennent aux ports qui avoisinent nos groupes de papeteries, à Dunkerque et Calais, pour la vallée de l'Aa, à Honfleur et au Havre pour la région de l'Eure, à Rochefort, Tonnay-Charente et Bordeaux pour l'Angoumois et le Limousin, à Marseille pour le Vivarais et l'Ardèche. Dans ces conditions, il est bien malaisé à nos bois de pins de lutter avec égalité contre leurs concurrents du Nord.

Cependant, l'avantage de fabriquer soi-même la pâte et d'échapper ainsi aux fluctuations du marché est tel que les manufacturiers de la Haye-Descartes n'ont pas hésité à fabriquer leur pâte de bois, de même que d'autres industriels ont créé à Chantenay, près Nantes, une fabrique uniquement consacrée aux pâtes. L'installation de la Haye est superbe. Les bûches sont réduites en poussière par de puissantes machines; celles-ci blanchies, débarrassées des parties résineuses, sont réduites en pâte consacrée à la fabrication des produits communs. Je n'ai pas l'intention de suivre ici cette fabrication que tout le monde a vue dans la galerie des machines au Champ-de-Mars; c'est au point de vue social qu'il convient d'étudier l'établissement de la Haye-Descartes.

Certes, l'usine est merveilleusement outillée et tenue sans cesse au courant des progrès réalisés dans cette industrie; les puissantes machines qui servent à calandrer méritent même d'être signalées, car, chose rare en papeterie, elles sont de fabrication française, sortant des ateliers de Vienne, en Dauphiné; il est très curieux de voir fonctionner les machines utilisées pour le réglage des papiers écoliers et d'administration si perfectionnés que le prix de revient atteint à peine 20 cent. pour 500 feuilles; mais, ce qui est particulièrement intéressant à la Haye, c'est l'organisation ouvrière, le soin pris pour assurer le bien-être des ouvriers.

Balesmes et même la Haye-Descartes n'auraient pu fournir le logement des ouvriers de cette grande usine. On a donc été amené à construire une cité ouvrière qui est un véritable modèle du genre. Cette cité comprend deux parties : l'une, la moins étendue, est consacrée aux employés ; chacun de ceux-ci occupe un logement dans des maisons d'un étage divisé en cinq appartements. Au rez-de-chaussée, vestibule et deux pièces, deux pièces au premier, grenier au-dessus, caves voûtées. Derrière, un jardin de 19^m,50 de longueur sur 5^m,60 de largeur. Ces maisons, gratuitement fournies aux employés, coûtent environ 5,000 fr. par logement couvert, soit 87 fr. le mètre.

Ces efforts ont porté leurs fruits ; la population ouvrière de la Haye-Descartes paraît heureuse ; il n'y a là ni agitation ni grève.

La cité ouvrière proprement dite comprend 160 maisons. Celles-ci n'ont qu'un rez-de-chaussée et un grenier. Le jardin est de dimensions à peu près semblables à ceux des employés. Chaque logement comprend une vaste pièce sur la rue et deux chambres sur le jardin ; ces maisons sont revenues à 2,078 fr. l'une, soit 41 fr. 50 c. le mètre couvert.

M. de Montgolfier ne s'est pas borné à donner le logement à ses employés et ouvriers, il a voulu faire de la cité un véritable village doté de tous ces services. Une buanderie permet de faire la lessive, un puits artésien alimente le lavoir. Les ouvriers reçoivent gratuitement les soins d'un médecin attaché à l'établissement. Enfin, des écoles organisées par l'usine, dont les maîtres sont payés par elle, fournissent gratuitement l'instruction aux enfants qui tous reçoivent aussi gratuitement les fournitures scolaires.

Cette Touraine, qui paraît si étrangère au mouvement industriel et de rénovation industrielle, lorsqu'on la voit seulement par ses heureuses et molles cités de la Loire, du Cher et de l'Indre, présente ainsi à Châteaurenault et à la Haye-Descartes de remarquables exemples de prospérité manufacturière à l'abri des grandes secousses sociales, comme elle offre à la Briche une image frappante de ce que peut être la grande propriété sous une impulsion énergique et l'esprit de progrès.

C'est encore en Touraine que nous rencontrons à Mettray la première tentative féconde pour la régénération de l'enfance.

XXII

METTRAY

Coin de Touraine. — Mettray. — Un petit abandonné — Organisation de la colonie. — Le livre d'or de Mettray. — Lettres de colons — A la « maison paternelle ».

La Mombrolle, près Tours, mai 1890.

L'étroit vallon de la Choizille, un des plus riants de la Touraine, prend ici des allures de gorge avant de s'épanouir en vue du val de Loire, à Saint-Cyr. Le village borde les deux routes du Mans et de la Flèche; très agreste, très doux d'aspect avec son humble flèche d'église. On y a, jusqu'à Mettray, une sensation de solitude et de calme. J'entends le Mettray célèbre, celui où M. de Metz a tenté de régénérer l'enfance.

Je reviens de la « colonie ». Mes sentiments, je l'avoue, sont fort confus. Sur la foi de lectures et de récits, je m'attendais à une population gaie et enjouée; mon impression a été tout autre. Mettray est une de ces choses qu'il conviendrait de voir sans idées préconçues. On s'en fait d'avance une sorte d'Éden où les natures mauvaises se transforment rapidement, où tout pervers devient bon. Pendant que le gardien me conduisait à la direction, je cherchais sur le visage des enfants rencontrés quelque chose de ces sentiments de douceur et je voyais surtout des regards fuyants. Bien rarement, un œil franchement ouvert sur vous. C'est surtout frappant chez les plus grands. Les petits n'ont rien de ces allures : le vice n'a pas encore eu le temps de les marquer.

Les petits ! C'est pour ceux-là surtout qu'on se sent pris de pitié et de tendresse. Je viens d'en voir un en quittant la colonie, âgé de quatre ans à peine. C'est un abandonné que l'on a envoyé à Mettray.

Trop petit pour l'école ou l'atelier, on le laisse vagabonder dans la buanderie. Une jeune sœur de charité, gaie et enjouée, s'est prise d'affection maternelle pour lui. Le gamin le lui rend bien : partout où va la sœur, on entend derrière elle le bruit trottinant de deux petits sabots. L'enfant a vécu dans une telle misère que la colonie est pour lui un lieu de délices. Il a une faim insatiable : sans cesse il réclame du pain; les sœurs, pour lui, passent sur les règlements; ses yeux étonnés semblent demander pourquoi, au lieu de coups, il obtient ainsi tout ce qu'il désire.

Ceux-là, les abandonnés, tous ceux qui ont été conduits à Mettray par la faute des parents plus que par des instincts foncièrement mauvais, se trouvent bien du séjour à l'asile. Ce sont autant de petites âmes sauvées : c'est par là que l'œuvre de M. de Metz est grande et mérite la reconnaissance de tous.

Je ne décrirai pas Mettray : cette maison est trop connue de tous ceux qui s'intéressent à l'enfance. La gravure a popularisé cette colonie, formée de maisonnettes entourant un vaste parterre carré, dominé par la flèche d'une chapelle. C'est sur cette flèche que l'on hisse le drapeau signalant les évasions et qui détermine aussitôt chez les paysans du voisinage une chasse que la prime offerte rend attrayante. On a dépeint bien souvent l'aspect de navire des chalets, où des hamacs servent de couche aux enfants. On a raconté l'ingénieuse distribution en *familles*, qui groupe sous un chef assisté de deux « frères » pris parmi les détenus tous les habitants d'un étage. Les ateliers, le travail aux champs, ont été souvent décrits ; ceux qui, ne connaissant pas Mettray, voudraient savoir par le détail le fonctionnement de cette institution, trouveront à la direction les brochures publiées sur M. de Metz et son œuvre.

Il y a dans le bureau du directeur un livre que

j'ai parcouru avec un vif intérêt. C'est la copie de lettres adressées par des colons rentrés dans la vie civile après leur séjour à Mettray. Cette lecture fait mieux comprendre la grandeur de l'œuvre de moralisation. Si nombre de ces lettres mettent en défiance par l'expression outrée de la reconnaissance et font deviner plus d'hypocrisie que de sincérité, d'autres sont vraiment nobles et touchantes, dignes de l'épître de cet ancien colon devenu zouave de la garde impériale, décoré de la Légion d'honneur, et qui, venant de recevoir pour la première fois sa pension de légionnaire, l'envoyait à Mettray avec ces mots : « J'envoie les premiers 100 fr. à la colonie, ma mère adoptive. »

La plupart de ces lettres sont coulées dans le même moule; le colon, se défiant de lui, a trop fréquemment demandé l'aide d'un écrivain, le plus souvent d'un prêtre, qui a exprimé d'une façon banale ce que l'envoyeur aurait mieux dit s'il s'était laissé aller à sa seule inspiration. Quelques-uns cependant, s'étant fait une situation honorable, ont écrit eux-mêmes. Ainsi M. P... disant :

Après 23 de distance qui nous séparent depuis que j'ai quitté la colonie de Mettray, je croirais manquer à mon devoir d'ancien colon et d'honnête homme si je ne venais pas vous remercier en vous présentant mes vœux et remerciements les plus sincères pour les bons conseils et le relèvement moral qu'a donnés notre digne et honoré père, M. de Metz, à l'enfant abandonné qu'il a tiré de la maison cellulaire de la Roquette de Paris, où l'enfant, être inutile et repoussé de tous, n'aurait jamais connu que le malheur. Dieu a voulu que ce digne cœur transforme l'enfant abandonné. Il n'est pas de jour, cher bienfaiteur, que je ne pense à Mettray et à ses dignes employés, chefs de famille, chefs d'atelier, qui sacrifient une partie de leur existence pour nous régénérer, nous autres les petits parias que tout le monde repousse.

Heureux celui qui passe quelques années de sa jeunesse à Mettray et qui a su profiter des bons conseils et exemples qu'il y reçoit ; c'est quand on se trouve dans la société, dans la vie libre, que l'on regrette de ne pas savoir, mais il n'est plus temps.

Voici dix ans, mon cher Monsieur Blanchard, que je suis à M..., mes trois magasins marchent bien et à cette fin d'année, j'aurai atteint le chiffre de quatre-vingt mille francs de vente.

Je ne cite que cette lettre, parce qu'elle est évidemment l'œuvre d'un homme de cœur. Combien, parvenus à une situation commerciale florissante, auraient oublié le passé et se garderaient, vingt-trois ans plus tard, de se louer d'avoir été élèves d'une maison de correction !

Plus curieuses sont les lettres des enfants et

des jeunes gens enfermés à la maison paternelle. Ici, nous ne nous trouvons plus en présence d'enfants moralement abandonnés ou détenus en vertu de jugements. La maison paternelle est ouverte aux jeunes gens dont les parents sollicitent l'internement en vertu d'une décision du président du tribunal. C'est une maison où l'on n'est admis qu'en payant une pension assez élevée. Elle est pour les fils de famille ce que fut jadis la Bastille, mais une Bastille intelligente où l'enfant, soumis à un isolement salutaire, continue ses études et est l'objet d'une attention sans cesse en éveil.

Les jeunes gens sont en cellule, mais des cellules claires et gaies. Ils ne voient personne que les professeurs qui viennent leur donner des leçons et les accompagnent chaque jour à la promenade. Ils ne voient jamais leurs compagnons d'internement, on cite même le cas de deux frères qui ont vécu côte à côte sans s'en douter. L'isolement a produit sur des natures rebelles des résultats merveilleux. Tous ne sont pas sortis guéris, mais la crainte d'une réclusion nouvelle a préservé ceux qui ne s'amendaient pas de fautes qui les auraient ramenés à Mettray. Beaucoup, parmi les deux mille jeunes gens qui sont passés là, ont dû à leur isolement et aux leçons des maîtres d'arriver plus tard à de hautes situations. Tel austère président de cour, tel ancien ministre a passé par Mettray.

Il y a deux ans, un officier qui venait de se marier menait sa jeune femme à Mettray, tenant à lui montrer la maison où il avait été enfermé et à laquelle il devait d'avoir rompu avec une jeunesse menaçante.

Un autre officier, également sorti de la maison paternelle, passant près de là pendant les manœuvres, y conduisait son colonel.

Là aussi il y a un registre, un *livre d'or* sur lequel on a copié les lettres des jeunes reclus. Ceux-ci sont naturellement d'esprit plus cultivé que les petits colons, aussi saisit-on mieux sur le vif et plus vrais les sentiments des internés.

Voici une lettre adressée aux « parents barbares » qui avaient fait enfermer un enfant :

Je jure devant Dieu de ne jamais toucher à la plume comme élève, de ne jamais ouvrir un seul livre durant le temps de ma captivité, quelque durs que soient les tourments et le supplice qu'on pourra m'infliger pour me faire céder.

Sachez que j'ai une volonté invincible, que rien, entendez-vous, ne pourra me faire céder.

Six mois après, le même enfant écrivait au directeur, au moment de rentrer dans sa famille :

> Je ne puis résister au désir de vous adresser quelques mots de reconnaissance... J'ai appris ce que malheureusement je ne savais pas auparavant, j'ai compris le côté sérieux de la vie et les devoirs qu'impose la vie sociale, etc.

Un autre écrit :

> Malgré l'extrême rigueur de la punition que j'achève en ce moment, je ne saurais vous dire combien je suis heureux qu'on me l'ait infligée, car mon avenir était bien en péril quand vos soins tout paternels sont venus m'offrir une dernière chance de salut.

Voici encore une lettre :

> Mon père a cru que la conduite que j'ai menée ici était une comédie, je me fais fort de le détromper. Je veux désormais appliquer mon entêtement au bien, comme je l'ai poussé au mal... Vous croyez peut-être que je ne parle pas sincèrement, que la crainte ou un autre motif me pousse ? Non, la crainte me fait peu de chose, c'est par la douceur qu'il faut me prendre ; vous l'avez fait, vous pouvez vous féliciter avec moi du succès. C'est une chose singulière qu'il faille forcer les gens à agir dans leur propre intérêt ; mais, que voulez-vous, on est si sot quand on est jeune : on ne pense jamais aux suites d'une action, que dis-je, on ne pense même pas à l'action.

Cette forme de « pensées » donnée aux aveux, on la retrouve dans la plupart de ces lettres; l'isolement a évidemment produit ses fruits. Cependant, dans le livre d'or, il y a une sorte de journal bien curieux, c'est une lettre d'un jeune homme avouant ses défauts, mais les attribuant à la rêverie! L'isolement, sur celui-là, a produit un effet inattendu. « L'action, dit-il, vaut mieux que le rêve. La rêverie est une branche à couper; une fois morte, ses rejetons sont destinés indubitablement à périr. »

Cette transformation se perpétue-t-elle? Une fois dans leur famille, les jeunes gens sont-ils bien guéris? Certes, il y a des exceptions, mais les lettres que j'ai sous les yeux prouvent que la guérison est complète dans la plupart des cas.

Si ma foi dans les miracles eût été ébranlée, écrit un père, elle se serait certes bien affermie en entendant mon fils proclamé bachelier.

Un officier de marine qui a dû faire enfermer son fils écrit pour exprimer son étonnement de la transformation qu'il a constatée.

Un autre, s'adressant au directeur :

Les résultats que vous avez obtenus à son égard font honneur à la méthode que vous avez employée pour vaincre la paresse et les défauts des enfants les plus difficiles à diriger.

On pourrait multiplier ces citations. Il y en aurait de bien curieuses à faire encore, en glanant parmi les lettres des jeunes gens qui demandent à rester à Mettray lorsqu'on les juge guéris. La crainte de retomber en a amené plus d'un à cette démarche. Il n'est pas rare de voir Mettray former des bacheliers avec des enfants qui ne pouvaient, chez eux, se livrer à l'étude. Un d'eux écrivait :

> Le bonheur que j'ai goûté m'oblige à vous demander de vouloir bien m'admettre à passer encore deux ou trois mois auprès de vous pour me préparer aux examens.

Et un autre, venant de passer avec succès ses examens, télégraphiait aussitôt à Mettray :

> Enfin, je suis reçu ! En vous télégraphiant je ne fais qu'accomplir un devoir de reconnaissance.

Tels sont les résultats donnés par la « maison paternelle ». Voilà la question de régénération de l'enfance enfin résolue ! Malheureusement la maison paternelle ne peut être ouverte qu'aux privilégiés de la fortune. Les frais de cette éducation de luxe sont fort élevés, puisqu'il faut faire venir des professeurs du lycée de Tours. En outre, en admettant qu'on tente jamais d'appliquer ce système aux enfants abandonnés ou vicieux, il semble bien difficile de remplir leurs journées. Il faut une culture déjà grande pour pouvoir supporter l'internement et remplacer l'action par l'étude. Le gamin illettré, recueilli dans les grandes villes, ne pourrait supporter cet internement. C'est pourquoi on doit le maintenir dans une agglomération, au milieu de ses semblables. Il ne faut donc pas s'étonner si les guérisons sont moins complètes et proportionnellement moins nombreuses.

Mettray est cependant de toutes les colonies de jeunes détenus celle qui a donné les résultats les meilleurs. C'est que les enfants y jouissent d'une liberté relative et que la création de M. de Metz fut à sa date un apostolat et non une fonction administrative comme le sont les établissements officiels. Les résultats seraient peut-être meilleurs encore si les ressources étaient plus grandes et si l'on pouvait combiner le système de la maison paternelle et l'apprentissage d'un métier. Il y a là un problème d'un haut intérêt social à résoudre.

XXIII

LE PERCHE

Le Perche aux bons chevaux. — Le cheval percheron. — La colline de Montmirail. — Henry d'Angleterre et Thomas Becket. — La Ferté-Bernard. — Les Américains dans le Perche. — M. Dunham. — L'étalon Louis-Napoléon; son odyssée. — Les yankees-hirondelles. — M. Elwood. — Les achats à long terme. — Jean-le-Blanc, fils de Gallipoli. — Mignon, père de Coco, père de Vieux-Chaslain, père de Coco II. — Au haras de la Pélois. — Rosa Bonheur et l'étalon La Ferté. — Tableau de prix, cheval de prix.

La Ferté-Bernard, mai 1890.

Me voici dans le « Perche aux bons chevaux » qui n'est pas le Perche géographique, mais bien une région à part, vivant pour le cheval et par le cheval; région de pâturages fertiles, sentant déjà la Normandie. Le Perche aux bons chevaux est la « tête des eaux » de tout l'Ouest. De là descendent l'Huisne, dont la vallée est la grande artère du pays, la Sarthe, l'Orne-Saosnoise, l'Eure, l'Iton, l'Avre, la Braye, l'Orne, la Touques qui portent à la Manche, à la Seine et à la Loire les eaux de ces hautes et riantes collines dominant des vallées herbeuses. C'est un pays en pleine prospérité agricole, grâce au commerce avec le dehors, avec l'Amérique surtout. Les chevaux du Perche sont, au delà de l'Atlantique, l'objet d'une faveur croissante. Aux États-Unis, on connaît surtout de la France, après Paris, ce coin de pays qui s'étend du Loir aux sources des petits affluents de la Manche.

Pour qui le visite avec les idées préconçues répandues sur l'élevage, le Perche est une véritable surprise. On a tant dit que la qualité du cheval percheron tenait au sol, aux pâturages, au climat, que l'on constate avec étonnement des zones bien tranchées dans l'aspect du pays. Dans le Perche vendômois, vers Morée, Montoire, Savigny, les prés s'étendent au pied de ces belles falaises calcaires où sont creusées tant d'habitations curieuses. Vers la Chartre, les pâturages bordent le pied de vignobles réputés, dont les vins sont parfois égaux aux crus les plus célèbres de l'Anjou et de la Touraine. Autour de Cloyes, le paysage tient de la Beauce. Évidemment le percheron n'est pas là dans son habitat primitif ; il y est venu et a fait souche dans ces vallées à l'aspect déjà méridional, aussi bien que dans les vallées humides de Mortagne et du Mesle.

Au Sud, le pays est moins frais que dans le

Nord ; mais les villes sont plus riantes, le voisinage de la Touraine a influé sur les populations. La Chartre, Saint-Calais, Mondoubleau sont fort gaies; les eaux claires, les collines boisées, la blancheur des habitations construites en tuffeau, la limpidité des horizons leur donnent un charme que n'ont pas les autres cités percheronnes.

Du sommet de la colline de Montmirail, on plane sur tout le Perche et l'on distingue nettement chaque zone. Cette colline est le point culminant des hauteurs entre le Loir et l'Huisne. De forme arrondie, elle porte un château qui a remplacé l'antique forteresse où Henry II d'Angleterre et Louis VII de France eurent une entrevue fameuse. Là, Thomas Becket fut abandonné par le souverain français en échange du serment de vassalité que, jusqu'alors, avait refusé la fierté de Henry. Cette forteresse, rasée ensuite par Richard Cœur-de-Lion, relevée, détruite de nouveau, a été remplacée par un château de style fort incohérent, mais d'où l'on jouit d'une vue admirable. Du sommet du donjon on voit se creuser la vallée de la Braye, un des centres les plus considérables de la production chevaline du Perche. De grandes forêts : les Loges, Vibraye, Montmirail, couvrent les plateaux inférieurs ; au Nord, des collines au sommet régulièrement aplani laissent découvrir la vallée de l'Huisne. Tout au fond du paysage, on découvre les hautes collines d'Alençon, la forêt d'Écouves, la Butte Chaumont, le mont des Avaloirs et les hauteurs orgueilleusement appelées Alpes mancelles. Toutes ces petites montagnes, vues à cette distance, prennent l'allure de hautes chaînes.

Le plateau inférieur est sillonné de vallées où l'élevage se fait en grand. En suivant la route qui conduit à la Ferté-Bernard, on rencontre, à chaque instant, des *borderies*, vastes prés bordés de haies vives, où paissent en liberté les percherons gris-pommelés ou noirs. Car la mode est aujourd'hui au cheval noir; l'Amérique le préfère au percheron classique. Celui-ci avait lui-même succédé au percheron blanc, qui doit avoir été le type de la race. Une vieille ballade percheronne célèbre

> Ce biau sire de Trie,
> Sur son blanc destrier
> Contre gent ennemie
> Allant pour guerroyer.

La Ferté-Bernard a aussi sa part, et une belle part, dans l'élevage, mais c'est en outre un des grands marchés de chevaux de la contrée, comme Nogent-le-Rotrou, Mortagne et le Mesle.

C'est dans la région dont la Ferté occupe une extrémité et Nogent-le-Rotrou une autre, sur huit ou dix lieues carrées au plus, que l'on rencontre les plus puissants exemplaires de la race percheronne : dans les cantons de Thiron, Authon et Nogent-le-Rotrou (Eure-et-Loir), du Theil, de Bellème, Nocé, Regmalard (Orne). Aussi les Américains acheteurs de chevaux ont-ils fait de la Ferté, autant que de Nogent-le-Rotrou, leur résidence habituelle. A parcourir la ville, on devine une contrée riche et vivante, de tout temps prospère. A côté de luxueux magasins modernes, on rencontre, à chaque pas, de précieux édifices du passé. Bâtie dans la vallée, à l'endroit où la Même et l'Huisne se réunissent en un lacis de bras et de coulées, la Ferté est une petite Venise dont chaque quartier a son bras de rivière ou son ruisseau d'eau claire. Sur l'un de ces ruisseaux est jeté un pont donnant accès à la porte Saint-Julien, surmontée d'un pavillon central et flanquée de deux tours rondes, massives, coiffées de toits aigus. Une rangée de mâchicoulis, ornés d'arcades trilobées, soutient une galerie dont les créneaux affleurent le bord du toit. Au delà, une maison du dix-septième siècle en pierres et briques est un des plus charmants édifices civils de cette époque. Puis c'est la merveilleuse église où l'art gothique et la Renaissance se sont alliés pour produire un des poëmes de pierre les plus fouillés et les plus originaux que l'architecture ait produits. Tout auprès, une fontaine en granit, vieille de quatre siècles, verse des eaux claires dans une vasque. Voici des maisons en ressaut, aux poutres sculptées, où des cariatides grotesques supportent l'étage en surplomb ; des halles au pignon aigu, surmontées du léopard héraldique de la Ferté. Au bord de l'Huisne, une maison de pierre, fouillée avec un art exquis. Par les échappées des canaux, on découvre de vieux remparts, des tourelles déjetées, couvertes de pariétaires, de linaires et de mufliers.

Aux jours de foires et de marchés, quand affluent sur le Mail et les places les marchands de chevaux du Perche et la foule des cultivateurs, la Ferté est véritablement curieuse à parcourir. Mais on se ferait illusion en y cherchant les spécimens les plus remarquables de la race chevaline. Certes, il y a de beaux animaux sur le champ de foire de la Ferté, mais les meilleurs ne se déplacent guère, à moins d'aller concourir à l'exposition annuelle de la société hippique percheronne ou dans les concours du Palais de l'industrie. Les acheteurs de chevaux se rendent sur place, visitent les éleveurs et font leurs achats. Allemands, Anglais,

Belges, Américains parcourent ainsi tout le Perche et enlèvent les étalons les meilleurs.

Ce n'est pas un commerce bien ancien. En 1872, un éleveur américain, M. Dillon, arrivait à Nogent-le-Rotrou et achetait des étalons qu'il importait dans l'Illinois. Cette première tentative eut un grand succès; aussi M. Dillon ne tarda-t-il pas à avoir des imitateurs. M. Dunham et M. Elwood, tous deux de l'Illinois, entreprirent le commerce sur une vaste échelle, grâce à de puissants capitaux. M. Dunham s'est fait, en Amérique, l'apôtre du cheval percheron; il y a créé une société hippique percheronne qui comprend plus de 3,000 membres et publie un *Stud-book* percheron. A lui seul il enlève, chaque année, de trois à quatre cents têtes de chevaux dans la vallée de l'Huisne.

Le premier échantillon de percheron importé en Amérique le fut en 1851. Un jeune Yankee, possesseur d'une grosse fortune, était venu la dépenser en France. Après avoir mené la vie à grandes guides, il rentra dans son pays, emmenant avec lui un étalon percheron acheté au cours d'une promenade aux environs de la Ferté. Cet étalon, Louis-Napoléon, resta cinquante jours sur un voilier. Arrivé au port, le Yankee disparut, laissant son cheval que la famille éleva. Croisé avec des juments du pays, Louis-Napoléon donna des produits rapidement célèbres, mais il fallut près de vingt ans pour que l'on s'avisât de faire d'une façon continue ce qu'un caprice de jeune homme avait tenté.

L'arrivée des Américains est pour le Perche ce qu'est ailleurs l'arrivée des hirondelles, le signal du printemps. Ils sont à Nogent-le-Rotrou et à la Ferté-Bernard dès les premiers jours d'avril. Très souvent ils amènent avec eux une partie de leur famille, pour qui le voyage en France est une partie de plaisir. Ils sillonnent ensuite le Perche, allant de borderie en borderie, familiers avec tous. Leur rondeur et leur allure bon enfant leur valent de vives sympathies. L'un d'eux, M. Elwood, est le type du Yankee de fortune ; il raconte volontiers ses débuts à cinq francs par jour chez M. Mac Cormich, ses inventions successives, dont une, la ronce artificielle, lui a valu des millions. A l'hôtel, dans les villes, les Américains se sont fait un *home*, ont apporté des pianos, donnent des concerts à leurs amis. Pour tout ce pays ils sont la vie.

Il ne s'agit que des grands marchands ; les petits ne sauraient mener les affaires de la sorte. Ils s'associent pour les achats et envoient l'un d'eux dans le Perche recruter les chevaux. Ceux-là ne prennent naturellement que les bêtes les moins remarquables ; ils les payent souvent aussi cher que les étalons sans défaut, mais ils demandent des crédits fort longs : deux, trois, quatre ans. L'éleveur percheron, cependant défiant par nature, accepte. Fait significatif, il n'a pas à regretter sa confiance. Il est arrivé que des spéculateurs américains se sont ruinés, n'ont pu payer aux époques convenues, mais une fois remis à flot, ils s'empressaient de régler leurs dettes.

De même les éleveurs du Perche ont su maintenir leur vieille réputation. Guidés par l'expérience, encouragés par les Américains qui tiennent à la filiation, ils se sont efforcés de maintenir dans toute sa pureté la descendance du fameux Jean-le-Blanc, fils de l'étalon arabe Gallipoli. Jean-le-Blanc était originaire de Mauves, près de Regmalard ; il fut vendu en 1825 à M. Miard, de Villers-en-Ouche, près le Sap, dans l'Orne. « Cet étalon, dit M. du Haÿs, a été, à lui seul, l'agent améliorateur de la race. Gros, puissant, limonier en un mot, sa distinction, un je ne sais quoi répandu dans tout son être rappelait si profondément le souvenir de la famille orientale qu'on se prenait à le croire un arabe grossi. »

Jean-le-Blanc est mort en 1856, âgé de trente-deux ans ; un de ses fils, Mignon, né dans Eure-et-Loir, fut père de Coco et l'ancêtre de Vieux-Chaslain et de Coco II. Ce dernier a produit, pendant dix ans, la plupart des chevaux nés autour de la Ferté-Bernard. Tous les grands éleveurs de la région, les Tachaut, les Perrot, les Chamonard, les Vinault, les Fardouët, etc., ont des descendants de ces étalons fameux.

Il y a, non loin de la Ferté, à une lieue à peine de la ville, à la Pélois, un des plus beaux haras de la contrée. Je le cite, parce que tous les voyageurs allant au Mans ont pu remarquer, en passant, au milieu de belles prairies arrosées par l'Huisne et le ruisseau de Rozay, des chevaux admirables paissant en liberté. C'est de ces prés que sont sortis nombre des vainqueurs des concours annuels de Paris.

Il n'était cependant pas de la Ferté, mais bien de Nogent-le-Rotrou, l'étalon qui portait le nom de la ville et fut à Chicago le vainqueur d'un grand concours de chevaux de trait. Ce cheval a eu la gloire d'être associé à Rosa Bonheur et d'être présenté aux Yankees comme une des œuvres les plus parfaites du génie français. Je n'invente rien. Voici comment M. Dunham s'exprimait au banquet donné à la *Ferté-Bernard* à la suite du concours :

« Nous ne devons pas nous faire illusion et nous imaginer que la race percheronne, malgré toutes ses qualités supérieures qui ont attiré à elle les éleveurs intelligents des différentes nations qui composent notre pays, que le percheron, dis-je, possède un passeport qui lui donne accès partout. Les traditions et les préjugés nationaux sont puissants : les Écossais, en Amérique, aiment leurs clydesdales à longs poils ; les Anglais, leurs « shires » massifs ; les Allemands, les chevaux lymphatiques de la Flandre.

« Les États-Unis, composés de toutes les nationalités et recevant chaque année de 500,000 à 700,000 émigrants, sont devenus le point central où les races de trait luttent les unes contre les autres ; sur ces prairies immenses, le combat pour savoir qui aura la suprématie a lieu entre l'Écossais rusé, l'Anglais solide et actif, l'Allemand lourd et flegmatique et l'Américain lui-même qui porte haut la bannière percheronne.

« Comme une sorte de symbole, comme un présage du succès que l'avenir réserve aux percherons en Amérique, l'étalon nommé *La Ferté*, portant le nom de cette ville-ci, où vous venez de tenir le concours le plus remarquable que la société ait eu jusqu'à présent, cet étalon *La Ferté*, dis-je, a emporté la palme au grand concours de Chicago, où l'on avait rassemblé les premiers prix de toutes les races, pour savoir laquelle de ces races serait considérée la meilleure.

« Ce succès a été une grande victoire pour la cause percheronne ; l'enthousiasme a été immense lorsque les représentants de toutes les autres nations ont été obligés de baisser pavillon, vaincus, comme par le passé, par le beau cheval qui portait le drapeau tricolore de la France...

« Ce soir, à l'apogée de la prospérité de ce superbe pays, je désire mentionner deux noms qui sont associés d'une façon inséparable au glorieux succès de la race percheronne en Amérique :

« Le nom de la fameuse artiste qui, par son génie, s'est immortalisée, et a immortalisé le cheval percheron en peignant le superbe tableau qui se trouve maintenant dans notre musée national à New-York, tableau que nous avons acheté, pour en faire propriété nationale, au prix de 265,000 fr.

« L'autre nom, l'ami fidèle, l'admirateur enthousiaste de votre précieuse race, qui a publié l'historique du cheval percheron, décrivant en superbe langage ses qualités, les particularités de son élevage et le berceau où il est né, — ce livre qui nous a induits, nous autres Américains, à venir vous voir.

« Je porte un toast à Rosa Bonheur, à Charles du Haÿs et à la continuation de la prospérité dont vous jouissez. »

Cet enthousiasme pour le percheron est poussé bien plus loin encore au delà de l'Atlantique.

XXIV

LE PERCHERON EN AMÉRIQUE

Nogent-le-Rotrou. — Les chevaux de Rotrou. — Le *Stud-book* français et le *Stud-book* de Chicago. — Le meeting de Springfield. — Prix d'un étalon. — Brillant, fils de Coco II. — La fraude sur les chevaux. — Mesures de précaution. — La race se perd-elle ?

Nogent-le-Rotrou, juin 1890.

Le donjon de Nogent-le-Rotrou si fièrement campé au sommet d'un promontoire donne un grand caractère à cette partie de la vallée de l'Huisne. La ville présente une disposition singulière de rues dessinant un quadrilatère autour de belles prairies traversées par des ruisseaux d'eaux vives. Comme la Ferté, Nogent doit sa prospérité à l'élevage. L'écusson des seigneurs de Rotrou porte des chevrons héraldiques proclamant que ces gentilshommes étaient maîtres de chevaux innombrables. C'est un Rotrou, comte du Perche, et Geoffroy IV de Mondoubleau qui ramenèrent de Palestine des étalons devenus la souche des percherons de guerre, plus tard transformée en conducteurs de carrosses et de diligences, avant de devenir les camionneurs parisiens. Aussi Nogent est resté la capitale du Perche aux bons chevaux. C'est le siège de la vaillante société hippique percheronne ; c'est là que se publie chaque année le *Stud-book* percheron, à l'imitation de ce que les Américains avaient déjà fait. Car la France n'avait pas encore de classement pour les chevaux, et nos étalons les plus célèbres possédaient déjà leur généalogie, imprimée au bord du lac Michigan, par les soins de M. Sanders, de Chicago. Ce fut pour les Américains des États riverains des grands lacs un véritable livre de chevet; pour les partisans des percherons du moins, car ces chevaux ont là-bas des adversaires parmi les importateurs de chevaux boulonnais et normands. Deux partis sont en présence : celui de la classification percheronne et celui du cheval de trait français. Ce dernier, prétendant que tous les chevaux français se valent, s'opposa longtemps à la création d'un *Stud-book* spécial pour le cheval du Perche. La querelle a été si ardente que le conseil d'agriculture de l'Illinois dut faire une enquête pour trancher le débat. Une motion présentée par M. Gilham fut adoptée ; elle se terminait ainsi : « Attendu que, dans l'opinion de beaucoup de membres du conseil, la classification du cheval de trait français est aujourd'hui dans cette situation que la question se représente la même de temps à autre et que l'on n'est pas plus près d'une solution qu'au début de la controverse, qu'il en sera ainsi jusqu'à ce qu'une enquête sérieuse soit venue faire la lumière sur ce sujet ;

« Qu'il soit arrêté par ce conseil, que, à l'effet d'obtenir ce résultat, le président nommera une commission, dont il sera lui-même le président, et qui aura pour mission de se mettre en rapport avec les autorités, pour recueillir toutes les informations possibles sur cette matière avec le ou les noms de la race ou des races de chevaux de trait connues dans ce pays, afin de clore définitivement le débat. »

M. Dysart, président du meeting, fut chargé de faire l'enquête. Il se rendit en France, visita le Perche, demanda à M. Tisserand, directeur de l'agriculture, à M. de Dampierre, président de la Société des agriculteurs, à M. de la Motte-Rouge, inspecteur général des haras, et enfin à l'historien du percheron, M. Charles du Haÿs, une consultation sur l'élevage du cheval en France. Les réponses obtenues par M. Dysart ont été publiées en anglais dans la *Breeder's Gazette* de Chicago, puis traduites de nouveau en français et imprimées à

Nogent, dans un petit opuscule qui est un précis très complet sur l'élevage du cheval de trait dans notre pays.

Armé de ces documents, M. Dysart fit un rapport concluant à la supériorité du percheron. Ce rapport lu dans le meeting du conseil d'agriculture de l'Illinois, à Springfield, donna lieu à des scènes fort vives, narrées par la *Breeder's Gazette*, à la façon d'un poème antique. On voit « s'avancer » pour « briser » le rapport, M. Stubbs, d'Iowa, qui « ergota et chicana » dans un speech de deux heures. Puis « l'adroit capitaine Jordan, de l'Iowa, avouant qu'il avait, « avec sa ruse habituelle », envoyé des convocations aux adversaires du percheron. Pour faire appel à tous les adversaires, on avait « importé » du Havre le capitaine Brown sur lequel on comptait, mais celui-ci ne connaissait rien à l'affaire, « il est de fait, dit le gazetier, que chaque fois qu'il ouvrit la bouche, il mit le pied dedans ».

Dans ce meeting, les membres du « cheval de trait français » citèrent à plaisir tous les auteurs qui ont écrit, en France, sur le cheval, leur faisant naturellement dire mille absurdités sur le percheron. Heureusement que les percherons avaient en M. Sanders un défenseur ferré sur les textes ; celui-ci rétablit la vérité. Puis

M. Thompson, secrétaire de l'Association percheronne, présenta une pétition d'un millier d'éleveurs, importateurs et propriétaires de chevaux percherons, demandant le maintien de la classification percheronne. Cela fit « l'effet d'une bombe éclatant sans avertissement dans le camp du contingent du trait français ». Pour achever les adversaires du percheron, M. J.-L. Elwood, de Dekalb, fit des révélations sur la campagne tentée en France « pour amortir le coup donné au commerce des chevaux de sang mêlé par l'établissement du *Stud-book* percheron ». Finalement, la classification percheronne, c'est-à-dire le maintien du percheron au rang de race particulière, fut votée.

Cette victoire d'un clan, si elle rappelle un peu certains passages des aventures de M. Pickwick, n'en a pas moins un intérêt fort considérable pour notre pays. L'engouement des Américains pour le percheron, engouement fort justifié du reste par les services rendus, se traduit par un accroissement de richesse. Lorsque M. Dunham vint pour la première fois dans le Perche, il eut de la peine à trouver vingt-cinq chevaux de choix ; aujourd'hui il les rencontrerait en moins de quarante-huit heures. Au début on achetait des pouliches et des juments en assez grand nombre, mais ces achats décroissent ; de même les Américains demandaient des poulains, mais soit par l'effet de l'acclimatation, soit par le voyage, ces jeunes animaux étaient d'une année en retard. On voit par là combien l'élevage a pris de grands développements dans tout le pays. Les prix payés ont été pour beaucoup dans cet accroissement. Il n'est pas rare de voir des étalons atteindre 6,000 à 8,000 fr.; quelques-uns, descendant de Brillant, fils de Coco II, ont atteint jusqu'à 20,000 fr. Brillant (n° 755 du *Stud-book* qui indique treize chevaux de ce nom) a été acheté par M. Dunham et consacré par lui à la reproduction en Amérique. M. Dunham possède cinq ou six générations de cette origine.

L'industrie chevaline du Perche serait plus active encore, sans la fraude qui fait vendre comme percherons des chevaux de trait originaires de Picardie ou du Boulonnais. Pendant ces dernières années, des centaines de ces chevaux du Nord ont été vendus à Paris comme percherons. Les acheteurs américains eux-mêmes n'étaient pas dupes, ils payaient bon marché des chevaux qu'ils revendaient très cher à leurs naïfs compatriotes. La création du *Stud-book*, enregistrant l'origine et la filiation des chevaux, a porté un coup à la fraude, mais les fraudeurs ne se sont pas découragés pour cela; des courtiers ont parcouru le Perche, achetant les cartes d'inscription au *Stud-book* appartenant à des animaux morts ou tarés. Ces cartes s'appliquant le plus souvent à des chevaux gris, permettaient de baptiser percherons tous les chevaux gris de l'âge indiqué par la feuille. C'est pour remédier à cette fraude que les Américains, voyant discréditer la race, ont créé leur société percheronne. La presse, poussée par les éleveurs anglais qui voulaient vendre leurs clydesdales, leurs suffolks et leurs shires, a prétendu que les Français trompaient toujours dans leurs ventes. Mais les éleveurs ne se sont pas laissé attaquer sans se défendre. La Société hippique percheronne, dont M. Fardouët, un grand éleveur, est président, et M. Boullay-Chaumard, secrétaire général, la cheville ouvrière, a réussi à grouper tous les propriétaires de chevaux. L'inscription au *Stud-book* a été cotée à un prix minime, cinq francs par tête ; le titre de sociétaire ne coûte que dix francs par an. De plus, sur l'heureuse initiative de M. Beauclair, vétérinaire à la Ferté-Bernard, on a institué une marque au fer rouge, apposée à l'encolure de tous les poulains. Aucun poulain ne peut être inscrit au *Stud-book* s'il n'est marqué des lettres S. P. Il doit être accompagné de sa mère et celle-ci ne peut se présenter sans sa feuille d'origine. Pour mener ce travail à bonne fin, vingt-deux vétérinaires du Perche ont été désignés. De la sorte, on espère arriver à mettre un terme à la fraude et à ramener ceux des Américains qui tendaient à s'éloigner.

On dit que des patriotes à courte vue s'applaudissent des obstacles rencontrés par nos éleveurs. A les entendre, cette exportation continuelle devait détruire la race ; ils allaient jusqu'à insinuer qu'il serait bon de fermer ce débouché, trop largement ouvert, selon eux. Cette idée hante bien des cerveaux : un des hommes qui connaissent le mieux le Perche, à qui ce pays doit beaucoup, M. le vétérinaire Beauclair m'a dit, à ce propos :

« Non, la race n'a pas perdu ! Le contraire a eu lieu ; depuis vingt ans, nous avons gagné énormément en qualité et en quantité, grâce à l'argent américain qui a servi de stimulant pour donner les meilleurs soins aux chevaux et à pousser les éleveurs à prendre les meilleurs étalons, sans s'occuper du prix de la monte. Celle-ci valait jadis de 5 à 10 fr., on demande aujourd'hui 25 à 30 fr. pour un étalon passable ; parfois la saillie vaut 50, 60, et même 100 fr.

« Si l'on a vendu beaucoup de reproducteurs des deux sexes, et même des meilleurs, c'est qu'il ne pouvait en être autrement, pour les pouliches et juments du moins. Le cultivateur producteur a besoin d'argent pour les frais de son entretien d'élevage, il ne peut nourrir chez lui qu'un nombre de têtes limité ; il aurait vite eu du trop-plein si on avait voulu conserver toute l'écurie. Il a donc conservé les mères trop vieilles pour la vente à l'Amérique et beaucoup de jeunes juments qui avaient eu des accidents, mais n'en étaient pas moins de bonnes reproductrices. D'ailleurs, les riches cultivateurs n'ont pas été tentés par l'argent et ont conservé de bons sujets.

« Quant aux étalons, ils sont la propriété d'éleveurs aisés, ils n'ont pas vendu un seul bon cheval à l'Amérique, sans lui avoir fait faire une ou deux courses dans le Perche. La race ne court donc aucun risque de se perdre. »

La vente du cheval percheron à l'Amérique a fait beaucoup de jaloux ; l'administration des haras a vu dans tout le Perche ses étalons complètement délaissés. Même elle a dû supprimer quelques-unes de ses stations. Ainsi, dans Loir-et-Cher, Savigny, Mondoubleau et autres stations sont ou vont être supprimées. L'administration se lamente; elle ne trouve plus dans ce pays le cheval d'artillerie qu'elle rencontrait. Ce qui lui arrive est très naturel. La remonte paye un cheval d'artillerie de quatre ans 700 à 900 fr. Un cheval percheron de deux ans a déjà coûté cette somme en nourriture ; mais il sera vendu le double ou le triple de ce prix. Devant un tel résultat, on aurait tort d'entraver une production qui contribue pour une si large part à enrichir le pays. Il faut, au contraire, encourager partout l'élevage du cheval destiné à l'exportation ; les bons esprits, dans le Perche, estiment que le Percheron peut être produit partout où il y a des pâturages, en employant de bons reproducteurs. Il y a là une source de richesse qu'on aurait tort de dédaigner.

Cette année 1891 ne sera peut-être pas aussi brillante que les précédentes. Les acheteurs américains étaient déjà peu nombreux l'an dernier. Ils sont venus tard. L'un d'eux attribuait ce peu d'empressement à la crise agricole en Amérique. D'après lui, les débouchés du blé et de la viande en se fermant ont amené une dépréciation énorme sur les produits de la terre. Le blé ne se vend pas, la viande vaut dix centimes sur pied. Aussi les acheteurs ne se déplacent guère et se bornent à faire quelques achats à la commission. Mais ce n'est là qu'une période transitoire et, d'ailleurs, le percheron de grand prix trouvera toujours acquéreur.

En tout cas, on commence à prévoir une transformation nouvelle dans la production. Pendant quelque temps, l'Amérique n'a voulu que des chevaux de haute taille, de puissants limoniers, ce que les admirateurs du cheval anglais appellent dédaigneusement de « gros éléphants ». Ce cheval avait sa raison d'être. En Amérique, il y a peu de routes, les charrois sont difficiles, de là la nécessité d'une race nouvelle. Aujourd'hui, les cultivateurs américains ont en quantité suffisante notre gros cheval de trait. Il leur faut un cheval plus vite, plus dégagé dans son ensemble, mais tout aussi apte à déplacer un gros poids, et ils s'adressent encore au Perche pour en obtenir le type classique de nos diligences et de nos camions. L'éleveur percheron s'est conformé rapidement à ce désir nouveau, de même qu'il fait pour l'Allemagne un gros carrossier intermédiaire entre le cheval de trait et le cheval de sang léger.

Comment s'obtient et se maintient cette race percheronne? Par quels procédés une province aussi exiguë arrive-t-elle à livrer en aussi grande quantité les chevaux nécessaires au commerce?

C'est ce qu'il est intéressant d'étudier de près.

XXV

LE GRAND PERCHE

Le Grand Perche. — Regmalard. — Dureau de la Malle et Jean-le-Blanc. — Mortagne. — La Trappe de Soligny. — L'abbé de Rancé. — La forêt de Bellême et la fontaine de Vénus. — Bellême. — Pérégrinations d'un cheval, du Perche à Paris. La loi de 1866 sur le cornage. — Résultats néfastes.

Bellême, juin 1890.

Le Perche est vraiment pittoresque entre Nogent-le-Rotrou et Bellême ; toute cette région est fraîche et agreste, ce sont des Vosges en miniature. Jusqu'à Condé la vallée de l'Huisne est large, la rivière se divise en bras paresseux. Au delà elle est plus étroite, le paysage se fait plus intime. Le fond et les pentes sont verts, d'un vert tendre et doux ; les beaux sites se succèdent, calmes et frais. Regmalard, allongé sur une croupe de terrain, entre des arbres d'une végétation luxuriante, est comme l'entrée du grand Perche, du Perche des forêts et des grandes sources. Le chemin de fer d'Alençon court au fond de la vallée ; de la portière des wagons on voit peu à peu s'exhausser les collines. Pour qui vient des plaines de la Loire, ce paysage paraît être la montagne. Sur une de ces hauteurs, on aperçoit le château de Voré qui appartint à Helvétius. Le pays est couvert de maisons isolées dont les façades blanches égaient la verdure des pentes. Les villages, nombreux, sont groupés par deux ou trois dans le même pli de terrain. C'est ainsi que Corbon et Mauves s'allongent sur la même branche de l'Huisne. Mauves est un lieu de pèlerinage, mais ce qu'on y vient chercher, ce n'est pas le tombeau de Dureau de la Malle, bien que ce littérateur estimable et oublié ait un monument funéraire, construit par Girodet, et que Delille lui ait fait une épitaphe. Mauves, pour le Perche, est le lieu d'origine du cheval moderne; là naquit Jean-le-Blanc, l'étalon fameux d'où sont sortis Coco II, Brillant, La Ferté et tant d'autres percherons célèbres. C'est dans ces belles prairies où l'Huisne se tord en méandres qu'il a été élevé. Si le petit pays d'Ouche, sur les confins de l'Orne, de l'Eure et du Calvados, a été le premier transformé ar Jean-le-Blanc, Mauves a la gloire de l'avoir vu naître. Ses éleveurs en sont justement fiers.

Ici, du reste, nous sommes en plein pays hippique. Mortagne vit encore plus exclusivement par le cheval que Nogent-le-Rotrou et la Ferté-

Bernard. C'est à Mortagne qu'ont lieu les courses où se classent les chevaux du pays. La création d'un réseau de voies ferrées rayonnant vers Nogent, Paris, Laigle, Mamers, Caen et Alençon a contribué à donner à la ville percheronne une sorte de monopole pour le commerce des chevaux des diverses races de l'Ouest. Les foires aux chevaux de Mortagne sont les plus considérables de France, celle de la Saint-André surtout. On peut y voir, dit M. du Haÿs, la « fleur » de la population chevaline de trait léger du haut et du bas Perche, du Maine, de la basse Normandie et de la Bretagne. Il n'y manque que le cheval du Nivernais et celui des plaines des Pyrénées pour présenter le concours le plus complet et le plus brillant de la race chevaline française.

Mortagne n'a pas la grâce riante des villes de la basse vallée de l'Huisne. Elle a déjà l'aspect mélancolique des cités construites en granit, mais ses campagnes sont vertes et fraîches. En ce moment, la ville est encore dans la désolation, le clocher lourd et trapu de son église s'est écroulé au lendemain même du jour où les réparations étaient achevées. L'impression produite est telle que les projets abondent pour rendre à l'édifice une flèche annonçant au loin l'existence de la ville.

De Mortagne à Bellême, on est encore en pleine

zone d'élevage, mais le pays est plus varié d'aspect. Il renferme même, dans la forêt de Bellême, des coins dignes d'être visités. Cette forêt, très accidentée, remplie de hêtres d'une vigueur admirable, est un des débris de cette immense forêt du Perche qui couvrait jadis le pays et dont il reste encore de superbes massifs à Perseigne, à Longny, à la Ferté-Vidame, à Senonches. Le nom de forêt du Perche s'est même perpétué à une grande futaie près de Tourouvre. Sur la marge de ces bois s'élève la Trappe de Soligny, maison de prière et de silence, dans ce vallon fait exprès pour la méditation semble-t-il, que cernent la forêt et les collines, au milieu de neuf étangs ; où l'abbé de Rancé vint s'installer comme prieur après son noviciat à Perseigne.

La forêt de Bellême n'offre point de ces austères leçons. Peu après la mort de Rancé on remettait en honneur la fontaine de la Herse qui jaillit dans la partie la plus profonde de la forêt, sur le bord même de la route de Mortagne. Or, *Erse* veut dire amour en langue celte, et les Romains, en utilisant cette source d'eau ferrugineuse, la consacrèrent à Vénus. De deux pierres votives, couvertes de mousses et de lichens, rétablies au-dessus de la source, l'une porte encore ce mot : *Aphrodisium*. L'autre voue la fontaine aux dieux inférieurs. A la fin du siècle dernier, la source fut nettoyée, entourée de sentiers et de charmilles. C'est aujourd'hui la promenade favorite pour les villes voisines : Mortagne et Bellême.

Bellême est encore un grand marché de chevaux. De toutes les villes du Perche elle est la plus pittoresquement située, au sommet d'une colline isolée, jadis ceinte de remparts, remplacés par un boulevard d'où l'on a une vue charmante sur les plaines du haut Maine, de Mamers aux abords du Mans. La petite ville est fort coquette; elle s'est embellie grâce au legs de Mme Boucicaut, dont le mari était originaire de Bellême.

Les foires sont intéressantes. A la Saint-Jean, on va louer des charretiers-valets et servantes; à la Saint-Laurent, on achète le cheval de service et de trait ; enfin, à la Saint-Simon les percherons sont nombreux, mais les chevaux de trait léger sont en quantité bien plus considérable.

C'est de ces foires que partent, en moins grand nombre cependant que de Mortagne ou de Longny, les jeunes chevaux qu'on envoie en Beauce pour les sevrer et les élever. Ce procédé tient à ce que le Perche, s'il a des pâturages nombreux, produit peu de céréales; il ne s'en consommait guère jadis, mais depuis que les achats de l'Amérique ont donné une valeur si grande aux chevaux, on tire de la Beauce une grande quantité d'avoine destinée aux poulinières et aux jeunes animaux qui doivent rester dans le pays jusqu'au moment de la vente.

C'est là une réponse à ceux qui affectent de mépriser le percheron en disant qu'il n'a point de feu, étant uniquement nourri de lait. En réalité le poulain, dans sa première année, mange de 4 à 8 litres d'avoine par jour, sans compter le son et l'orge cuite. Ceux de deux ans, même ceux qui sont au pré, reçoivent journellement 10, 12 et 15 litres d'avoine. C'est ce qui explique comment le poulain de choix, destiné à l'exportation, aura coûté, en nourriture seulement, plus d'un millier de francs. Or, nombre de ces poulains ont été achetés à leur naissance de 800 à 2,500 fr. On en cite même vendus 4,000 fr. Ces chiffres font comprendre le prix élevé atteint par certains chevaux exceptionnels.

Mais les chevaux ainsi élevés sont une minorité ; la plus grande partie des chevaux du Perche, soit de pure race percheronne, comme dans la vallée de l'Huisne, soit mêlés de sang comme ceux du Merlerault et du Mêle, sont vendus jeunes dans la région de Regmalard où on les élève à l'étable jusqu'à dix-huit mois ; à partir de cet âge jusqu'à trente mois, on les dresse peu à peu au travail de la ferme. A trente mois ils sont vendus et envoyés dans les régions voisines de l'Eure et Eure-et-Loir, le petit Perche et le Thimerais où, pendant un an, ils continuent le travail. Ici la nourriture est meilleure; elle s'améliorera encore quand le jeune cheval, vendu en Beauce, ira prendre part à la culture de ce pays.

C'est après son passage en Beauce et dans la plaine de Chartres que le percheron est jugé bon pour la vente à Paris. Il va au marché de Chartres, où il est acheté pour tous les services de poste et de camionnage.

« Ce mode d'élevage, dit un éleveur cité par M. du Haÿs, représente la division du travail, qui donne de si heureux résultats dans les manufactures, et ses avantages ne peuvent être bien appréciés que par ceux qui, ayant élevé des chevaux, savent quels embarras donne une réunion de juments et de poulains de tous les âges et de tous les sexes. Malheureusement, il serait bien difficile d'introduire ailleurs cet usage excellent, qui existe dans le Perche probablement depuis des siècles, sans qu'on puisse savoir comment il y a été amené. »

Telles sont les conditions économiques du Perche, et, par ce mot Perche, j'entends la région produisant le percheron, c'est-à-dire le gros cheval de trait. Dans les régions voisines du Maine et de la Normandie, les conditions sont tout autres, mais la race l'est aussi. J'aurai l'occasion d'en parler plus tard.

Une grosse question a surgi récemment dans le Perche, par suite de l'application de la loi de 1886 sur le cornage et la fluxion périodique. Comme tant d'autres mesures législatives, elle a été votée sans trop de réflexion, sans examen et à l'encontre du but que le législateur s'est proposé. Chaque année, sous prétexte que le cornage est héréditaire, idée contre laquelle s'élèvent nombre de spécialistes, on examine les étalons avant leur départ pour la monte; tous ceux atteints de cornage sont éliminés. Pour les étalons de première année, rien de plus juste, car il y a chez eux un vice dangereux. Mais le cornage, chez le percheron, qui y est plus prédisposé par la conformation de l'encolure, se produit par le fait même de la monte; il peut être provoqué aussi par la gourme, par une angine, par le changement incessant de domicile pendant ses pérégrinations, à force de hennir le long des routes, par la perte d'une des veines de l'encolure, chose fréquente puisque ces animaux, très sanguins, ont souvent besoin d'être saignés; enfin par la nourriture, puisque l'usage de la féverole amène le cornage à volonté.

Le cornage n'est donc pas un vice héréditaire,

d'autant plus qu'on le trouve très rarement chez le cheval hongre. Sur deux cents juments du Perche, on n'en trouvera pas une présentant ce défaut. Les étalons, au contraire, deviennent tous rapidement corneurs.

Dans ces conditions, il arrive que le meilleur étalon ne peut faire deux montes. L'éleveur craignant de voir refuser son cheval, ce qui le lui ferait vendre à prix dérisoire, le cède, dès la troisième année, bien au-dessous de ce qu'il pourrait le vendre une année plus tard. C'est donc pour le commerce une cause de pertes sérieuses et de grandes entraves pour l'élevage.

Et cela sans qu'on ait retiré le moindre bénéfice de la loi. Le nombre de chevaux corneurs n'a pas diminué. Il en aurait été autrement si le cornage avait été héréditaire !

Parmi les conséquences les plus graves de la loi, il faut signaler la diminution de la production du cheval d'artillerie. Les éleveurs de la Mayenne et des cantons occidentaux de la Sarthe achetaient 2,000 et 4,000 fr., dans le Perche, des étalons qu'ils croisaient avec le cheval manceau. Mais les acheteurs deviennent fort rares : il est chanceux d'acquérir un étalon de ce prix qui, par suite d'une seule monte, peut acquérir le cornage et être mis en interdit alors qu'il n'a rapporté que 600 à 800 fr.

« Aussi aujourd'hui, disait un haut fonctionnaire des haras, il faut voir les chevaux de ces contrées ! Tout ce qu'il y a de bêtes tarées, de formes, de jardons, d'éparvins, tares essentiellement héréditaires, mais non prévues par la loi, s'y rencontre. Comme ces animaux sont sans valeur, même pour le commerce, on les garde tant qu'on peut, c'est-à-dire tant que le cornage n'apparaît pas. On peut juger de l'amélioration de la race dans cette contrée. »

Le mal est déjà très grand; il serait temps de l'enrayer. Pour cela, il faudrait reviser la loi de 1886 et décider que tout cheval reconnu corneur à trois ans, c'est-à-dire par suite de cornage congénital, serait éliminé définitivement. Les étalons autorisés devraient l'être pour deux ans; à cinq ans, ils seraient de nouveau examinés et, s'ils étaient reconnus sains, seraient dispensés de se présenter à l'examen. Ce serait logique, puisque le cornage acquis plus tard ne saurait être considéré comme héréditaire.

Ce sont là des désirs que j'ai recueillis chez presque tous les éleveurs.

Le « Perche aux bons chevaux » m'a retenu longtemps, mais ce coin de terre française est un de ceux auxquels on s'intéresse le plus. Nulle part on ne rencontre à un tel degré des qualités parfois trop rares en notre pays : persévérance, tendance incessante à l'amélioration, facilité de se plier aux exigences du commerce. Si l'agriculture française, dans son ensemble, faisait montre d'un tel esprit, elle n'aurait pas besoin de recourir aux barrières douanières pour obtenir — ou espérer — une prospérité féconde et durable.

XXVI

LES FORÊTS DU PERCHE

La forêt de Perseigne. — Première retraite de l'abbé de Rancé. — Neufchâtel et la retraite de Thérèsa. — La Fresnay-sur-Chédouet et ses industries. — Tourneurs et boisseliers. — Les sabotiers de Neufchâtel. — Le Saosnois. — Véron de Forbonnais. — Idées d'un économiste en 1789.

Neufchâtel-en-Perseigne, juin 1890.

La forêt de Perseigne est une des plus belles et des plus vastes de France. Elle couvre un massif de hautes collines isolées dont la crête domine de superbes horizons. Perseigne est le nom d'une abbaye de trappistes jadis célèbre, où l'abbé de Rancé, après sa conversion amenée par la mort de Mme de Montbazon, se retira, abandonnant ses titres et dignités pour se faire simple novice. Il y passa plus d'une année, du 13 juin au 13 juillet de l'année suivante.

J'avais vu Port-Royal et la Trappe de Soligny, j'ai voulu voir aussi cet autre coin du monde religieux où se prépara la réforme qui eut si grand contre-coup dans le mouvement des esprits vers la fin du dix-septième siècle. Perseigne n'est pas facilement abordable, on n'y peut atteindre que par Mamers, ou par l'une des stations de la ligne de la Hutte : Vézot, d'où l'on gagne la forêt. De cette station de Vézot, l'œil embrasse les harmonieuses croupes boisées, sillonnées de profondes ravines et dominant les pentes verdoyantes semées de villages et de hameaux. Au centre du paysage, Neufchâtel, pittoresque bourgade de sabotiers, aligne ses maisons blanches jusqu'au cœur même des bois. Rien de curieux comme ce village montueux. Devant chaque maison des troncs et des billes de hêtre, des ouvriers installés dans des huttes de branchages dégrossissant ou parant des sabots. Dans la partie haute, une maison ornée de planches découpées et peintes, avec des clochetons, des pignons, des festons rappelant le chalet suisse d'Asnières ou de Bougival. Sur l'une des portes, le mot « étable », en lettres d'or, attire l'attention. Ce coin de banlieue parisienne, dans ce paysage sylvestre, est d'une incohérence délicieuse. Qui donc s'est réfugié là et a porté ce parfum de la Grenouillère? Le chalet est la demeure de Thérésa, la diva des concerts parisiens. Venir là, Port-Royal à la main, pour retrouver l'austère souvenir de Rancé, et rencontrer la *Femme à barbe!*

Thérésa s'est faite à ce milieu; elle est très aimée de ce petit monde qui voit en « M™° Valadon » une compatriote.

De son chalet à Perseigne, il n'y a qu'une demi-lieue à vol d'oiseau, mais on en est séparé par de profonds ravins et des croupes que les routes doivent contourner. Des hêtres énormes couvrent les pentes. Au fond des vallons une étroite bande de prairies, un étang à demi desséché. De l'abbaye il ne reste que des murailles informes, où l'arc roman et l'ogive se reconnaissent encore. Moins heureuse que tant d'autres maisons illustres, la Trappe de Perseigne n'est plus qu'un souvenir.

Aujourd'hui, malgré la route qui passe dans le vallon pour gagner l'autre versant de la forêt, le site de Perseigne est solitaire et désolé. Mais il y a deux cent vingt-sept ans, quand Rancé vint s'enfermer là, combien devait-il être plus sévère encore! La population était rare, l'industrie du bois qui fait la fortune de la contrée n'était pas développée. La population devait être sauvage comme celle de tous les grands massifs forestiers éloignés des chemins fréquentés. C'était donc bien le lieu rêvé pour un désespéré se préparant à la dure vie du réformateur religieux.

Perseigne est oublié. La forêt elle-même, si belle dans certaines de ses parties, creusées de gorges et sillonnées d'eaux murmurantes — telle la vallée d'Enfer — est inconnue des touristes.

La grande route d'Alençon à Dreux qui la traverse ne voit guère passer que les lourds charrois allant aux marchés d'Alençon et de Mamers. Cependant la forêt mériterait d'être mieux connue, non seulement pour l'abri solennel de ses hêtres et les horizons qu'on découvre des sommets, mais aussi pour ses curieuses industries.

Sur le versant du Nord se trouve la Fresnaye, petit bourg bâti au bord d'un vaste étang. On y arrive de Perseigne par des sentiers courant à travers d'admirables futaies, pour atteindre la crête des hauteurs dominant de plus de 200 mètres la fraîche vallée de la Sarthe. De là-haut la Fresnaye paraît être dans un nid de verdure. Un sentier à pic dévale vers le village et atteint le pied de la petite montagne, aux Ventes-du-Four. Ce hameau est habité entièrement par des boisseliers; pas une maison qui ne fabrique quelque ustensile de bois. Il y a quelques années, les produits étaient peu variés ; des cuillers, des boîtes à sel, des boîtes à berger, des balances, des battoirs, des ustensiles de tisserands, des flûtes, des hautbois, des fuseaux, des grugeoirs, des mesures, des sébiles, des entonnoirs étaient des objets qu'on faisait presque exclusivement. Mais un des petits industriels qui recueillaient des objets pour les vendre sur les foires aux environs, M. Morisset, s'est avisé d'étendre son commerce, de chercher des débouchés à Paris et dans les grandes villes de province. On lui a demandé des produits nouveaux, où le bois s'associait au fer ; il les a fabriqués ; c'est ainsi qu'il a appris aux femmes du pays à faire des souricières et autres objets en fil de fer. Le commerce parisien a voulu des portemanteaux, on les a tournés à la Fresnaye ; il a réclamé des spatules pour les confitureries, les hêtres de Perseigne ont permis d'en débiter ; il a réclamé des balais en chiendent et des « lavettes » pour la vaisselle, la Fresnaye en a fait. Puis il a fallu des manches de pioche, de bêche, de sécateur, de maillets, des têtes de loup, des coulisses de lit, des instruments de tonnelier, — il y a dans l'Orne, à Regmalard, une usine spéciale pour les bondes, — la Fresnaye a tout livré. Ce coin de bois fournit les « bâtons à chasser la taupe », des bâtons à cirer, des bouche-bouteilles, des lattes de zingueur, des billots. Partout du hêtre prenant les formes les plus imprévues.

Une visite dans le village est fort amusante. Chaque maison possède son atelier de tourneur, de fendeur ou de treillageur. Les magasins des fabricants sont particulièrement curieux. Les objets sortis des tours, n'ayant pas encore subi le contact de l'air et la poussière des étalages, sont frais et coquets. Telle petite boîte à épices, à compartiments et à tiroirs, dénote chez les ouvriers un goût et une habileté extrêmes.

Grâce à cette industrie, la population de la Fresnaye est heureuse. Les salaires ne sont pas très élevés, mais chaque ouvrier a sa maison, son jardin, parfois un coin de terre. Les femmes qui font le treillis de fil de fer gagnent souvent jusqu'à 2 fr. par jour. Dans un tel pays c'est l'aisance.

Moins variée est l'industrie de Neufchâtel, mais elle n'est pas moins intéressante. Ici, nous ne trouvons que la saboterie; cent cinquante ouvriers ne font que dégrossir, creuser et parer les sabots. Une moitié des ouvriers travaillant à leur compte, achètent leur bois et revendent les sabots aux fabricants de Jupilles, dans la forêt de Bersé, qui leur donnent le dernier coup en les sculptant et les passant en couleur. Le reste de la population travaille pour le compte de gros patrons, mais ceux-ci ne *finissent* pas davantage ; ils envoient aussi leurs produits à Jupilles. Le travail se compte par *somme*, on appelle ainsi une quantité de quatre-vingts paires; la *somme* est payée quatorze francs. Un bon ouvrier peut parer quarante paires par jour; une journée est nécessaire pour débiter et creuser une quantité égale, c'est donc vingt paires, soit le quart d'une *somme* qu'un ouvrier habile peut faire chaque jour, soit un salaire de 3 fr. 50 c. Si l'on ajoute à cela que chaque ouvrier a les déchets de la fabrication représentant et au delà le chauffage de la famille, que presque tous possèdent un coin de jardin, que les femmes trouvent à s'occuper pour la saboterie, on comprendra le riant aspect de Neufchâtel. Une société de secours mutuels, la plus florissante de la Sarthe, joue un grand rôle dans la vie de la commune ; elle est de toutes les fêtes. A une visite du préfet, tous ses membres revêtus de leur blouse, depuis le président jusqu'au plus jeune sociétaire, faisaient la haie sur le passage.

Cependant l'industrie de Neufchâtel décline; depuis que le chemin de fer a été construit, les ouvriers émigrent peu à peu dans les villes du voisinage, en Normandie et en Bretagne. La diminution du travail en est cause, car sur beaucoup de points le sabot cède la place à la galoche, venue de l'Isère et de la Drôme, et au soulier de confection. Pourtant Neufchâtel livre encore chaque année à Jupilles 200,000 paires de sabots.

Une telle masse de sabots, et l'infinie variété d'objets sortis des ateliers de la Fresnaye représentent une énorme quantité de bois ; aussi, bien que la forêt de Perseigne ne couvre pas moins de 5,000 hectares presque entièrement en hêtres, il faut aller chercher le bois dans les forêts du voisinage, à Bellême, au Ménil-Brout, à Montpernoux, à Montmirel, à Marchemaison, où les hêtres atteignent des dimensions superbes.

Sauf cette étroite zone forestière, toute la région est purement agricole; le petit pays du Saosnois fait de l'élevage et surtout du chanvre. Mamers, le centre le plus considérable de la contrée, vit par ses marchés et sa garnison. Un des villages des environs, Champaissant, a été longtemps habité par un des plus éminents économistes du siècle dernier, Véron de Forbonnais. Les archives de la Sarthe possèdent, écrit de la main même de l'illustre écrivain, le cahier des doléances de la paroisse pour les états généraux. Ce cahier, dont se sont inspirés également les habitants de Nogent-le-Bernard, présente donc un intérêt considérable, puisqu'il émane d'un homme que ses travaux avaient mis à même de juger plus sainement les abus du régime. Il y est dit que, dans la paroisse de Champaissant, les habitants s'étaient entendus, en 1764, pour éviter la taille personnelle et la répartir à leur gré. Depuis cette décision, homologuée par la cour des aides, « ils n'éprouvent ni vengeances, ni procès entre eux ; leurs terres sont mieux cultivées, les manouvriers mieux entretenus de travail, la mendicité est presque nulle. Cependant le fardeau de l'imposition y est intrinsèquement aussi lourd qu'ailleurs ».

Forbonnais ne le dit pas, mais il est bien évident que ce premier essai de répartition de l'impôt par les intéressés fut son œuvre.

Le cahier de Champaissant est une page lumineuse de bon sens et de raison. Au sujet de la défense de vendre les grains, afin d'éviter l'accaparement, on fait remarquer que même les boulangers n'osent acheter, dans la crainte d'être en contravention, de même pour les meuniers. Au lieu d'amener une baisse, on a eu un renchérissement, et le cahier conclut par ces réflexions encore bonnes de nos jours :

« Les suppliants ne peuvent se dispenser d'observer que toutes les lois d'alarme consternent et resserrent le commerce parce qu'il est rare que leur exécution soit sans abus ni arbitraire; que, dans ce païs, le labourage constamment ne rend pas ses dépenses et que, dans une mauvaise récolte, le prix même libre ne compense jamais la perte du laboureur, surtout s'il n'est pas riche : deux vérités très importantes. »

A côté de ces passages, il en est d'autres qu'on est surpris de rencontrer : pour repeupler le pays en bétail, Forbonnais demande que pendant deux ans, du 1ᵉʳ mai au 31 août, on ne puisse tuer de veaux. C'est ce que j'ai retrouvé, à propos de moutons, dans une réponse au questionnaire faite par un syndicat de Touraine !

Ce cahier donne une note assez intéressante sur l'élevage dans cette région. Par suite des guerres et d'une épizootie dans le Midi, le prix du bétail maigre s'était élevé à tel point que l'on n'avait aucun bénéfice à faire de l'engraissement. On s'est donc rejeté sur l'élevage des chevaux et des poulains « au détriment de ces herbages ». On voit que Forbonnais était encore imbu des idées de Sully et préférait à tout l'engraissement du bétail. L'événement lui a donné tort, car la région de Champaissant est une de celles qu'enrichit l'industrie chevaline.

XXVII

LA VALLÉE DE LA SARTHE

Le Mans. — Comment on devient grande ville. — L'agriculture dans la Sarthe. — Les chanvres. — La décadence d'une grande industrie. — Du Mans à Alençon. — La citrouille dans le paysage. — Beaumont et Fresnay-sur-Sarthe. — Le roussard. — Les derniers tisserands.

Le Mans, juillet 1890.

Voici, de toutes les villes de l'Ouest, celle qui a pris le développement le plus considérable. De 18,000 âmes à peine, la population s'est élevée depuis soixante-dix ans à près de 60,000. Le phénomène est d'autant plus surprenant que l'industrie mancelle est plutôt en décadence : ses filatures et ses tissages de chanvre ont décru.

Mais le Mans a une situation commerciale admirable. Au confluent de l'Huisne — dont la belle vallée, grâce à l'élevage, est un des plus riches pays de France — et de la Sarthe, au point où cette dernière rivière devient navigable, elle est, en outre, un point de jonction de chemins de fer des plus considérables. Rien cependant ne semblait lui promettre une prospérité semblable : tout faisait prévoir que le rôle d'emporium dans cette contrée serait dévolu à Alençon, placé sur la route la plus courte de Paris à Brest, à moitié chemin entre la Manche et la Loire. Mais les bons bourgeois d'Alençon repoussèrent avec effroi le cadeau qu'on voulait leur faire. Ils mirent à refuser la grande ligne de l'Ouest autant d'âpreté que d'autres mettaient à la réclamer. Le tracé a donc été modifié. Alençon est resté ce qu'il était et le Mans est en passe de devenir une grande ville.

Certes, le Mans n'a pas le grand air d'Angers et de Tours. Les transformations qu'il a subies ont eu lieu sans trop d'esprit de suite. Les percées nouvelles ne se raccordent pas et dessinent au cœur de la cité les zigzags les plus bizarres. Mais ce qui donne au Mans un caractère que les villes voisines ne présentent pas, c'est sa fièvre d'affaires et l'activité de ses marchés. On peut dire que tout l'Ouest, de Chartres à Nantes, de Caen à Tours, est son tributaire. Le chiffre des transactions fait, chaque vendredi, dans la belle Bourse du Mans, ou sur la place de la République, à la terrasse des cafés, est véritablement énorme. Les grains, les chanvres, le bétail y sont l'objet d'un trafic fort actif. Un moment même, à la suite de spéculations, on put croire que le Mans allait devenir le marché régulateur pour une grande partie de la France. Le krach d'une grosse maison de banque a enrayé cette splendeur factice. Aujourd'hui, le Mans a abandonné les affaires d'agiotage sur les blés étrangers et se borne au commerce régional. La part est encore belle.

Cette activité commerciale se trahit par le nombre des voitures de place stationnant à la gare ou sillonnant les rues. Peu de villes de cette importance ont une telle animation. Pour qui vient d'Orléans, le contraste est énorme. Le Mans n'est cependant pas uniquement une ville de négoce. Elle possède de véritables joyaux d'architecture. Il n'est pas de cathédrales offrant un chœur aussi majestueux que la sienne ; ses vitraux sont une merveille ; l'église de la Couture possède un porche que Mérimée déclarait sans rival. L'église de Notre-Dame-du-Pré, sur la rive droite de la Sarthe, est un des plus précieux legs de l'art roman.

Même parmi les édifices modernes, il en est de fort remarquables, tels que la Bourse de commerce et la Caisse d'épargne, monument fort réussi, construit par une des caisses les plus florissantes de province.

C'est à l'agriculture que le Mans doit sa prospérité : ses industries sont intimement liées au sol.

Les belles minoteries de Pontlieue et de Saint-Georges ont été créées pour les blés du Maine; la navigation et les chemins de fer les ont amenées à moudre les blés exotiques. La fabrication des toiles a eu pour cause la qualité supérieure des chanvres de ce pays. Si elle diminue, il faut l'attribuer à l'emploi de plus en plus grand des cotonnades et à la concurrence des lins du Nord, non à l'abandon de la culture.

Le Maine et l'Anjou sont la terre classique des chanvres. On ne trouve pas dans la Sarthe les chanvres magnifiques du val de Loire, ceux des environs de Langeais et de Bréhémont; mais, là aussi, il y a des contrées célèbres pour leurs produits. Le Belinois, région charmante, située comme une oasis au centre de vastes landes, est célèbre par la beauté de ses chènevières. On peut les voir en passant en chemin de fer, entre le Mans et Château-du-Loir. Le Saosnois, depuis les limites de l'Orne jusqu'à Beaumont, les vallées de la Sarthe et de la Vègre ne sont pas moins riches en chanvre.

Jadis le département de la Sarthe était à la tête de la production des chanvres, puisque l'on a atteint, vers 1865, 15,000 quintaux. Aujourd'hui il est légèrement dépassé par Maine-et-Loire pour l'étendue des cultures : il n'en possède que 7,987 hectares (1882) contre 7,989.

Mais l'Anjou donne des produits d'une valeur plus grande, 60,000 quintaux valant 5,160,860 fr. contre 50,000 valant 3,776,000 fr. Le climat plus doux, les alluvions plus grasses et plus profondes sont cause de cette disproportion. Tandis que l'Anjou et la Mayenne donnent un rendement de 7 quintaux de filasse à l'hectare, le Haut-Maine ne produit que 5 quintaux 970. Le produit est plus élevé encore dans Indre-et-Loire. Les cultures admirables de Bréhémont et de sa région produisent 12 quintaux 09. C'est le produit le plus considérable. La Vendée donne 11.50, l'Isère 10.5.

Malheureusement pour les campagnes mancelles, la culture du chanvre entraîne avec elle de graves inconvénients. Le rouissage est une cause puissante d'insalubrité. Pendant deux mois, la Sarthe et ses affluents roulent une eau noire et nauséabonde ; l'infection est telle que, dans la traversée de la ville du Mans, les quais sont désertés par les promeneurs. La Vègre et l'Orne saosnoise, moins abondantes, semblent des fleuves d'encre. Malgré la diminution de la production des chanvres, la situation ne s'est pas modifiée ; le séjour de la région chanvrière est, en réalité, impossible pour qui n'est pas habitué au pays. Ce ne sont pas seulement les eaux de rouissage, eaux courantes ou mares, appelées « routoirs » dans le pays, qui répandent l'infection : plus nauséeuse est encore l'odeur du chanvre étendu sur l'aire pour sécher. Depuis la fin d'août jusqu'au milieu de septembre, ces opérations de rouissage et de séchage sont en pleine activité ; mais l'infection des eaux se prolonge bien souvent pendant les premiers jours d'octobre.

Malgré la diminution de la production, la quantité de chanvre est encore considérable, puisqu'un statisticien local évalue à 500 kilomètres la longueur qu'atteindrait le chanvre de la Sarthe placé sur une seule ligne, haute d'un mètre et de même largeur. La même quantité de chanvre, comprenant 2,200,000 gerbes, nécessite pour le rouissage plus de 40 hectares d'eau courante ou stagnante, sur lesquelles les gerbes ou poignées sont placées en *tuilées*, radeaux de 66 douzaines de poignées, que l'on charge de pierres pour les forcer à plonger. Ce travail donne une animation fort pittoresque aux campagnes sarthoises.

Les chanvres de la Sarthe avaient jadis un débouché très considérable dans la corderie maritime. Les progrès de la navigation à vapeur ont restreint ces débouchés, puisque les voiles et les cordages sont remplacés en grande partie par la force mécanique. Au début, quand cette transformation économique se produisit, on put croire que l'on allait trouver des ressources dans la filature au moyen de machines. Le Mans devint bientôt un centre considérable pour l'industrie textile. Neuf grandes usines, tissages ou filatures s'y créèrent, grâce surtout à l'impulsion donnée par la guerre d'Amérique, qui obligeait à remplacer les étoffes de coton par la toile. En même temps, la région du Nord accroissait sa production de lin. Aussi, quand la paix fut faite au delà de l'Atlantique, quand le coton eut repris sa place sur les marchés, plusieurs usines se virent-elles obligées de fermer. Plus tard, le jute est venu faire concurrence au chanvre pour la fabrication des étoffes grossières et des cordages. Bref, deux usines seulement ont pu résister à cette transformation industrielle.

Le chemin de fer du Mans à Alençon traverse une région particulièrement productrice de chanvre. C'est la vallée de la Sarthe, bordée de coteaux d'une élévation médiocre. La rivière s'y tord en larges méandres, enserrant de petites presqu'îles d'une alluvion grasse, où les pommiers vigoureux annoncent déjà la Normandie. C'est dans ces terres fertiles que l'on récolte les chanvres dont la finesse est si grande et qui, pendant longtemps, alors que le calicot n'avait pas détrôné la toile, ont donné les tissus les plus fins : ceux de Fresnay.

De la portière des wagons, on ne voit guère que des arbres, pommiers enclosant les carrés de chanvres ou de citrouilles. Dans tout ce pays, la citrouille fourragère est une culture considérable. A l'arrière-saison, ces fruits monstrueux, étalés sur de vastes surfaces, donnent vaguement l'idée d'une Crau où les galets seraient d'un jaune d'or.

On franchit l'Orne saosnoise à Montbizot, en vue de la pittoresque colline qui porte le curieux bourg de Ballon et Saint-Mars, son satellite. Un tramway à vapeur relie Ballon à la grande ligne et se prolonge, de l'autre côté, aux forges d'Antoigné, le plus considérable des établissements industriels de la Sarthe, qui appartient à M. Chappée, du Mans. C'est à Antoigné que se fondent les tuyaux de canalisation de Paris et de la plupart des grandes villes, les plaques et regards d'égout, les candélabres à gaz. Une gare spéciale, installée à côté de la gare de Montbizot, sert à l'embarquement des produits de cette fonderie de seconde fusion.

L'Orne saosnoise double presque la Sarthe : c'est elle qui lui porte, en automne, le plus fort contingent d'eaux souillées par le rouissage. Tout son bassin, des environs de Bellesme et de Mamers jusqu'à Montbizot, n'est qu'une immense chènevière; mais les parties les plus basses, entre Marolles et Bonnétable, renferment d'immenses prairies où l'on élève de beaux chevaux percherons, de plus petite taille que ceux du Grand-Perche, mais non moins recherchés.

Le chemin de fer abandonne la Sarthe, qui décrit d'immenses et capricieux détours au pied des premiers contreforts des Coëvrons. Il la traverse de nouveau près de la petite ville de Beaumont, mollement étalée au pied de sa colline et dominée par les vieilles tours de son château. Beaumont est à peu près à deux kilomètres de la station ; il aurait gagné à devenir le point de jonction des lignes de Sillé-le-Guillaume et de Mamers, direction indiquée d'ailleurs par la topographie du pays. Mais la ville commerçante de la région est Fresnay-sur-Sarthe. Les tracés de voie ferrée ont dû en tenir compte; afin de donner une gare à Fresnay, on a fait choix, comme point de raccordement, du petit hameau de la Hutte. Là viennent se raccorder à la grande ligne la voie stratégique de Sillé et le chemin de fer de Mamers à Mortagne.

Il n'y a guère plus d'une lieue entre la Hutte et

Fresnay, à travers une immense pommeraie, où l'on produit des cidres réputés. La petite ville est dans une situation curieuse, sur un des grands méandres de la Sarthe, au sommet d'un mamelon qui se termine en falaise au bord de la rivière. C'est un cirque d'un grand aspect, grâce aux blocs de granit qui surplombent, aux moulins qui animent la rivière et aux aperçus que l'on découvre sur les Alpes mancelles. D'une terrasse, près de l'hôtel de ville, la vue est particulièrement charmante.

Fresnay possède une église romane qui est une merveille. La pierre employée, le *roussard*, sorte de grès, produit un effet décoratif excellent. Cette pierre robuste, de teinte brûlée, se prête admirablement à l'arcature romane et à ses sobres ornements. Aussi peut-on dire que l'église de Fresnay est un édifice unique en France. Les architectes trouveraient dans l'emploi du *roussard* un moyen d'ornementation nouveau; malheureusement, les carrières sont bien près d'être épuisées.

Au point de vue géologique, Fresnay est, d'ailleurs, dans une situation privilégiée, à la séparation des calcaires et des terrains primitifs. Elle possède de magnifiques carrières de calcaire qui, transformé en chaux, trouve à ses portes un emploi presque illimité en agriculture. Alençon, le pays de Pail sont ses tributaires.

La concurrence des fours à chaux de la Mayenne est une cause de ralentissement dans l'emploi des chaux de Fresnay, de même que l'emploi du coton a restreint la fabrication des toiles. Celles-ci, jadis les plus réputées de France, se fabriquent encore ; mais en quantité combien moindre! Il y a douze ou quinze ans, Fresnay comptait plus de 3,000 tisserands ; on en trouve à peine 900 aujourd'hui, et encore le nombre en décroît-il sans cesse. On ne fait plus d'élèves. Quand les tisserands actuels auront vécu, peut-être l'industrie aura-t-elle disparu. Mais, si la mode revient un jour aux belles toiles de lin et de chanvre, si l'on délaisse le bon marché pour la qualité et la beauté, Fresnay reprendra toute sa prospérité, car elle a pour elle l'extrême finesse de ses filasses et la main-d'œuvre à bon marché. A Fresnay, l'ouvrier ne gagne guère plus de 1 fr. 50 c. par jour pour une journée de dix heures, pour ceux qui font la toile à chemise et le lin unis ; ceux qui font les tissus de grande largeur, tels que les draps, peuvent atteindre jusqu'à 3 fr. 50 c. Ces salaires ne sont pas aussi faibles qu'on pourrait le croire : si le mari est tisserand, la femme travaille au dévidage et arrive à un salaire presque aussi élevé. Toutefois, il y a là des souffrances réelles.

Le grand débouché pour Fresnay était la chemiserie. Les beaux plastrons, les manchettes, les cols sortaient de ses ateliers. Aujourd'hui, les produits anglais font une concurrence sérieuse. Les toiles de chanvre ne sont guère plus utilisées que pour les caleçons et par certains clients qui ont conservé le goût du beau linge. Quant aux produits de seconde qualité, ils ont eux-mêmes subi une crise. Le paysan, qui s'habillait jadis de toile, à qui une chemise durait dix ou douze ans, s'est laissé séduire par la confection à très bas prix, débitée dans les magasins des bourgs et dans les foires, qui lui fait à peine une année. Et, à ce propos, n'est-il pas singulier de voir ce même cultivateur du Maine se lamenter sur la diminution de la culture et des prix du chanvre, quand lui-même est le principal artisan de cette transformation?

Ce n'est pas seulement le tissage à la main qui a été atteint. A Alençon, qui avait tenté de créer le tissage mécanique, la plupart des établissements ont dû fermer. Une seule usine reste debout. Elle occupe 250 ouvriers; elle en avait 400 il y a dix ans. Il y avait dix blanchisseries; on n'en compte plus qu'une seule; encore doit-elle aller chercher ses toiles à Cholet et à la Ferté-Macé, car le nombre des tisserands à la main est tombé de 28,000 à 250. Des efforts ont été tentés pour transformer cette industrie et créer dans la région, où la main-d'œuvre est à bas prix, une sorte de succursale de Flers. Tout était en bonne voie quand les événements du 24 mai et du 16 mai ont effrayé les capitaux et fait abandonner les projets.

Et pourtant l'industrie avait des chances de vivre ici comme elle a réussi à s'implanter dans les hautes vallées normandes. Le chemin de fer peut apporter la houille à bon compte, grâce à la proximité de Caen et de Honfleur, et la force motrice hydraulique abonde dans ces vallées granitiques et schisteuses. Aujourd'hui, il est trop tard pour la faire revivre. Les bras ont émigré ; la population de tisserands qui fit la fortune de cette partie du Maine a essaimé dans tous les groupes industriels voisins. Ce n'est plus que dans la transformation des méthodes agricoles et dans l'accroissement de l'élevage que le pays pourra retrouver sa prospérité.

XXVIII

CE QUE DEVIENNENT LES HÊTRES

La forêt de Bersé. — Pied-de-Bœuf. — Sabotiers et boisseliers de Jupilles. — Le poème du sabot. — La champoirure et la brosserie. — Le manche de parapluie : métamorphose d'un morceau de hêtre. — Une page d'histoire industrielle. — La Sologne mancelle. — Le chemin aux bœufs.

Jupilles (Sarthe), juillet 1890.

Encore un village qui doit tout à la forêt. Une forêt plus vaste que Perseigne, car elle ne couvre pas moins de 5,165 hectares, longue de plus de cinq lieues, mais fort étroite, décrivant, au sommet des collines, de Mayet à la Chartre, un immense arc de cercle.

Le terrain compris au centre est occupé par la commune de Beaumont-Pied-de-Bœuf. Ce nom bizarre est justifié par cette vaste closerie sylvaine ayant sur la carte la forme d'un pied de ruminant.

La forêt porte le nom de Bersé. Elle est surtout peuplée d'admirables hêtres, que l'on coupe à l'âge de cent quatre-vingts ans. Ces bois sont en partie consommés à Jupilles, où la boissellerie est une industrie assez active, moins cependant qu'à la Fresnaye.

On y a des produits moins variés : ce sont d'énormes plats en bois pour le beurre, des « godets », récipients à longs manches perforés servant aux ménagères à puiser et verser de l'eau ; des boîtes à vivres, où les bûcherons et les travailleurs des champs mettent les rillettes et le beurre qu'ils emportent ; enfin les robinets appelés là-bas *champelure*. Mais ce ne sont que des hors-d'œuvre. Jupilles a surtout pour spécialité la fabrication des sabots. C'est un immense atelier où l'on prépare et creuse le hêtre, un atelier de sculpture où l'on finit les sabots ébauchés et parés à Perseigne. Sur le sabot brut, des femmes et des jeunes filles armées de gouges et de burins sculptent des fleurs, des rosaces, des fruits, des festons avec une rapidité et une habileté prestigieuses. Toutes ont une sorte de cuirasse en cuir pour se préserver des coups de ciseau. Ce qu'il y a de particulièrement remarquable ici, c'est que les modèles varient. Les fabricants, afin de conserver la clientèle, tentée par le bon marché des chaussures confectionnées en cuir, ont fait des sabots fort légers, très élégants, vernis, ornés de brides aux couleurs éclatantes. Tel sabot à la poulaine sculptée sur toutes ses faces est un vrai bijou. Ce sont ces sabots que portent des Bretonnes les jours de fête. La simple énumération des formes suffit à faire comprendre l'ingéniosité déployée. Il y a les sabots tonkinois, chinois, marocains, persans, japonais, turqois (*sic*), maraîchains, bretons, nantais, vendéens, sablois, bordelais, parisiens, etc. Les magasins d'échantillons remplis de sabots, où le hêtre, encore frais, a des nuances tendres, sont la joie des yeux. Les fées de la forêt doivent être chaussées ainsi de mignons sabots gravés de fleurs.

La plupart des villages voisins, même la ville de Château-du-Loir, ont des sabotiers qui travaillent pour les sculpteurs de Jupilles. Ce village doit être le centre le plus considérable de France pour la saboterie. Il livre chaque année au commerce plus de 400,000 paires.

Le hêtre est pour tout ce pays un arbre précieux, l'arbre de vie. De l'autre côté de la forêt, à Pruillé-l'Éguillé, on fait en grand la champelure; à Saint-Vincent-du-Lorouer, le hêtre a fait naître une industrie non moins curieuse : celle de la brosserie. Le hêtre, souple, facile à travailler, donne des bois de brosse excellents. Tant qu'il a fallu suffire à la consommation locale, Bersé a donné du hêtre en quantité assez grande; mais, peu à peu, la fabrication s'est accrue : c'est par centaines de mille que le commerce parisien a demandé ces ustensiles. Les fabricants sont allés au loin chercher le bois nécessaire ; les Vosges et l'Argonne ont envoyé les dos de brosse tout préparés. Du Mexique, on a tiré une sorte de crin végétal semblable à la soie du porc et qui sert à la fabrication de la brosse commune. A Saint-Vincent, Saint-Pierre-du-Lorouer, Pruillé, Jupilles, dans tous les villages de la forêt, on rencontre des ouvriers qui mettent ces produits en œuvre. Il y en a de cent à cent cinquante. Le travail est simple et facile. Une poignée de chiendent ou de soies, une pelotte de ficelle manœuvrée avec dextérité, et la planchette perforée devient une brosse que les ouvriers de l'atelier central devront égaliser, polir, goudronner et vernir.

La forêt de Bersé n'a pas les grands sites de Perseigne. Mais l'un de ses vallons, l'Ermitière, est célèbre dans toute la contrée. Au milieu d'une vaste clairière sourdent des sources nombreuses ; un grand chêne les abrite, entouré d'une table de gazon et de banquettes circulaires. Pendant l'été, c'est un lieu d'assemblées fort courues.

Un autre massif de hêtres a fait naître une industrie plus curieuse que la boissellerie et la saboterie : c'est la forêt de Vibraye, non loin de

Saint-Calais. A Vibraye, on fabrique le manche de parapluie, la plus grande partie des manches de parapluie que l'on emploie en France. Il y a deux usines fort considérables, dont la création est une page d'histoire industrielle fort intéressante.

Le fondateur, M. Crochard, était originaire de Vibraye ; il était, de son métier, sculpteur de têtes de levrette pour manches de parapluie. Du temps de nos grand'mères il n'y avait pas de beau parapluie sans tête de levrette ; la mode passa, et M. Crochard se trouva sans ressources. Des fabricants d'Angers lui conseillèrent alors de s'installer dans son pays, où le bois de hêtre abondait, et d'y faire des manches de parapluie. Il s'y mit. D'abord il n'eut qu'un outillage primitif : il devait faire mouvoir son tour avec le pied. Bientôt, il eut une roue à tambour à laquelle un chien prisonnier donnait le mouvement ; puis il put avoir un manège à cheval ; enfin, aidé par sa sœur, une domestique qui lui confia ses économies, il acheta un moulin hydraulique et créa une véritable usine qui répandit la prospérité dans le pays. Une nuit, un incendie détruisit l'usine. C'était la ruine. Mais M. Crochard avait inspiré une telle confiance que les habitants ouvrirent une souscription qui couvrit les pertes. Bientôt, il reprit ses affaires.

Ne pouvant rembourser ses amis, qui refusaient, il donna aux pauvres une somme égale à la souscription.

Une visite aux usines, dont l'une emploie une machine à vapeur de vingt-cinq chevaux, est fort intéressante. On y constate mieux qu'ailleurs l'ingéniosité de l'ouvrier français. On pourrait croire que nos manches de parapluie et d'ombrelle, contournés, fouillés, sculptés, que ces coupes élégantes sont le résultat de torsions et de flexions imposées à des bambous, des roseaux ou des baguettes. Il n'en est rien. Enroulements de branches, matité noire de l'ébène, sculptures, nœuds, veines, tout cela est pris en plein cœur de hêtre ou de charme et fabriqué, à la grosse, par des machines-outils.

Là aussi le bois a manqué. Ni Bersé, ni les Loges, ni Vibraye ne peuvent fournir tout le hêtre ou le charme nécessaire: on en tire de Perseigne, de Senonches, des belles forêts de l'Orne et de l'Eure. Les troncs de hêtre sont débités à la longueur habituelle des manches de parapluie, moins la poignée. Ces tronçons sont débités en minces planchettes par une scie circulaire, et celles-ci débitées à leur tour en longues baguettes à tranches carrées. Elles sèchent, puis sont livrées à une sorte de rabot circulaire faisant trois mille tours à la minute : en deux ou trois secondes, il en sort un bâton arrondi. Mais l'on n'a qu'un court fuseau, une tige. La poignée ne fait pas corps avec notre manche de parapluie : elle est rapportée, mais avec tant de soin qu'il est difficile de s'en apercevoir.

Cette poignée elle-même n'est autre chose que du hêtre, du cerisier ou du charme. Sur une planchette, on coupe des morceaux carrés ayant une sorte de pédoncule, à peu près la forme d'une crécelle. On dessine là-dessus les courbes cherchées et au moyen d'une scie à ruban, on a l'embryon, à arêtes vives, d'une poignée de parapluie. Une autre machine s'en empare ; avec une vitesse de trois mille tours à la minute, elle abat les arêtes : c'est le « chantournage » du crochet.

On polit ensuite ce crochet ou poignée ; on y fait un trou dans lequel le manche, enduit de colle, viendra s'emboîter par une « toupille ». Des ouvriers armés de râpes enlèvent les aspérités ; des femmes polissent le tout à la toile verrée. Les manches sont alors plongés dans la teinture ou le vernis ; enfin ils sont enduits d'une matière qui permettra d'imiter les veines du bois.

Ce n'est pas fini. La canne teinte doit être vernie par six fois, puis poncée, et enfin gravée et sculptée. Les dessins circulaires, les arcs sont faits à la machine ; mais tous les autres détails sont fouillés et sculptés par des ouvrières non moins habiles que les graveuses de Jupilles.

Pour produire un manche de parapluie, il ne faut pas moins de vingt-sept opérations.

Le hêtre prend toutes les formes et toutes les couleurs : non seulement il peut se changer en ébène, mais il devient encore du vieil ivoire. Les ouvriers de Vibraye sont en tout fort habiles ; ils ont un goût et une élégance qui les rend sans rivaux. Rapprochés de leurs produits, les manches fabriqués en Allemagne et en Angleterre sont lourds et informes : ils rappellent les manches primitifs de Vibraye alors que l'usine était en pleine période de tâtonnement. Mais la supériorité de notre industrie ne se maintient pas sans effort : il faut aux fabricants une ingéniosité sans cesse en éveil pour créer les manches qui devront être à la mode.

La fabrication des manches de parapluie occupe plus de 150 ouvriers à Vibraye. On ne produit pas moins de 8,000 grosses chaque année, soit 1,200,000 pièces.

Ces trois groupes de fabrication d'objets en bois, Perseigne, Bersé et Vibraye, sont un véritable phénomène dans cette partie de la France, car il faut aller dans les Vosges et le Jura pour retrouver de semblables industries.

Sur chaque point, les établissements sont récents et dus à l'esprit d'entreprise de commerçants locaux. Par les résultats obtenus, on voit combien il serait facile de créer dans d'autres massifs forestiers, notamment dans le Morvan, des industries qui éviteraient à la France le tribut payé chaque année à la Forêt-Noire et à la Suisse.

A côté des grands bois feuillus d'origine séculaire, la Sarthe présente de vastes pinèdes qui couvrent toutes les crêtes et les plaines siliceuses des bords de l'Huisne et de ses affluents. Il y a là, aux portes mêmes du Mans, autour d'Écommoy, de Parigné, de Montfort, d'immenses landes de bruyères qui ont été transformées en bois de pin comme l'ont été la Sologne ou les landes de Gascogne. Le pin mancœau n'a pas la vigueur de ceux des autres terres pauvres, mais il n'en est pas moins précieux. Les gens de ce pays aiment leurs bois et leurs bruyères roses. A les entendre, il semble que cette maigre culture soit une fortune. L'un d'eux, que j'encourageais à essayer du défrichement, m'a répondu : « J'aime mieux 100 hectares de landes de Brette que 100 hectares de terres à chanvre du Belinois. » Notez que le Belinois est une terre célèbre par sa fécondité.

Naturellement, cet enthousiasme m'a laissé incrédule. Mon homme m'a énuméré les produits retirés de la pinède. Peu de temps après les semis, on fait une éclaircie qui donne des fagots; chaque année, on fait de nouvelles coupes. On ramasse les aiguilles mortes pour faire de la litière ; les cônes donnent leurs graines et sont vendus au Mans comme allume-feux. Tous les deux ou trois ans, on fauche la bruyère pour obtenir la litière. L'hiver, on a une source de travail dans l'élagage. Les habitants aiment ce métier de bûcherons. A la façon des écureuils, ils vont d'un arbre à un autre, en faisant balancer la cime sur laquelle ils sont perchés pour toucher l'arbre voisin.

Mais cet enthousiasme ne se communique pas : si quelques coins de bois sont vraiment pittoresques, quand un fond de vallée donne un peu de fraîcheur, les landes mancelles sont plus tristes même que celles de Sologne. Si l'on veut connaître cette zone déshéritée, il faut suivre le *Chemin aux bœufs,* qui a joué un si grand rôle dans les derniers combats de l'armée de la Loire, en avant du Mans, ou un autre chemin aux bœufs qui traverse les bois de Brette. Ces chemins sont de larges pistes sablonneuses par où passaient, avant les chemins de fer, les bœufs de l'Anjou qui cherchaient, en dehors des routes de poste, des voies où l'on n'était pas troublé par le passage des voitures et où l'on pouvait vivre sur le pays. Bœufs et moutons de la Basse-Loire suivaient ainsi des pistes écartées, tondant en route le maigre gazon. Ils l'ont si bien tondu que le chemin aux bœufs, abandonné cependant depuis longtemps, n'a pas été envahi par la végétation. Cependant, les bûcherons commencent à le défricher ; on y sèmera bientôt des pins, et alors la pinède sera continue des rives de l'Huisne aux abords de la forêt de Bersé.

XXIX

LA FLÈCHE ET LE PAYS FLÉCHOIS

Le Lude. — Le « Raillon ». — Une grande foire. — Tanneurs et bouchers. — Le vignoble du Loir. — Les châteaux. — La Flèche et son prytanée. — La Flèche pendant l'invasion. — Du Guesclin à Pontvallain. — A la Croix-Brette. — Souvenirs de la chouannerie. — Bleus et Blancs.

La Flèche, août 1895.

Je reviens du Lude. La petite ville est d'un calme profond, bien saisissant pour qui l'a vue en d'autres jours, pendant ces foires qui y amènent les populations du Maine, de l'Anjou, de la Touraine et du Blésois. Les belles avenues plantées d'arbres, les rues étroites, bordées de maisons de pierres sculptées, semblent dormir. Au pied de la ville, le Loir, presque immobile, développe harmonieusement de grands méandres et baigne les murs des terrasses qui supportent les parterres du parc du Lude.

Ce parc est le plus beau de l'Ouest. Même Bonnétable, malgré sa forêt, ses pelouses, ses pièces d'eau, ses chasses seigneuriales, ne saurait être comparé au parc enchâssé au milieu de cette vallée du Loir, dont les lignes sont d'une grâce et d'une élégance si françaises.

Le château serait une lourde masse féodale sans la Renaissance, venue pour greffer sur les tours des ornements qui ont ôté à l'édifice ses allures de forteresse. Des fenêtres à hauts meneaux ont été percées dans les murailles et surmontées de bustes de rois. Les douves ont fait place à des jardins gazonnés aboutissant à la terrasse, d'une magnificence royale, au pied de laquelle coule la rivière. Des statues, des grands vases ornent les pelouses. Les jours de foire au Lude, le parc est envahi par la foule. Pour le « Raillon » surtout, une des curiosités de cette grande journée est la visite du domaine.

Le Raillon est le nom de la principale foire du Lude. C'est, toutes proportions gardées, la foire de Beaucaire de l'Ouest ; le marché le plus considérable de toute cette partie de la France pour le commerce des cuirs. Au milieu du champ de foire, entre les troupeaux, les baraques de saltimbanques, les cirques et les carrousels, on a réservé une étroite pelouse sur laquelle les commissionnaires en cuir du Havre, de Bordeaux, de Saint-Nazaire, les tanneurs de Châteaurenault, de Saint-Paterne, de Tours, de Rennes, du Mans, de Normandie et de Bretagne font leurs marchés. Des millions d'affaires se traitent sur ces quelques mètres carrés d'herbe jaunie.

C'est que le Raillon primitif, tirant son nom d'un petit village voisin où il se tenait, était uniquement une foire aux cuirs. Malgré les chemins de fer, le télégraphe et les Bourses de commerce, tanneurs et vendeurs ont continué de se rendre au Lude comme ils se rendent à Guibray.

La redingote des grands industriels réunis au Raillon produit un effet singulier au milieu des blouses de la foule, des élégants bonnets de paysannes, aux ailes empesées sur les côtés et coquettement aplaties en bandeau sur le front. On fait autour d'eux un vide respectueux. C'est la fortune de tout un vaste pays qui se prépare dans ce petit cercle, au milieu des forains.

Le Raillon s'est naturellement accru. La présence des bouchers, qui viennent vendre les peaux vertes, a amené les marchands de bétail et les paysans voisins. De toutes les routes débouchent des chars-à-bancs chargés de porcs, de moutons et de veaux. Les marchés se font à grands cris et à grands gestes, les poignées de mains qui les scel-

lent sont suivies d'une visite au cabaret, où l'on
boit du vin de Mayet, mêlé de limonade.

Mayet, chef-lieu d'un canton voisin, est le premier vignoble un peu considérable que l'on rencontre. Il y a bien, aux environs du Mans, sur la ligne de Paris à Brest, quelques arpents couverts de ceps, sur les pentes exposées au soleil, où l'on voit quelquefois le raisin mûrir, mais c'est à Mayet, sur des coteaux ouverts sur la vallée du Loir, que commencent vraiment les vignobles. Cette grosse bourgade, peuplée d'horlogers et de tisseurs en couvertures, produit parfois des vins délicats. Mais dans la vallée du Loir seulement la vigne devient un élément essentiel de la richesse du pays. Quelques communes, telles que Chenu, sont même purement viticoles.

Si la vallée du Loir entre le Lude et la Flèche possède encore des vignobles, sur les pentes exposées au midi, elle est surtout un pays de parcs et de châteaux. Chaque colline présente, sur ses pentes, quelque beau domaine. La noblesse angevine a une prédilection pour cette large vallée aux riants horizons.

La Flèche elle-même, la ville principale de tout

ce pays, est restée une toute petite cité mi-bourgeoise, mi-aristocratique, à laquelle une colonie d'anciens officiers donne un caractère particulier. La belle promenade, plantée de grands arbres, qui borde le Loir, évoque le souvenir des petites villes lorraines dont parle Erckmann-Chatrian, avec leur mail ombreux, où les officiers retraités devisent des anciennes guerres. Autour du Prytanée, toutefois, il y a, à certains moments, une subite invasion. C'est l'heure où les professeurs arrivent ou s'en vont, puis le quartier retombe dans sa somnolence.

Le Prytanée ! voilà la vie de la Flèche. Par lui et par lui seul elle existe. Tous les cancans de la ville partent de là et y retournent. Les petites rivalités entre professeurs civils et surveillants militaires font tous les frais des conversations. Par exemple, il y a un point sur lequel tous, civils et militaires, sont d'accord, c'est sur le maintien, à la Flèche, de l'illustre école qui a préparé tant de généraux à notre armée.

Le Prytanée est l'ancien collège des jésuites où professa Gresset. Son parc, ombragé de platanes immenses, est admirable; plus que les bâtiments mêmes il évoque le souvenir de l'ancienne école à la fois religieuse et militaire. Quant aux édifices ils pourraient facilement contenir deux fois plus d'élèves si toutes les salles étaient utilisées pour les dortoirs, les réfectoires ou les salles d'étude, au lieu d'être données à un personnel de professeurs et de surveillants qui pourrait facilement loger en ville, comme les autres professeurs de lycée et officiers de garnison.

S'il faut élever des bâtiments nouveaux, les dépendances de l'édifice actuel s'y prêtent à merveille. Il n'est pas nécessaire de faire des plans somptueux, d'acquérir des terrains ou de diminuer le beau parc qui sert de promenade aux habitants.

Cette solution n'a pas seulement pour elle d'être économique, elle a encore l'avantage de conserver à la Flèche un établissement qui fait sa gloire et qui est resté populaire dans l'armée. On pourrait créer un second prytanée à Tours, à Saumur, à Sarlat ; mais ces écoles nouvelles ne seraient plus la Flèche : elles n'auraient pas les traditions glorieuses de la maison qui compte parmi ses élèves Descartes, la Tour d'Auvergne, Eugène de Savoie et tant d'autres hommes illustres.

Le Prytanée mérite une visite. Sa bibliothèque, dont le fonds provient du collège primitif des jé-

suites, est fort riche en incunables et en éditions
précieuses. La chapelle est une des plus curieuses
que les jésuites nous aient laissées. C'est le triomphe du mauvais goût. On a dépensé là un talent
prodigieux pour obtenir un édifice du plus détestable aspect. Le maître-autel est somptueux avec
ses colonnes de marbre rouge ; la chaire, les caissons des voûtes sont sculptés avec un art infini.
Mais l'ensemble est lourd, froid et factice.

La Flèche a été le dernier point atteint par l'invasion. Une plaque, récemment placée sur une
maison de la route de Malicorne, raconte la mort
d'un élève du Prytanée, Richard, engagé pendant
la guerre, devenu sous-lieutenant, et qui, à la tête
de quelques camarades, enfants comme lui, s'en
vint de Baugé, le 24 janvier, pour attaquer l'ennemi, occupant alors les hauteurs de Saint-Germain-du-Val. Aux premiers coups de feu, il tomba
avec un de ses camarades, le sous-officier Adam,
et les Allemands arrivèrent. Ils eurent le bon esprit de ne pas voir dans cette échauffourée une
résistance de la ville. Le général ennemi dit au
maire : « Quelle inutile boucherie » !

Cependant la Flèche a voulu conserver par une
plaque commémorative le souvenir de cet enfant
héroïque qui vint mourir près de l'école où il se

préparait pour l'armée. Idée généreuse, bien faite pour entretenir au cœur des jeunes Fléchois l'esprit de sacrifice.

La ville a élevé une statue à Henri IV, fondateur du collège ; l'œuvre est médiocre, une erreur d'Étex. Mais on n'a rien fait encore pour la mémoire de du Guesclin. A quelques lieues d'ici, le héros breton battit les Anglais. Les landes où eut lieu la sanglante bataille ne sont pas encore entièrement défrichées. Dans ce pays, qui s'étend vers Mayet et Pontvallain, région de vignes, de pinèdes, de bruyères et de prairies, mêlant harmonieusement leurs teintes, du Guesclin, accompagné par Olivier de Clisson, fit marcher ses troupes toute la nuit pour atteindre les Anglais au point du jour. Puis, la bataille finie, avant d'aller à Vaas chasser l'ennemi de la place, il s'arrêta et fit élever des abris pour ses blessés, sous un ormeau, près de Coulongé. Non loin, il fit inhumer ses morts et planter une croix appelée Croix-Brette, la croix des Bretons. Cette croix fut pieusement renouvelée par les habitants. En 1828, on eut l'idée de supprimer ce monument pour le remplacer par un obélisque. Une inscription que les événements ont rendue douloureuse, puisque l'ennemi est passé là en 1871, rappelle la bataille :

ICI
APRÈS LE COMBAT DE PONTVALLAIN
EN NOVEMBRE 1370
BERTRAND DU GUESCLIN
DE
GLORIEUSE MÉMOIRE
FIT DEPOSER
SES FIDÈLES BRETONS

UN ORMEAU VOISIN
SOUS LEQUEL ON ÉLEVA UNE CABANE
POUR LES BLESSÉS
UNE CROIX
PLANTÉE SUR LES MORTS
ONT DONNÉ
A CE LIEU
LE NOM D'ORMEAU
DE LA CROIX-BRETTE

FRANÇAIS !
QUE LES DISSENSIONS INTESTINES
QUE LES INVASIONS ÉTRANGÈRES
NE SOUILLENT PLUS DÉSORMAIS
LE SOL
DE NOTRE BELLE FRANCE

Cette réprobation des dissensions intestines était une sorte d'expiation. La chouannerie eût dans ce pays un caractère particulièrement odieux.

Tous les bourgs, toutes les villes étaient dévoués
à la Révolution. Le doux climat du Loir, en
permettant de cultiver la vigne, donnait à cette
contrée une aisance inconnue aux régions à demi-
sauvages du Maine ; aussi les chouans se ruaient-
ils sur ces bourgades sans défense. Il n'est pas
une commune qui n'ait de souvenirs sanglants.
En 1816, des paysans répandirent le bruit que
l'Empereur allait revenir. On en arrêta vingt-cinq
sur de basses dénonciations, on réunit au Lude
une cour prévôtale ; elle fit exécuter quatre de ces
pauvres diables et envoya le reste au bagne ou en
prison. Le souvenir de cette répression atroce est
resté vivant dans le pays et a inspiré une rancune
tenace. Aussi Mayet, Pontvallain, le Lude, toute
la vallée du Loir sont-ils profondément républicains.

Cette région de vignes fournit au conseil général de la Sarthe presque tous ses représentants
libéraux et ses deux députés républicains. Le fait
est d'autant plus digne de remarque que le parti
royaliste a dans la contrée ses membres les plus
éminents. Les plus grands noms de l'armorial
figurent parmi les propriétaires des nombreux châteaux dont on voit les tours couronner les collines.
Les descendants de Chamillard, notamment, portent pour titres le nom de quelques petites villes

du pays, ils ont de somptueuses demeures, héritage du ministre de Louis XIV créé marquis de la Suze. Princes, ducs, marquis, sont nombreux ; la plus grande partie du sol leur appartient ; malgré ce voisinage, la population reste fidèle aux idées de 1789. Quelle différence avec les régions au nord du Mans, où le châtelain est encore « not' mait' » !

TABLE DES MATIÈRES

I. — Le Flottage en Morvan.

Le flottage et le barrage des Settons. — La grève des bateliers de l'Yonne 1

II. — Les Bucherons du Nivernais.

Le Morvan vu de Château-Chinon. — Les forêts morvandelles. — Système de propriété. — Comment s'exploitent les bois. — Grèves de bûcherons et grèves d'écorceurs. — Socialisme agricole. — La vie sous la hutte. — Les causes de la crise. — Du granit au calcaire 16

III. — Au Pays des Nourrices.

La transformation du Morvan. — Ses causes. — L'élevage humain. — Une idée fixe. — Effroyable mortalité des enfants. — Premier cri d'alarme. — Lois de protection. — Résultats acquis. — Une race nouvelle. — Les enfants assistés de la Seine 30

IV. — Le Nivernais industriel.

Donzy. — Une forge éteinte. — Ruines industrielles. — L'âge d'or des forges nivernaises. — Les houillères de la Machine. — Volcans en miniature. — La ville de Decize. — Imphy. — Les ouvriers aux moules. — Les ressorts et la mode. — Fourchambault. — Les fabriques de boulons et de limes. — Causes de la décadence de la métallurgie en Nivernais 43

V. — Le Nivernais pastoral.

Le Japon dans le val de Loire. — Sancerre. — L'Orme-au-Loup et la Pierre-Couplière. — Un heureux coin de terre. — L'élevage nivernais. — Durham et charolais. — Les herbages de Champlin. — Ce qu'est l'embouche. — Les étalons pour la Plata. — Culture intensive. — Le cheval nivernais et l'Allemagne 51

VI. — Une Usine nationale (Guérigny).

Guérigny. — Un village heureux. — Les sociétés de consommation. — Propriétaires ! — Fourchambault, Imphy et la Machine. — Organisation modèle. — Les ouvriers agricoles. — Métayage et fermage 73

VII. — Gien et la Puisaye.

Gien. — Sujets d'aquarelle. — Briare. — L'œuvre du bouton de porcelaine. — Le lait vitrifié. — Baptereaux. — Un homme de génie. — Population heureuse. — Les potiers de la Puisaye. — Méthodes originales de commerce. — La faïencerie de Gien. — Causes de malaise. — Un phénomène social 85

VIII. — La Sologne.

En Sologne. — Une lecture des bruyères. — Paysage solognot. — Les voleurs du Centre. — Labiche et ses moutons. — Le désastre de 1880. — Les ennemis du pin. — Aux sources du Loiret. — Géologie fantaisiste. — La laine de Curtius. — Le Pesté-Saint-Aubin. — Une grande pépinière. — Le soir en Sologne. — Les boulevardiers au désert 96

IX. — Paysages solognots.

La Motte-Beuvron. — La reconstitution des forêts. — Maître Pierre le Solognot. — Le canal de la Sauldre. — Le marais de Blancafort. — Fautes économiques. — De la Motte-Beuvron à Blois en tramway à vapeur. — La vigne en Sologne. — De Blois à Romorantin. — Cheverny. — La fabrication des chemises . . . 105

X. — Les Colons de Sologne.

Colons de Tunisie et colons de Sologne. — Le comité central de la Sologne. — Création de prairies. — Les rendements agricoles. — La vigne. — Plantation de forêts. — Comment fut brûlé le premier coteret — Les ennemis du pin. — Le « charbon de Paris ». — Ce qu'il faut à la Sologne. 121

XI. — La Sologne Berrichonne.

L'école des Barres. — La Sologne berrichonne. — Sully souverain indépendant. — Boisbelle et Henrichemont. — Aubigny et ses vieilles maisons. — Le fond de la Nuse. — La grande marnière. — Blancafort. — Rôle des chemins de fer. — Une exploitation agricole industrielle. 133

XII. — Le Safran en Gâtinais.

En Gâtinais. — La vallée de l'Essonne. — Distraction dominicale. — Pithiviers, ses pâtés d'alouettes et son miel. — Abeilles en pension. — Le safran. — Son origine. — La mort du safran. — Parchemins antiques. — La culture, la cueillette et l'épluchage. — Un tableau Empire. — Grandeur et décadence du safran . . 144

XIII. — Orléans.

Orléans. — Calme trompeur. — Orléans commercial. — Les premiers fers. — Épingles à cheveux. — Concurrence allemande. . . 156

XIV. — Les Roses d'Olivet.

Au faubourg d'Olivet. — Les pépiniéristes orléanais. — Les arbres américains et leurs graines. — Le hemlock. — Origine des pépinières. — Les jardiniers voyageurs. — Acclimatation des végétaux. — Rosier franc-de-pied. — La rose d'Orléans à l'étranger. — La forêt d'Orléans. — Beaucoup de bois. — La Beauce et le progrès agricole. — Outarville et les pommes de terre des Bas-Alpins. — Les champs de bataille de la Beauce. — La forêt de Marchenoir. — En route pour le Vendômois . . 169

XV. — Les Troglodytes du Vendômois.

La vallée du Loir. — Un paysage français. — Ronsard et Racan. — Autour de Vendôme. — La bonne aventure, ô gué ! — Les Roches, Lavardin, Montoire et Trôo. — Château-du-Loir. — Les chemins de fer concurrents. — Toujours l'atavisme 173

XVI. — Les Vignes du Val de Loire.

La Loire. — Son rôle économique. — Concurrence avec les chemins de fer. — Les vignobles du val de Loire. — Phylloxera et mildiou. — Le désastre de 1889. — A quelque chose malheur est bon. — Le chasselas de Pouilly. — Ardeur des Orléanais contre le mildiou. — Le vignoble du Cher. — En Touraine. . . 184

XVII. — La Capitale des Tanneurs.

La capitale de la tannerie. — Ses origines. — Une industrie qui se transforme. — L'écorce de chêne. — Les bois de châtaignier et les tanins liquides. — Du tan et du temps. — Un novateur. — Les tanneries américaines. — Le hemlock. — Les ouvriers de Châteaurenault 196

XVIII. — La Champagne tourangelle.

Jeanne d'Arc et Sainte-Catherine-de-Fierbois. — L'épée de Charles Martel. — En « Champeigne ». — Les falunières. — Sainte-Maure. — Les landes du Ruchard. — Villaines et ses vanniers. — Une société coopérative aux champs. 207

XIX. — Rabelais Guide en Touraine.

Rabelais guide en Touraine. — Chinon et le Chinonais. — Richelion. — Une grande ville avortée. — Harnois de gueule. — La campagne de Chinon. — La Varenne. — Les terres à chanvre. — Mœurs tourangelles. — Bêche et bâton. — Les pruneaux de Tours. — Candes et Montsoreau. — Le commerce des poires tapées 219

XX. — La Réglisse.

Un chemin de fer inexploité. — Fontevrault et sa prison. — La réglisse de Bourgueil. — Dans les Varennes. — Bourgueil et son vignoble. — Graine d'oignon et réglisse. — Un domaine industriel : la Briche. — L'Indre-et-Loire et ses chemins de fer à voie étroite. — Les engrais dans du cristal. — La Donneterie . . 231

XXI. — La Touraine industrielle.

La plaine de Blois. — Sociétés coopératives agricoles. — En Touraine. — L'industrie de Tours. — Ce que devient la soierie. — La Haye-Descartes. — Sa papeterie. — Rivière navigable sur le papier. — Belle écluse, pas de bateaux. — Un emploi du pin. — Pourquoi la Baltique et non la Sologne ? — Une cité ouvrière modèle. 245

XXII. — Mettray.

Coin de Touraine. — Mettray. — Un petit abandonné. — Organisation de la colonie. — Le livre d'or de Mettray. — Lettres de colons. — A la « maison paternelle ». 255

XXIII. — Le Perche.

Le Perche aux bons chevaux. — Le cheval percheron. — La colline de Montmirail. — Henry d'Angleterre et Thomas Becket. — La Ferté-Bernard. — Les Américains dans le Perche. — M. Dunham. — L'étalon Louis-Napoléon ; son odyssée. — Les yankees-hirondelles. — M. Ellwood. — Les achats à long terme. — Jean-le-Blanc, fils de Gallipoli. — Mignon, père de Coco, père de Vieux-Chaslain, père de Coco II. — Au haras de la Pêlota. — Rosa Bonheur et l'étalon La Ferté. — Tableau de prix, cheval de prix. 265

XXIV. — Le Percheron en Amérique.

Nogent-le-Rotrou. — Les chevaux de Rotrou. — Le Stud-book français et le Stud-book de Chicago. — Le meeting de Springfield. — Prix d'un étalon. — Brillant, fils de Coco II. — La fraude sur les chevaux. — Mesures de précaution. — La race se perd-elle ? 279

XXV. — Le Grand Perche.

Le Grand Perche. — Regnoiard. — Dureau de la Malle et Jean-le-Blanc. — Mortagne. — La Trappe de Soligny. — L'abbé de Rancé. — La forêt de Bellême et la fontaine de Vénus. — Bellême. — Pérégrinations d'un cheval, du Perche à Paris. — La loi de 1886 sur le cornage. — Résultats néfastes 290

XXVI. — Les Forêts du Perche.

La forêt de Perseigne. — Première retraite de l'abbé de Rancé. — Neufchâtel et la retraite de Thérèse. — La Fresnay-sur-Chédouet et ses industries. — Tourneurs et boisseliers. — Les sabotiers de Neufchâtel. — Le Saosnois. — Véron de Forbonnais. — Idées d'un économiste en 1789 301

XXVII. — La Vallée de la Sarthe.

Le Mans. — Comment on devient grande ville. — L'agriculture dans la Sarthe. — Les chanvres. — La décadence d'une grande industrie. — Du Mans à Alençon. — La citrouille dans le paysage. — Beaumont et Fresnay-sur-Sarthe. — Le roussard. — Les derniers tisserands 311

XXVIII. — Ce que deviennent les Hêtres.

La forêt de Bersé. — Pied-de-Bœuf. — Sabotiers et boisseliers de Jupilles. — Le poème du sabot. — La champelure et la brosserie. — Le manche de parapluie : métamorphose d'un morceau de hêtre. — Une page d'histoire industrielle. — La Sologne mancelle. — Le chemin aux bœufs 324

XXIX. — La Flèche et le Pays fléchois.

Le Lude. — Le « Raillon ». — Une grande foire. — Tanneurs et bouchers. — Le vignoble du Loir. — Les châteaux. — La Flèche et son prytanée. — La Flèche pendant l'invasion. — Du Guesclin à Pontvallain. — A la Croix-Bretve. — Souvenirs de la chouannerie. — Bleus et Blancs 335

BERGER-LEVRAULT ET Cⁱᵉ, LIBRAIRES-ÉDITEURS
PARIS, 5-7, rue des Beaux-Arts — rue des Glacis, 18, NANCY

ARDOUIN-DUMAZET

Voyage en France

Description complète de la France, en 60 volumes,
dont 55 consacrés à la Province et à l'Alsace-Lorraine
sont parus ou sous presse, et les autres consacrés à Paris
sont en préparation.

*Volumes in-12 d'environ 400 pages, avec cartes et croquis.
Chaque volume, broché, 3 fr. 50 — Élégamment relié, 4 fr.*

Dans nos précédentes notices sur la grande œuvre désormais classique de M. Ardouin-Dumazet, nous disions que l'on peut la considérer comme achevée aux yeux des Parisiens, puisqu'elle comprend actuellement toute la France, sauf Paris et sa banlieue immédiate. Cela reste exact ; mais l'auteur a voulu compléter les premières parties de sa vaste description de la France. Ces premiers volumes, dont le texte avait paru dans le journal *le Temps*, où le succès fut vif, n'avaient pas le caractère d'étude d'ensemble que revêtirent les suivants. Des lecteurs l'ont aimablement signalé et par là ont encouragé l'auteur dans un projet depuis longtemps caressé, de refondre, sur le plan plus étendu des séries nouvelles, ceux des volumes qui étaient le moins complets. M. ARDOUIN-DUMAZET s'est mis à la tâche, tout en poursuivant son enquête sur Paris, et nous pouvons aujourd'hui annoncer six nouveaux volumes étendant le cadre des anciennes 5e et 13e séries.

La 5e série se complète par les séries 51, 52 et 53, qui constituent un ensemble consacré à la *Bretagne continentale*. Cette belle province, dont tant de parties étaient difficilement accessibles à cause de la rareté des voies ferrées, est aujourd'hui sillonnée d'un réseau déjà dense de chemins de fer secondaires qui vont bientôt relier tous les chefs-lieux de canton aux grandes lignes de l'Ouest et de l'Orléans. Les itinéraires sont donc bien modifiés depuis dix ans ; cela seul suffirait à expliquer la transformation de ce livre, qui, entièrement refondu et complété, a atteint la matière de quatre gros volumes.

Nous avons donc songé à scinder cette partie de l'ouvrage en quatre séries ; avec les séries 3 et 4 (*Iles de l'Atlantique*), elles donneront une suite de six volumes consacrés à la *Bretagne*.

Un volume entier est consacré aux côtes continentales de l'Atlantique, comprenant, outre les côtes de Saintonge et du Poitou, la rive bretonne, depuis la baie de Bourgneuf et Pornic jusqu'à la Manche.

Un autre comprend les îles et les rivages bretons de la Manche jusqu'au mont Saint-Michel ; il s'étend en outre sur Granville et les îles Chausey pour achever la description de nos terres insulaires.

Un cinquième volume, conservant le n° 5 de la collection, comprend la description de la péninsule en Haute-Bretagne, c'est-à-dire la partie de langue française. Enfin un sixième et dernier volume, actuellement sous presse (février 1909), est consacré à la partie intérieure de la Basse-Bretagne, domaine de la langue bretonne ; il constitue la 53e série.

Le groupe *Bretagne* est donc ainsi constitué :

I. — LES ÎLES DE L'ATLANTIQUE, *de la Loire à Belle-Isle* (3e série du **Voyage en France**).

II. — LES ÎLES DE L'ATLANTIQUE, *d'Hoëdic à Ouessant* (4e série du **Voyage en France**).

III. — LA HAUTE-BRETAGNE INTÉRIEURE (5e série du **Voyage en France**).

IV. — LE LITTORAL BRETON DE L'ATLANTIQUE (51e série du **Voyage en France**).

V. — LE LITTORAL BRETON DE LA MANCHE ET SES ÎLES (52e série du **Voyage en France**).

VI. — LA BASSE-BRETAGNE INTÉRIEURE (53e série du **Voyage en France**).

Une autre partie du littoral, la Méditerranée entre l'embouchure du Rhône et la frontière italienne, a également donné lieu à une refonte totale du volume qui lui était consacré, la 13e série. Deux séries se partagent maintenant ces beaux rivages où se porte de plus en plus une foule d'élite attirée par la limpidité du ciel et l'éclat du soleil hivernal. La 13e série nouvelle comprend la côte et les montagnes qui la bordent du Rhône à Hyères et à ses îles ; une 54e série s'attache aux régions des Maures et de l'Estérel et à ce littoral étendu d'Antibes à Menton que l'on a plus particulièrement baptisé la Côte d'Azur. Ces deux volumes portent le titre commun de *Provence maritime*, et, en particulier, ceux de *Région Marseillaise* et de *Côte d'Azur*.

Ces six séries, bien que renfermant les chapitres contenus dans les anciennes 5e et 13e séries, sont en réalité des livres nouveaux, que les lecteurs des éditions primitives voudront posséder aussi. Ils prendront place à côté des séries maintenues dans leur forme primitive et dont les fréquentes réimpressions, mises à jour avec soin, disent la faveur croissante avec laquelle est accueilli le **Voyage en France**, faveur accrue par le succès fait aux trois volumes que M. Ardouin-Dumazet a pieusement consacrés à l'Alsace-Lorraine et que nous avons tenu, avec lui, à faire figurer dans la collection du **Voyage en France**.

En écrivant les Provinces perdues, séries 48, 49 et 50 de cet édifice qu'il a élevé à la Patrie, l'auteur a entendu faire une œuvre de vulgarisation et non une œuvre de colère.

Volontaire en 1870, gardant très vifs les souvenirs douloureux de l'année terrible, il a pour un moment oublié ces tristesses en s'efforçant avant tout de faire connaître dans leur intimité les départements qui nous furent arrachés. On a beaucoup écrit sur l'Alsace et la Lorraine ; mais les autres écrivains ont cherché davantage à sonder l'âme de ce peuple arraché à la France ; on n'a pas assez étudié le pays dans sa physionomie matérielle. C'est, au contraire, à quoi s'est attaché M. Ardouin-Dumazet. Et, en nous montrant la splendeur des sites, l'aspect des choses, la vie économique de l'Alsace et de la Lorraine, il est parvenu à rendre plus sensibles encore les liens qui les unissent à la France et que les années n'ont pu affaiblir.

Ces trois volumes sur Les Provinces perdues, tout imprégnés de pieux souvenirs et de fraternelle affection pour nos parents de l'est, feront mieux aimer et comprendre ces chers pays. L'auteur a saisi avec un rare bonheur d'expression les multiples aspects de ces paysages majestueux ou tranquilles. Grandes cités comme Strasbourg, Metz, Mulhouse ou Colmar ; fières montagnes de granit des Hautes-Vosges, pittoresques Petites-Vosges, domaine du grès rouge revêtu de sapins, plaine opulente, bourgs restés tels qu'ils furent dans les temps reculés, fleuve Rhin coulant dans la solitude de ses forêts bordières sont l'objet de pages dont l'intérêt ne se dément pas un instant. On pourra reconnaître la valeur de ces livres, en lisant plus loin le sommaire des chapitres.

M. Ardouin-Dumazet ne se borne pas à nous dire la poésie des paysages et à étudier la vie sociale du pays ; il a refait en pèlerin la visite aux champs tragiques de Frœschwiller et de Reichshoffen, de Borny et de Gravelotte ; il conduit le lecteur dans ces lambeaux de territoire entourant Landau et Sarrelouis et qu'une première amputation, celle de 1815, nous a enlevés.

Ces trois livres *Haute-Alsace*, *Basse-Alsace* et *Lorraine* sont donc une suite naturelle de cette œuvre dont on a dit qu'elle était une « monumentale description de la France ».

Ce n'est pas là une épithète excessive. L'œuvre vraiment énorme de M. ARDOUIN-DUMAZET a été consacrée par de nombreuses distinctions.

Après l'*Académie française* et les sociétés de géographie, d'autres grandes associations ont tenu à couronner cette œuvre si considérable. Le *Touring-Club*, dont on sait l'immense influence et le rôle prépondérant dans le mouvement qui développe les voyages dans notre pays, avait pour la première fois à décerner, en 1904, un prix fondé par le Comité d'action pour favoriser les voyages en France; le conseil s'est unanimement prononcé pour attribuer cette distinction à M. Ardouin-Dumazet. Le rapporteur a dit : *Nul ne remplit mieux que lui les conditions indiquées par les fondateurs, et le véritable monument qu'il a élevé à notre pays le met en quelque sorte hors de pair.*

Dans l'assemblée générale, présidée par M. le président de la République, le président du *Touring-Club*, M. Ballif, a ainsi annoncé la décision du conseil, que la réunion a approuvée par ses applaudissements :

Votre Conseil a fixé son choix, pour le prix décerné à l'œuvre qui aura le plus contribué à développer le goût du tourisme, sur notre vieux camarade, M. Ardouin-Dumazet, auteur du Voyage en France.

Si quelqu'un peut dire avec justice : « Exegi monumentum », c'est bien ce voyageur infatigable. Quarante et un volumes — déjà — témoignent de la conscience qu'il a mise à parcourir tout notre pays jusqu'en ses recoins les plus reculés, de la science, de la patriotique éloquence avec laquelle il a décrit ce qu'il a vu.

Il disait à la tête de son dixième volume : « La grandeur de la tâche était bien faite pour m'effrayer, je me suis pris de passion pour ces efforts, j'en ai davantage aimé notre grande et chère patrie, et je me suis promis d'achever de mettre en lumière et les beautés naturelles du pays et les vertus domestiques de ses enfants. »

Ce qu'il disait, il l'avait largement commencé, et il l'a courageusement fini.

M. Ballif aurait pu ajouter que c'est là seulement une partie de l'énorme labeur de M. Ardouin-Dumazet; il a écrit bien d'autres livres, ayant trait surtout aux questions militaires et maritimes, et une étude sur les réseaux d'État de l'Europe centrale, produite par une consciencieuse enquête à l'étranger.

Mais le **Voyage en France** restera la partie capitale de cette œuvre patriotique. Entreprise colossale, menée cependant à bien, en quinze années d'efforts entravés par les nécessités de la tâche quotidienne dans la presse de Paris, où l'écrivain s'est fait une si solide situation. On a comparé ce voyage à celui d'Arthur Young vers 1789 ; mais il est autrement considérable, car Young consacre seulement deux volumes à la France et M. Ardouin-Dumazet en a déjà cinquante-cinq et terminera par plusieurs sur Paris. Young ne traite que de la France agricole ; l'écrivain moderne a étudié le pays sous toutes ses faces et donné le tableau le plus précis, le plus vivant et le plus coloré de la France au déclin du dix-neuvième siècle, au commencement du vingtième.

L'agriculture tient aussi une large place dans ce **Voyage en France**, plus large et plus variée même que dans le livre d'Arthur Young ; aussi la Société nationale d'agriculture a-t-elle tenu, à son tour, à récompenser l'auteur en lui accordant en 1904 sa médaille d'or. Le rapporteur, M. Bénard, a dit :

Comme Arthur Young, en 1789, M. Ardouin-Dumazet sait voir et sait bien décrire ce qu'il a vu. En sa compagnie, on éprouve un plaisir extrême à parcourir toutes les provinces de la France.

Les questions agricoles tiennent une grande place dans ses descriptions, si justes et si vivantes ; ses informations sont puisées à des sources sûres qu'il a contrôlées lui-même.

L'œuvre de M. Ardouin-Dumazet est une géographie nationale, vraiment digne de ce nom, autant sous le rapport des recherches nouvelles et inattendues que de la méthode d'exposition ; c'est une œuvre moderne qui constitue un des considérables labeurs de ce temps ; le style est alerte, plein de couleur ; c'est en même temps une œuvre littéraire, puisque l'Académie française lui a décerné le prix Michaud, réservé à un ouvrage de littérature française. C'est surtout un manuel d'économie rurale, qui met en relief tous les travaux trop peu connus des améliorations du sol de la France, et qui étudie les conditions d'existence des habitants des villes et des campagnes.

Permettez-moi de citer ce fait plus éloquent que tous les rapports :

Un pauvre aveugle se faisait lire par sa sœur le **Voyage en France**. *Le jeune homme, qui n'a jamais vu et ne verra jamais un paysage, s'est épris de cet ouvrage :* « *Je connais mon pays, maintenant, dit-il, je le vois !* » *Tous ceux qui lisent les ouvrages de M. Ardouin-Dumazet pensent comme cet aveugle.*

M. Ardouin-Dumazet a accompli aujourd'hui sa tâche.

« ... *J'achève cette course de quinze années à travers la France...*
« *J'ai pu parcourir et décrire tous les rivages de nos mers et pénétrer*
« *dans toutes leurs îles... Je suis monté par tous les monts, grandes*
« *chaînes ou massifs modestes ; j'ai suivi de leur source à leur embou-*
« *chure ou remonté de l'embouchure à leur source tous nos fleuves,*
« *toutes nos grandes rivières ; j'ai étudié le laboureur dans les vastes*
« *plaines, le vigneron sur les coteaux fortunés, le bûcheron dans les*
« *sylves profondes...*

« ... *Je l'ai fait sans lassitude, toujours plus épris de la terre na-*
« *tale, qu'il faut faire aimer par tous en disant les efforts de ses*
« *enfants pour la rendre plus féconde...* »

d'agriculture, dans l'œuvre de M. Ardouin-Dumazet, tient la place primordiale ; c'est un véritable traité d'économie rurale, c'est le cinématographe de l'agriculture dans les différentes parties de la France.

Les autres distinctions ne furent pas moins flatteuses. Voici comment s'exprimait à la Société de géographie commerciale le rapporteur qui annonçait la « médaille de France » accordée après le vingtième volume :

Il y a donc encore des coins insuffisamment connus en France ? Posez cette question devant M. Ardouin-Dumazet ! Il vous répondra en vous montrant les volumes déjà parus de son Voyage en France, œuvre encore inachevée, sans doute ; mais fallait-il attendre encore, après vingt volumes, pour récompenser l'œuvre ? Aucun de nous ne l'a pensé.

L'auteur nous entraîne de province en province, de ville en ville, d'usine en usine. C'est un tour de France, effectué avec le compagnon le plus aimable, le plus instruit, le plus débrouillard, le plus insatiablement curieux qui se puisse imaginer. M. Ardouin-Dumazet entend étudier de près, voir, toucher, comprendre ce qu'il décrit, ce qui fait qu'une fois en possession de son sujet, il l'expose avec une aisance extrême, avec le talent de se faire lire jusqu'au bout.

La plume est alerte, sans prétention ; pas de phraséologie ; des monceaux de faits et de chiffres, dressés pour l'édification du lecteur par les voies les plus courtes. Pays, mœurs, production industrielle, agriculture, conditions du travail, dans chaque localité, tout est passé en revue avec intelligence et sincérité. L'auteur nous appartient surtout par le côté économique et commercial. On sent que l'on a en lui sur ce terrain un guide à qui l'on peut se fier.

L'un de nous a dit que l'œuvre de M. Ardouin-Dumazet était ce qui avait été publié de plus agréable et de plus complet en ce genre sur la France, depuis le célèbre voyage d'Arthur Young, à la fin du dix-huitième siècle. Les préoccupations de l'auteur moderne sont moins exclusivement agricoles que celles de son prédécesseur, et Arthur Young parcourait lentement nos campagnes sur une jument grise, tandis que M. Ardouin-Dumazet use de tous les moyens de locomotion.

Notre auteur a été soldat avant d'être écrivain. Franc-tireur en 1870, il combattit à Dijon, à Nuits, à Vesoul ; il s'engagea en 1872 dans un régiment de ligne, passa de là aux tirailleurs algériens, forma une Société de géographie à Tlemcen, fut élu membre de la Société de géographie de Bordeaux et membre correspondant de notre Société. Il était alors caporal. Le suivre dans les nombreuses péripéties de sa carrière m'entraînerait trop loin. Il s'est fait lui-même, il a été un écrivain d'une fécondité extraordinaire, il a enfin composé une belle œuvre sur notre pays : nous lui avons donné la « médaille de France ».

Ce que la Société de géographie commerciale a pensé du Voyage en France, la *Société de géographie de Paris* l'avait dit en lui attribuant le prix Félix Fournier.

M. Ardouin-Dumazet s'efforça donc de faire une étude sérieuse, très documentée et très au courant, en s'appuyant non pas seulement sur ce qui avait été écrit avant lui, mais en allant sur place, en consultant les industriels, les commerçants, les propriétaires, tous ceux, en un mot, qui étaient en état de lui fournir des renseignements vécus. On sent tout ce qu'il faut d'esprit critique et d'indépendance pour ne pas se laisser influencer, pour négliger les querelles locales, les amours-propres froissés et ne retenir de ces informations, souvent oiseuses et interminables, que le trait décisif et l'argument qui porte. Ce n'est plus ici le sec et fastidieux résumé d'un auteur qui abrège des documents officiels, c'est l'impartial exposé d'efforts personnels encore tout vibrants de la lutte, et cela donne au style, avec une trame solide, une intensité de vie, une propriété d'expression qui sont la caractéristique même de cet ouvrage.

Dans le *Journal de Genève*, un éminent écrivain, le regretté professeur Sabatier, a dit à propos du **Voyage en France** :

M. Ardouin-Dumazet est de la race des voyageurs ; il en a le génie, la méthode et le flair, et c'est la seconde raison des découvertes qu'il fait. D'abord, il ne voyage pas en chemin de fer ; il va à pied. Entre la grande route et le chemin de traverse, il n'hésite jamais ; il prend le sentier infréquenté, il grimpe sur toutes les hauteurs dominantes, interroge avec intelligence tous les hommes qui peuvent l'instruire, s'étonne de tout et veut tout voir et tout expliquer. A ces qualités qui font le voyageur, ajoutez une profonde et chaude sympathie pour la vie rurale, une aptitude extraordinaire à pénétrer le secret d'une industrie, le genre d'existence d'une classe de travailleurs, comme à sentir et à interpréter l'âme d'un paysage.

Le succès du **Voyage en France** est d'autant plus frappant que l'auteur, tout à son œuvre et à ses travaux spéciaux d'écrivain militaire, n'a pas recherché le bruit autour de sa remarquable création. Les distinctions et les encouragements dont elle a été l'objet lui sont venus sans qu'il les ait sollicités. Cet ensemble de livres consacrés à un même sujet, qu'à bon droit on peut appeler une *bibliothèque nationale* et qui constitue un des plus considérables labeurs de ce temps, s'est imposé par sa seule valeur.

Nous ne saurions trop insister sur ce point. Ce n'est pas une *Géographie*, dans le sens étroit de ce mot. C'est aussi une œuvre littéraire et historique, d'une portée considérable. L'*Académie française*, appelée pour la seconde fois à couronner le **Voyage en France**, a tenu à bien marquer son sentiment à cet égard, en lui attribuant le prix Narcisse-Michaut, qu'elle décerne tous les deux ans à l'auteur du *meilleur ouvrage de littérature française*.

Voici les sommaires des cinquante-cinq volumes parus ou sous presse :

Volumes parus :

1re Série : **LE MORVAN, LE VAL DE LOIRE, LE PERCHE.** — Le flottage en Morvan — les bûcherons du Nivernais — au pays des nourrices — le Nivernais industriel — le Nivernais pastoral — une usine nationale (Guérigny) — Gien et la Puisaye — la Sologne — paysages solognots — les colons de Sologne — la Sologne berrichonne — le safran en Gâtinais — Orléans — les roses d'Olivet — les troglodytes du Vendômois — les vignes du val de Loire — la capitale des tanneurs — la Champagne tourangelle — Rabelais, guide en Touraine — la réglisse — la Touraine industrielle — Mettray — le Perche — le percheron en Amérique — le Grand-Perche — les forêts du Perche — la vallée de la Sarthe — ce que deviennent les hêtres — La Flèche et le pays fléchois. — 370 pages avec 19 cartes ou croquis.

2e Série : **DES ALPES MANCELLES A LA LOIRE MARITIME.** — Les Alpes mancelles — le pavé de Paris — la Champagne mancelle — Sablé et ses marbres — Laval et Port-du-Salut — chez les Chouans — dans la Mayenne — l'agriculture dans le Bas-Maine — aiguilles et épingles — le point d'Alençon — le camembert — Flers — la Suisse normande — Angers et les ardoisières — ardoises et primeurs — le guignolet et le vin d'Anjou — Saumur — la bijouterie religieuse — le Bocage vendéen — sur la Loire, d'Angers à Nantes — Grand-Jouan — Clisson et les lacs de l'Erdre — le lac de Grand-Lieu — la Loire, de Nantes à Paimbœuf. — 356 pages avec 24 cartes.

(*Ces deux volumes ont été couronnés par l'Académie française, dès leur apparition ; les 23 suivants ont obtenu une nouvelle et haute récompense.*)

3e Série : **LES ILES DE L'ATLANTIQUE.** — *D'Arcachon à Noirmoutier*. L'île aux Oiseaux — la Seudre et les îles de Marennes — l'île d'Oleron — île d'Aix — île Madame et Brouage — île de Ré — île d'Yeu — île de Noirmoutier. — **BRETAGNE I :** *De la Loire à Belle-Isle.* — De l'île de Bouin à Saint-Nazaire — archipel de la Grande-Brière — île Dumet et la presqu'île du Croisic — Belle-Isle-en-Mer. — 318 pages avec 19 cartes.

4e Série : **BRETAGNE II : LES ILES DE L'ATLANTIQUE.** — *D'Hoëdic à Ouessant.* — île d'Houat — la charte des îles bretonnes — île d'Hoëdic — le Morbihan et la presqu'île de Rhuys — île aux Moines — petites îles du Morbihan — îles d'Ars et d'Eur — île de Groix — île Chevalier et île Tudy — archipel des Glénans — la ville close de Concarneau — île de Sein — île de Molène et îlots de l'archipel d'Ouessant — l'île d'Ouessant — îles de la rade de Brest. — 322 pages avec 25 cartes.

5ᵉ Série : **BRETAGNE III.** — *Haute-Bretagne intérieure* (sous presse) — Rennes — l'université agricole de Rennes — Vitré et le Vendelais — Fougères et le Désert — le Couesnon et le pays de Coglès — de l'Ille à la Rance — entre la Rance et la mer — autour de Châteaubriant — de l'Erdre à la Vilaine — les lacs de l'Erdre — Grand-Jouan et la Melleraye — d'Ancenis à Clisson — le lac de Grand-Lieu — du Sillon de Bretagne aux landes de Lanvaux — autour des landes de Lanvaux — en Porhoët — le Penthièvre — Saint-Brieuc — le Turnel-Gouët — aux sources de l'Oust et du Gouët — le Méné. — 400 pages avec 30 cartes.

Le littoral est décrit dans les séries 51 et 53 ; la Basse-Bretagne dans la 55ᵉ série.

6ᵉ Série : **COTENTIN, BASSE-NORMANDIE, PAYS D'AUGE, HAUTE-NORMANDIE, PAYS DE CAUX.** — Une ville de chaudronniers — les vœux de Vire — la Déroute et les lignes de Carentan — le duché de Coligny — la Hougue — Cherbourg et la Hague — Bayeux et le Bessin — la campagne de Caen — la foire de Guibray — du Bocage à la mer — le littoral du Calvados — la vallée d'Auge — en Lieuvin — Trouville et la Côte-de-Grâce — le marais Vernier et la Risle — Évreux et le Saint-André — traînglots et enfants de troupe — les draps d'Elbeuf — de l'Avre à la Risle — de la Risle à l'Andelle — Rouen — le royaume d'Yvetot — le Mascaret — le Havre. — 455 pages avec 80 cartes.

7ᵉ Série : **LA RÉGION LYONNAISE : LYON, MONTS DU LYONNAIS ET DU FOREZ.** — Lyon — rôle social de Lyon — à travers Lyon — la Croix-Rousse et Vaise — du Gourguillon au mont d'Or — la plaine du Dauphiné — Vienne et le pays des cerises — le mont Pilat — les monts du Lyonnais — de Vichy à Thiers — de Thiers à Pierre-sur-Haute — Montbrison, la plaine du Forez et Saint-Galmier — les monts de Tarare — le col des Sauvages et Thizy — Cours et Roanne — le berceau de Félix Faure — la diligence des Écharmeaux — le Beaujolais et la foire de Montmerle — teinturiers et tireurs d'or. — 344 pages, 19 cartes.

8ᵉ Série : **LE RHÔNE, DU LÉMAN A LA MER : DOMBES, VALROMEY ET BUGEY, BAS-DAUPHINÉ, SAVOIE RHODANIENNE, LA CAMARGUE.** — En Dombes — la Bresse et le Bugey — la corne et le celluloïd — Saint-Claude et ses pipes — la Valserine et la perte du Rhône — le Valromey et Belley — les lacs du Bas-Bugey — les Balmes viennoises — l'île de Crémieu — la Hollande du Dauphiné — du lac d'Aiguebelette au lac du Bourget — le lac d'Annecy — Albertville et l'Arly — les horlogers de Cluses — le Rhône de Bellegarde à Seyssel — les défilés de Pierre-Châtel — Villebois et le saut du Rhône — le Rhône, de Lyon à Valence — le Rhône, de Valence à la mer — en Camargue — les Saintes-Maries-de-la-Mer — les vignobles et les troupeaux. — 325 pages avec 22 cartes.

9ᵉ Série : **BAS-DAUPHINÉ : VIENNOIS, GRAISIVAUDAN, OISANS, DIOIS ET VALENTINOIS.** — Le lac de Paladru et la Fure — du Rhône à la Morge

— la noix de Grenoble — Voiron et la Chartreuse — Grenoble — de Grenoble à la Mure — la Matayeine et Visille — Uriage, le Pont-de-Claix — l'Oisans — en Graisivaudan — le pays du gratin — Tournon, Tain et l'Ermitage — le Valentinois — Crest et la Drôme — le chemin de fer du col de Cabres — les premiers oliviers — Dieulefit et la forêt de Saou — le Vercors — le Royannais — les Quatre-Montagnes. — 357 pages avec 23 cartes.

10ᵉ Série : LES ALPES, DU LÉMAN A LA DURANCE. — Les chasseurs alpins — en Tarentaise — en Maurienne — dans les Bauges — le Genevois — le Léman français — du Faucigny en Chablais — des Dranses au mont Blanc — les alpages de Roselend — le poste des Chapieux — la redoute ruinée du petit Saint-Bernard — au mont Iseran — au pied du mont Cenis — une caravane militaire — le Briançonnais — du mont Genèvre au val de Névache — en Valloulse — le Queyras — les Barcelonnettes au Mexique — les défenses de l'Ubaye — Embrun et Gap — du Champsaur en Valgodemard — en Dévoluy — du Trièves en Valbonnais. — 374 pages avec 25 cartes.

11ᵉ Série : FOREZ, VIVARAIS, TRICASTIN ET COMTAT-VENAISSIN. — La vallée du Gier — lacets et cuirasses — les armuriers de Saint-Étienne — rubaniers et cyclopes — le pays des serruriers — la vallée de l'Ondaine — Annonay et la Déôme — le Meygal — la Genève du Vivarais — du Rhône aux Boutières — sous les mûriers de Privas — de Viviers à Vals — le Pradel et le Teil — en Tricastin — l'enclave de Valréas et les Baronnies — les dentelles de Gigondas — le Pont-Saint-Esprit — la principauté d'Orange — Carpentras — au mont Ventoux — en Avignon — la fontaine de Vaucluse — les melons de Cavaillon. — 362 pages avec 25 cartes.

12ᵉ Série : ALPES DE PROVENCE ET ALPES MARITIMES. — Au pays de Tartarin — la foire de Beaucaire — Uzès et le pont du Gard — les huiles de Salon — Noël chez Mistral — le félibrige et Saint-Remy-de-Provence — des Alpilles en Arles — d'Arles en Crau — au pied du Luberon — les pénitents des Mées — la vallée du Buech — de Gap à Digne — les brignoles de Barrême — les amandiers de Valensole — les faïences de Moustiers — le plateau du Var — Aix-en-Provence — les champs de Pourrières — du Caramy à l'Argens — de Draguignan à Grasse — les parfums de Grasse — de Menton aux Mille-Fourches — la Vésubie — la Tinée — les gorges du Var — du Var à l'Ubaye. — 382 pages, 30 cartes, dont celle des Alpes hors texte.

13ᵉ Série : LA PROVENCE MARITIME. — I. *La région marseillaise.* — Aux bouches du Rhône — la petite mer de Berre — les bourdigues de Caronte — la côte occidentale de la petite mer — le massif de l'Estaque — le canal de Marseille au Rhône — de Roquefavour au Pilon-du-Roi — les mines de Fuveau — les câpriers de Roquevaire — à travers Marseille — les ports de Marseille — du vieux Marseille aux Cabanons

— de la Ciotat aux Calanques — Toulon — la rade de Toulon — la batterie des Hommes sans peur — l'archipel des Embiez, les gorges d'Ollioules — les cerisaies de Solliès-Pont — Hyères et les Maurettes — les Isles d'Or : Giens et Porquerolles — les Isles d'Or : Bagau, Port-Cros et le Levant — des Maures à Saint-Tropez — traversée nocturne des Maures — du Grapeau à la Sainte-Baume — de la Sainte-Baume à l'Huveaune.

La Côte d'Azur est décrite dans la 50e série.

14e Série : LA CORSE. — La Balagne — Calvi et la Balagne déserte — la Tartagine et Corté — de Tavignano à Pentica — la Gravone et Ajaccio — autour d'Ajaccio — la Cinarca — une colonie grecque — les cédratiers des calanches — une vallée travailleuse (Porto) — dans la forêt corse — le Niolo — les gorges du Golo — Mariana et la Casinca — la Castagniccia — autour de Bastia — le cap Corse — de Marseille à Bartène — les bouches de Bonifacio — une vendetta (Porto-Vecchio) — le Fiumorbo — un essai de grande culture — l'immigration lucquoise — la vallée du Tavignano — l'avenir de la Corse. — 320 pages avec 27 cartes ou croquis, 7 vues et une planche hors texte.

15e Série : LES CHARENTES ET LA PLAINE POITEVINE. — Le pays d'Angoumois — les papiers d'Angoulème — au pays des colporteurs — les merveilles de la Braconne — les sources de la Touvre — une usine nationale : Ruelle — de la Charente au Né — la Champagne de Cognac — le vignoble de Cognac — la fabrication du cognac — les Pays-Bas de Jarnac — dans les Fins-Bois — le Confolentais — de la Tardoire à la Dronne — la double Saintongeoise — la Charente maritime (de Saintes à Rochefort) — La Rochelle — les vignes et les laiteries de l'Aunis — les bouchots à moules — Niort et la plaine poitevine — l'école militaire de Saint-Maixent — les protestants du Poitou — les mulets de Melle. — 384 pages avec 26 cartes.

16e Série : DE VENDÉE EN BEAUCE. — La vallée de la Vonne à Sanxay — de Lusignan à Poitiers — les armes blanches de Châtellerault — en Mirebalais — Oiron et Thouars — la Vendée historique — les Alpes vendéennes — le Bocage vendéen — la forêt de Vouvant — les marais de la Sèvre niortaise — le Marais vendéen — Luçon et son marais — l'estuaire du Lay — la Vendée moderne — le pays d'Olonne — de la Loire à la Vie — de Bressuire en Gâtine — le Thouet et l'école de Saumur — au pays de Rabelais — de Tours au pays de Ronsard — la Beauce dunoise et Blois — les champs de bataille de la Beauce — la Beauce chartraine — Perche-Gouët, Thimerais et Drouais. — 388 pages avec 30 cartes.

17e Série : LITTORAL DU PAYS DE CAUX, VEXIN, BASSE-PICARDIE. — Les falaises de Caux — Dieppe et la vallée de la Scie — de valleuse en valleuse — l'Allermont — le pays de Bray — en Vexin — les tabletiers de Méru — les éventaillistes au village — le pays de Thelle — Beauvais — les opticiens du Thérain — la vallée dorée — de la Brèche

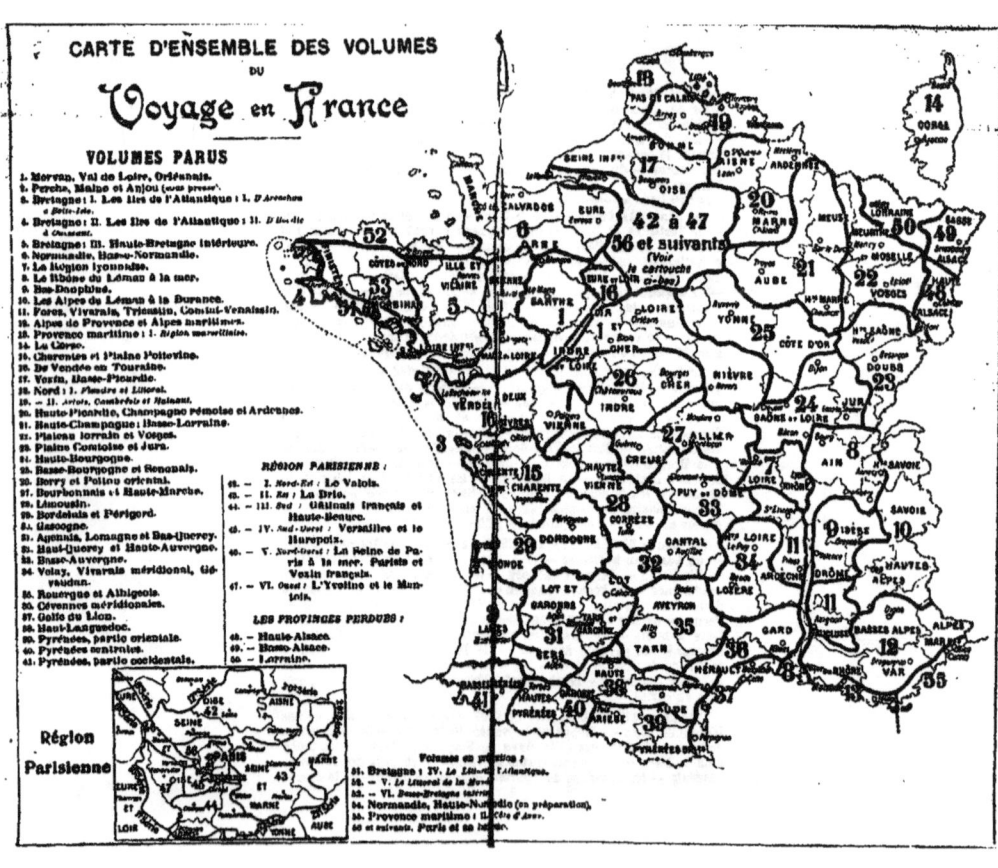

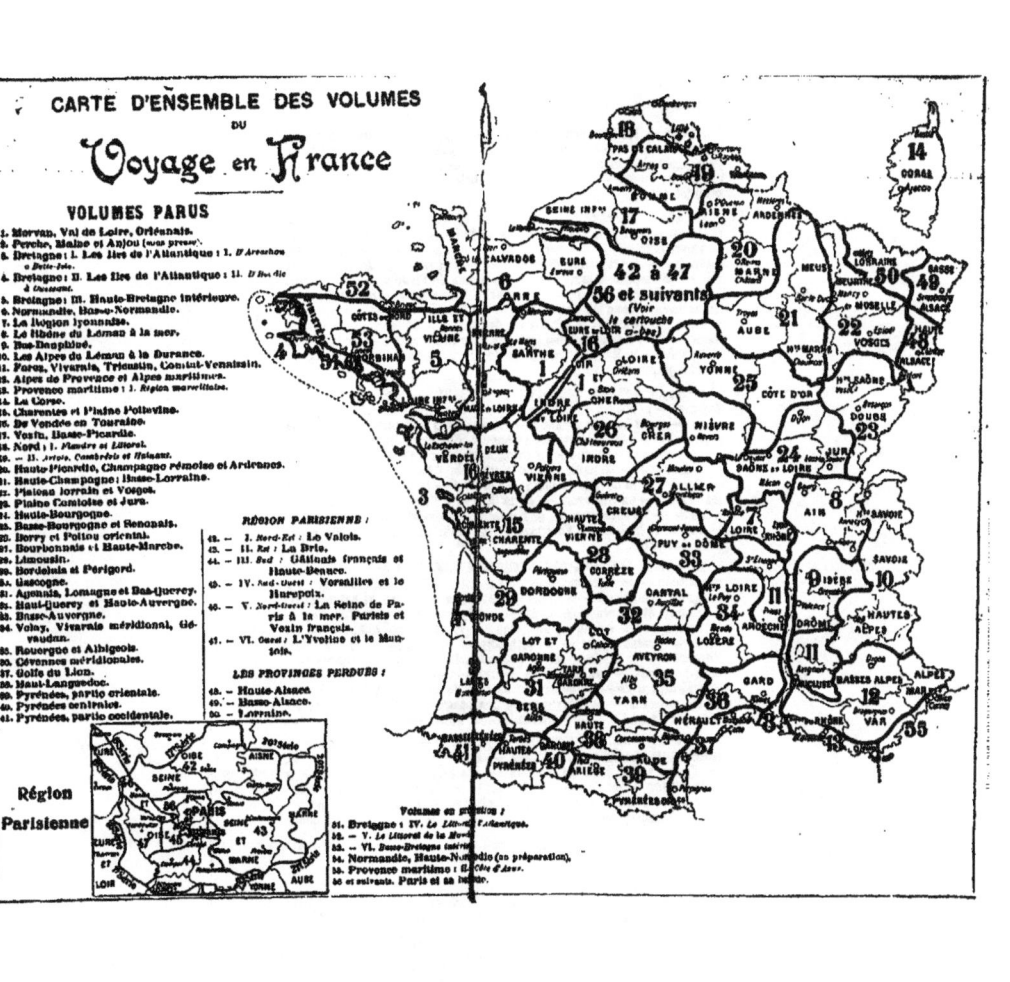

à la Noye — les tourbières de Picardie — Amiens — dans les hortillonnages — les bonnetiers du Santerre — pendant les manœuvres — l'Amiénois et la vallée de la Nièvre — les dernières falaises — les serruriers de Vimeu — d'Escarbotin à la baie de Somme. — 398 pages avec 24 cartes.

18ᵉ Série : FLANDRE ET LITTORAL DU NORD. — Roubaix — la forteresse du collectivisme — Tourcoing et le Ferrain — le val de Lys — le vieux Lille — le nouveau Lille — mœurs lilloises — la Flandre guerrière — l'agriculture dans le Nord — les villes industrielles de la Lys — la Flandre flamingante — les monts de Flandres — les Moëres — Dunkerque et son port — la pêche à Islande — Fort-Mardyck et Gravelines — dans les wateringues — en Morinie — Langhe, Bredenarde et Pays reconquis — la fabrication des tuiles — en Boulonnais — Boulogne et ses plumes métalliques — la côte boulonnaise — de la Canche à l'Authie — le Marquenterre et le Ponthieu — le cheval boulonnais. — 456 pages avec 30 cartes.

19ᵉ Série : ARTOIS, CAMBRÉSIS ET HAINAUT. — Les sources de la Somme — le champ de bataille de Saint-Quentin — la vallée de l'Omignon — de la Somme à l'Ancre — le pays des phosphates — la Nièvre picarde — le pays d'Arras — Azincourt, Enguinegatte et Thérouanne — le pays noir de Béthune — l'armée au pays noir — Alleu, Weppes et Escrebieux — Bapaume et la source de l'Escaut — en Cambrésis — Caudry et le canton de Clary — Cambrai — la plus grande sucrerie du monde — en Ostrevent — de la Scarpe à l'Escaut — le pays noir d'Anzin — Valenciennes et le Hainaut — la vallée de la Sambre — la vallée de la Solre — Fourmies — la trouée de l'Oise. — 398 pages avec 28 cartes.

20ᵉ Série : HAUTE-PICARDIE, CHAMPAGNE RÉMOISE ET ARDENNES. — En Noyonnais — en Soissonnais — en Laonnais — les vanniers de la Thiérache — le familistère de Guise — la vallée de l'Oise et Saint-Gobain — Coucy et le Tardenois — Reims — Épernay et le vignoble d'Ay — la Montagne de Reims et ses vins — le camp de Châlons — les Champs catalauniques — le Rethelois et le Porcien — entrée dans l'Ardenne — le royaume de la quincaillerie — la principauté de Château-Regnault — les Dames de Meuse — les Givets — Rocroi et le cheval ardennais — le champ de bataille de Sedan — Sedan industriel et ses annexes — De l'Argonne en Champagne Pouilleuse — la héronnière du Grand-Écury — Vertus et le mont Aimé. — 401 pages, 22 cartes.

21ᵉ Série : HAUTE-CHAMPAGNE, BASSE-LORRAINE. — La Brie champenoise — la Champagne Pouilleuse — le Perthois et le Der — le val de l'Aube — le pays de Morvois — les bonnetiers de Troyes — le pays d'Othe — de Troyes à Clairvaux — en Bassigny — les couteliers de Nogent-le-Roi — la montagne d'Auberive — le plateau de Langres — du Bassigny en Ornois — le Vallage — la métallurgie en Champagne — en Barrois — le Blois, la Voide et le pays des Vaux — les opticiens de Ligny — Valmy et le Bormois — les défilés de l'Argonne — Varennes, le Clermontois et les Islettes — le Verdunois — Domremy et Vaucouleurs — les côtes de Meuse. — 419 pages avec 27 cartes.

22ᵉ Série : PLATEAU LORRAIN ET VOSGES. — Le Luxembourg français — le pays du fer — le Jarnisy et Briey — la Woëvre — le pays de Haye — l'École forestière de Nancy — Nancy — le Vermois et le Saulnois — le Xaintois — luthiers et dentellières — dans les Faucilles — la Vôge — un pèlerinage à Roville — Épinal et l'industrie des Vosges — les images d'Épinal — de la Mortagne à la Vezouse — la Vologne — les lacs vosgiens — la principauté de Salm-Salm et Saint-Dié — le Val-d'Ajol et Plombières — la Haute-Moselle — les Vosges militaires — la Moselotte — le ballon de Servance — au ballon d'Alsace — 427 pages avec 27 cartes.

23ᵉ Série : PLAINE COMTOISE ET JURA. — Les vanniers de Pays-Billot — le bailliage d'Amont — la Saône franc-comtoise — la vallée de l'Ognon — les Vosges comtoises — Besançon et ses horlogers — le couloir du Doubs — le pays de Montbéliard — Belfort et le Sundgau — Beaucourt et ses satellites — le Lomont — les fruitières jurassiennes — les sources de la Loue — le lac de Chaillexon — le Saugeais et le Barolchage — le lac de Saint-Point — de Champagnole au val de Mièges — l'Écosse du Jura — Morez — la vallée des Dappes et la Faucille — le pays de Gex — les lapidaires de Septmoncel et de Saint-Claude — Clairvaux et le Grandvaux — la Moyenne-Montagne. — 423 pages avec 25 cartes.

24ᵉ Série : HAUTE-BOURGOGNE. — Dijon — dans les houblonnières — les pays bas de Bourgogne — le vignoble de la Côte-d'Or — la côte dijonnaise — la côte de Nuits et Cîteaux — Beaune et sa côte — le Snage et Dôle — la forêt de Chaux et le Val-d'Amour — le Bon-Pays — Chalon-sur-Saône et la Bresse chalonnaise — Bresse bressane et Bevermont — la Bresse louhanaise — la côte mâconnaise — au long de la Saône — de royaume en empire — au pays de Lamartine — la côte chalonnaise et Cluny — des Grosnes au Sornin — en Brionnais — Charolais et Combrailles — la Loire bourguignonne. — 399 pages avec 30 cartes.

25ᵉ Série : BASSE-BOURGOGNE ET SÉNONAIS. — Le seuil de Longpendu — la vallée de la céramique — le Creusot — Bibracte et Autun — le pays de l'huile — le Morvan bourguignon — en Auxois — autour d'Alésia — le vignoble des Riceys et l'Ource — Châtillonnais et Duesmois — aux sources de la Seine — l'Avallonnais — la Cure et l'Yonne — en Auxerrois — le Tonnerrois — en Sénonais — la Puisaye — le Gâtinais français — le Gâtinais orléanais — entre Sologne et Gâtinais. — 373 pages avec 24 cartes.

26ᵉ Série : BERRY ET POITOU ORIENTAL. — Le Sancerrois et la Forêt des Forêtins — les arsenaux de Bourges — le camp d'Avord et la Septaine — le canal du Berry — du Cher à l'Arnon — une colonie d'aliénés — porcelainiers et forgerons du Berry — Issoudun et Châteauroux — la Champagne berrichonne — la vallée du Nahon — les moutons du Berry — la basse vallée de l'Indre — en Brenne — de la Claise à la Creuse — de Touraine en Acadie — les carrières du Poitou — la Beauce montmorillonnaise — entrée en Boischaut — les lingères d'Argenton — le pays de George Sand — la Creuse et la Gargilesse. — 355 pages avec 25 cartes.

27ᵉ Série : BOURBONNAIS ET HAUTE-MARCHE. — Nevers et le bec d'Allier — Moulins et Souvigny — Sologne bourbonnaise — la vallée de la Besbre — monts de la Madeleine — Limagne bourbonnaise — le berceau des Bourbons — des côtes Matras à la Sioule — de la Sioule à la Bouble — houillères de Commentry — la forêt de Tronçais et Montluçon — un tour en Berry — entrée dans la Marche — les maçons de la Creuse — la tapisserie d'Aubusson — au long de la Creuse — les Trois-Cornes et la Sedelle — aux sources de la Gartempe — du Taurion à la Maulde — le plateau de Gentioux. — 352 pages avec 27 cartes.

28ᵉ Série : LIMOUSIN. — La basse Marche — les montagnes de Blond — les monts d'Ambazac — Limoges — émaux et porcelaines — autour de Limoges — Saint-Junien et ses gantiers — aux confins du Périgord — la Chine du Limousin — la haute vallée de la Vienne — Treignac et les Monédières — Meymac et Ussel — le plateau de Millevaches — la Corrèze et Tulle — le château d'Uzerche — ardoises et primeurs — Ségur et l'Auvézère — de Pompadour à la Vézère — Brive-la-Gaillarde — Noailles et Turenne — la Dordogne limousine — entre Argentat et Tulle. — 350 pages avec 24 cartes.

29ᵉ Série : BORDELAIS ET PÉRIGORD. — Le Libournais — les vins de Bordeaux — Bordeaux — l'activité bordelaise — navigation sur la Gironde — le Médoc des grands vins — les landes du Médoc — la pointe de Grave — la Gironde saintongeaise — Blayais et Bourgeais — le Saint-Émilionnais — l'Entre-Deux-Mers — en Bazadais — la Dordogne en Périgord — la Double — de la Dronne à la Nizonne — Périgueux et l'Isle — le pays du père Bugeaud — le Nontronnais — chez nos aïeux préhistoriques — les truffes du Sarladais. — 411 pages avec 31 cartes.

30ᵉ Série : GASCOGNE. — Le Bazadais — la conquête des Landes — les landes de Bordeaux — autour du bassin d'Arcachon — Arcachon et les dunes — le Captalat de Buch — le pays d'Albret — le Marsan et le Gabardan — de la Midouze à la Leyre — le pays de Born — les lièges de Mimizan — de Dax au Vieux-Boucau — Cap-Breton et la Maremne — la Chalosse — la Rivière-Basse et le Tursan — le plateau de Lannemezan — le Pardiac et l'Astarac — l'Armagnac. — 340 pages avec 20 cartes.

31ᵉ Série : AGENAIS, LOMAGNE ET BAS-QUERCY. — La plaine de la Garonne — la vallée du Drot — les landes de Lot-et-Garonne — la capitale du Béarnais — les bouchonniers de Mézin — Lomagne, Gaure et Fezensaguet — le Fezensac et l'Eauzan — le Condomois — le pays des prunes — les petits pois de Villeneuve — le Haut-Agenais — Agen et ses campagnes — le Bas-Quercy — Lomagne et Rivière-Verdun — la rivière montalbanaise — les chapeaux de paille du Quercy — les gorges de l'Aveyron — les cingles du Lot — le causse de Limogne — le Lot entre Rouergue et Quercy. — 352 pages avec 22 cartes.

32ᵉ Série : HAUT-QUERCY ET HAUTE-AUVERGNE. — Le Célé et la Braunhie — Gourdon et la Bouriane — le causse de Martel — de César à Canrobert — le causse de Gramat — de Capdenac au Ségala — les gorges de la Cère et Aurillac — la Châtaigneraie — Campnac et Viadène — dans l'Aubrac — en Carladès — Saint-Flour et la Planèze — Luguet et Cézallier — le Feniers et l'Artense — du sommet du puy Mary — les bœufs de Salers. — 328 pages avec 21 cartes.

33ᵉ Série : BASSE-AUVERGNE. — Combrailles et Franc-Alleu — les houillères de la Combraille — la Limagne — le puy de la Poix — Clermont-Ferrand — au puy de Dôme — le reboisement dans le Puy-de-Dôme — le mont Dore — le camp de Bourg-Lastic — les orgues de Bort — le puy de Sancy et les lacs d'Auvergne — du mont Dore à l'Allier — du Velay à la Margeride — de Brioude à Issoire — Gergovie — de l'Allier à la Dore — en Livradois — du Livradois en Forez — de la Loire aux Boutières. — 344 pages avec 24 cartes.

34ᵉ Série : VELAY, VIVARAIS MÉRIDIONAL, GÉVAUDAN. — Le Lignon-Vellave — le pays d'Emblavès et le Puy — la dentelle du Puy — Polignac et le volcan de Bar — le mont Mézenc — à la source de la Loire — le lac d'Issarlès — le lac du Bouchet — entrée en pays cévenol — de la Cère à l'Ardèche — au long de l'Ardèche — ascension du mont Lozère — Mende et le Gévaudan — le plateau de la Margeride — le palais du roi — le causse de Sauveterre — les gorges du Tarn — autour du causse Méjean — entre causses et Cévennes — Bramabiau et l'Aigoual. — 397 pages avec 27 cartes.

35ᵉ Série : ROUERGUE ET ALBIGEOIS. — La basse Marche du Rouergue — le bassin de Decazeville — la montagne qui brûle — Rodez et le causse du Comtal — Espalion et le causse de Bozouls — le causse de Sévérac — Millau — les brebis du Larzac — à travers le Larzac — les caves de Roquefort — le rougier de Camarès — à travers le Ségala — entrée en Albigeois — le pays de Cocagne — Carmaux et ses mines — entre Tarn et Dadou — les vins de Gaillac — Castres et son causse — une page d'histoire industrielle — Mazamet, la Montagne-Noire et le Thoré. — 359 pages avec 22 cartes.

36ᵉ Série : CÉVENNES MÉRIDIONALES. — La Gardonnenque — le bassin d'Alais — le Guidon du Bouquet — entre Uzès et Anduze — la Salendrenque — le Gardon de Mialet — la Vallée française — Bramabiau et l'Aigoual — la haute vallée de l'Hérault — la vallée de la Dourbie — de l'Hérault au Vidourle — Sommières et la Balavès — les gorges de Saint-Guilhem — la vallée de la Lergue — Villeneuvette et Bédarieux — l'Escandorgue et l'Espinouse — la Vernazobres et la Cessa en Minervois. — 331 pages avec 26 cartes.

37ᵉ Série : GOLFE DU LION. — Nimes — le Nemauzés — les mazets des Garrigues — aux bords du petit Rhône — Aiguesmortes — le vignoble des Sables — la Vaunage et la Vidourlonque — Montpellier — la cité morte de Maguelonne — Cette — Agde et l'étang de Thau — le fleuve Hérault — Béziers et le Biterrois — Narbonne — le lac Rubrensis — La Nouvelle et Leucate — Rivesaltes et la Salanque — les jardins de Perpignan — au pied des Albères — Port-Vendres et Banyuls. — 355 pages avec 24 cartes.

38ᵉ Série : LE HAUT-LANGUEDOC. — Le Sidobre et Lacaune — les monts de Lacaune et l'Espinouse — du Sumail en Cabardès — de Saint-Papoul à Sorèze — les rigoles du canal du Midi — en Lauragais — Carcassonne et le Carcassès — dans les Corbières — le Fenouillèdes — les défilés de Pierre-Lis — le Razès — le Kercorbis — le Mirepoix — de l'Ariège à la Garonne — Toulouse — le pays Toulousain — en Bas-Comminges et Nébouzan. — 331 pages avec 20 cartes.

39ᵉ Série : PYRÉNÉES ORIENTALES. — Le bas-Vallespir — les noisetières de Céret — le haut Vallespir — le Conflent — de Conflent en Roussillon — le Fenouillet — le pays de Sault — le Donézan — le Capcir — la Cerdagne française — l'enclave de Llivia et la Soulane — la vallée de Carol — Foix et la Barguillère — le Sabarthès — la mine aux mineurs de Ranclé : le passé — la mine aux mineurs de Ranclé : le présent — le Sérou et le Plantaurel. — 348 pages avec 25 cartes.

40ᵉ Série : PYRÉNÉES CENTRALES. — Le Couserans — les vallées de Massat et d'Aulus — les ours d'Uston — le Comminges pyrénéen — la vallée de Luchon — les fruitières de la Haute-Garonne — de Saint-Béat au val d'Aran — dans les Quatre-Vallées — Magnoac, Neste et Barousse — la vallée d'Aure — les réservoirs de la Neste — Tarbes — le cheval de Tarbes — le pays de Bustan — l'Adour à Bagnères-de-Bigorre — Vaussenat et Ransouly — au pic du Midi de Bigorre — de l'Adour au Gave — Lourdes et le Lavedan — les sept vallées du Lavedan — la vallée de Saint-Savin (Cauterets) — la vallée de Barèges — le cirque de Gavarnie. — 345 pages avec 23 cartes.

41ᵉ Série : **PYRÉNÉES OCCIDENTALES.** — La barre de l'Adour — la côte des Basques — la Bidassoa et le peuple basque — le pays de Labourd — Hasparren et l'Arberoue — la basse Navarre — une pointe dans le Val-Carlos — le bas Adour et le pays de Bidache — de Mixe en Baïgorry — la Soule — la vallée de Barétous — Oloron et ses gaves — la vallée d'Aspe — de la vallée d'Aspe à la vallée d'Ossau — la haute vallée d'Ossau — la basse vallée d'Ossau — le Josbaig et les vèsiaus du Béarn — au long du gave de Pau — campagnes béarnaises — les vins de Jurançon et de Vic-Bilh — de Béarn en Bigorre. — 351 pages avec 27 cartes.

RÉGION PARISIENNE :

42ᵉ Série : I. NORD-EST : **LE VALOIS.** — La Marne en Orxois — le pays d'Orxois — entrée en Valois — la forêt de Villers-Cotterêts — autour de Crépy-en-Valois — autour de Pierrefonds — en forêt de Compiègne — la vallée de l'Authonne — Compiègne et la navigation de l'Oise — la lieue archéologique — le pays des Sylvanectes — le désert d'Ermenonville — le Multien — la Gergogne et la Thérouanne — en Goële — Chantilly et ses forêts — Mortefontaine et les étangs de la Thève — les entraîneurs du Servois — l'Oise entre Creil et Pontoise — la petite France — la forêt de Carnelle. — 377 pages avec 21 cartes.

43ᵉ Série : II. EST : **LA BRIE.** — Au cœur du plateau briard — le Montois — la Bassée — la falaise de Brie — Provins et la Voulzie — la Brie Pouilleuse — le champ de bataille de Champaubert — de Brie en Tardenois — les meules à moulin : agonie d'une grande industrie — microbes et corsets — méandres de Marne — les fromages de Brie — la Brie meldoise — entre Meaux et Pomponne — la Brie forestière — le grand Morin des peintres — moutons de Brie — les papeteries du grand Morin — la vallée de l'Aubetin — Melun et le Châtelet. — 418 pages avec 23 cartes.

44ᵉ Série : III. SUD : **GATINAIS FRANÇAIS ET HAUTE-BEAUCE.** — Le Bocage gâtinais — la vallée de l'Orvanne — Nemours et le Loing — navigation sur la Seine — la Seine de la Cave à Corbeil — Fontainebleau — l'École d'application de l'artillerie et du génie — la forêt de Fontainebleau — la forêt vers Barbizon — Marlotte et les gorges de Franchard — les espaliers de Thomery — la Seine et la forêt — le pays de Bière — le Gâtinais Beauceron — de l'École à l'Essonne — la Seine de Corbeil à Choisy-le-Roi — l'industrie à Essonnes — de l'Essonne à la Juine — l'Étampois — la Juine et la Chalouette — en remontant la Juine — la Beauce pituéraise — trois bourgades beauceronnes. — 428 pages avec 19 cartes.

45ᵉ Série : IV. SUD-OUEST : **VERSAILLES ET LE HUREPOIX.** — La vallée des Roses — la forêt de Sénart — autour de Longjumeau — au bord de la Bièvre — le Josas — Versailles, la ville — rôle social et économique de Versailles — Versailles, le château et le parc — Versailles militaire et Saint-Cyr. — Port-Royal-des-Champs — l'École d'aérostation de Chalais — la vallée des Fraises — Marcoussis et Montlhéry — de l'Yvette à l'Orge — de l'Orge à la Juine — la capitale du Hurepoix — Chevreuse et les Vaux de Cernay — la vallée de la Remarde — vallée de la Renarde. — 359 pages avec 15 cartes.

46ᵉ Série : V. NORD-OUEST : LA SEINE DE PARIS A LA MER. PARISIS ET VEXIN FRANÇAIS. — La vallée de Montmorency — le pays des poiriers — les collines du Parisis — la boucle d'Argenteuil — la plaine du Parisis — descente de la Seine, de Paris à fin d'Oise — la Seine de fin d'Oise à l'Eure — à Rouen par la Seine — sur la Seine maritime, de Rouen à Duclair — la Seine maritime, de Duclair à Villequier — l'estuaire de la Seine — vergers de Gaillon et de Vernon — Cherrie et Madrie — les abricotiers de l'Hurie — à travers l'Hurie — en Vexin français — le pays d'Arthies — de l'Arthies au pays de Madrie. — 366 pages avec 17 cartes.

47ᵉ Série : VI. OUEST : L'YVELINE ET LE MANTOIS. — Rambouillet et ses enfants de troupe — en forêt Yveline, les étangs de Saint-Hubert — en Yveline, Montfort-l'Amaury — les parfums et les volailles de Houdan — Épernon et la vallée de la Guesle — en Beauce chartraine — un chemin de fer militaire — la vallée de la Voise — en Drouais — l'École de Grignon — la vallée de la Maudre — de la Vaucouleurs à Meulan — les luthiers de Mantes — le Mantois — Poissy et le Pincerais — la forêt de Laye — la forêt de Marly — le royaume du pot-au-feu. — 351 pages avec 15 cartes.

LES PROVINCES PERDUES :

48ᵉ Série : HAUTE-ALSACE. — La trouée de Belfort et la vallée de la Largue — le Jura alsacien — le Rhin — Mulhouse — le coton à Mulhouse — industries mulhousiennes — les œuvres sociales de Mulhouse — Altkirch et l'Ill — l'Ochsenfeld et la Doller — vallée de la Thur — la vallée de Saint-Amarin — Soultz et Guebwiller — le ballon de Guebwiller — le Mundat de Rouffach — d'Ensisheim à Colmar — Neuf-Brisach et le Ried — Turckheim et les Trois-Épis — au Petit-Ballon (Kahlewasen) — l'Alsace romane — le val d'Orbey et les Hautes-Chaumes — à travers le vignoble — Sainte-Marie-aux-Mines et sa vallée. — 444 pages avec 22 cartes.

49ᵉ Série : BASSE-ALSACE. — Du Haut-Kœnigsbourg à Schlestadt — la Mésopotamie d'Alsace — Strasbourg — Strasbourg : la cathédrale, la vie économique — autour de Strasbourg — la vallée de la Bruche — Schirmeck et le Donon — le Ban-de-la-Roche — le Champ-du-Feu et les schlitteurs — du val de Villé à Barr — Sainte-Odile — de l'Ehn à la Mossig — le Kochersberg — un coin de France au delà du Rhin — les houblonnières de Haguenau — autour de la Forêt-Sainte — les lignes de Wissembourg — l'Alsace bavaroise — Reichshoffen, Frœschwiller et Wœrth — autour de Niederbronn — l'ancien comté de Hanau — autour de Saverne — entre la Sarre et l'Eichel — les chapeliers de Saar-Union. — 492 pages avec 28 cartes.

50° Série : **LORRAINE.** — Le pays de Dabo. — Vallérystal, Abreschwiller et Lorquin — la Sarre Blanche et la Sarre Rouge — Sarrebourg et Fénétrange — Phalsbourg — les verreries des Petites-Vosges — les forges de Monterhouse — le pays de Bitche — Sarreguemines — Forbach et Stiring-Wendel — la vallée de l'Albe — les grands étangs de Lorraine — le Saulnois — de la Seille à la Nied française — Metz — l'industrie messine — Saint-Privat, Gravelotte et Rezonville — au long de la Moselle — le pays du fer — aux confins du Luxembourg — entre Moselle et Nied — Warndt — la première amputation : Sarrelouis et le Sargau. — 468 pages avec 27 cartes.

51° Série : **BRETAGNE IV.** — *Iles et littoral de l'Atlantique.* — Nantes — le rôle économique de Nantes — la Loire maritime — la côte de Retz et Pornic — la baie de Bourgneuf — de Saint-Nazaire au pays de Guérande — le trait de Penbé et la Vilaine — l'estuaire de la Vilaine — l'estuaire de Pénerf, Vannes et le Morbihan — Auray et Carnac — l'estuaire d'Etel et la mer de Gavres — Hennebont et Lorient — la Laïta et la rivière Belon — de l'Aven à l'Odet — les côtes de Cornouaille — le raz de Sein et la baie de Douarnenez — au Menez-Hom — Brest et sa rade — de l'Elorn à la presqu'île de Crozon — de l'Atlantique à la Manche. — Avec cartes.

52° Série : **BRETAGNE V.** — *Iles et littoral de la Manche.* — L'Aber-Benoît et l'Aber-Vrac'h — la grève de Gouëven — Saint-Pol-de-Léon et l'île de Siec — Roscoff et l'île de Batz — Morlaix et son archipel — Primel et Saint-Jean-du-Doigt — Locquirec, la Lieue de Grève et le Guer — Lannion et les Sept-Iles — l'île Grande (Énès-Meur) et son archipel — archipel de Saint-Gildas — les îles d'Er — Tréguier, Paimpol — l'île de Bréhat — le Trieux et le Gouët — entre Saint-Brieuc et Paimpol — les côtes de Penthièvre — Saint-Jacut, l'île des Ebihens et Saint-Cast — la baie de la Frênaye et le cap Fréhel — la côte d'Émeraude et la Rance — Saint-Malo et le clos Poulet — les marais de Dol — la baie du mont Saint-Michel — Granville, les Chausey et les Minquier. — Avec cartes.

53° Série (*sous presse*) : **BRETAGNE VI.** — *Basse-Bretagne intérieure.* — La Basse-Bretagne — Quimper et le Cornouaille — le Vannetais — Pontivy et le Blavet — le Scorff — l'Isole et l'Ellé — La Montagne

Noire — le berceau de la Tour d'Auvergne — les rochers d'Huelgoat — Le Goëllo — le Trégorrois — le Haut-Léon — le Bas-Léon — dans la montagne d'Arrée — le Yeun Elez — la forêt de Quénécan — entre Aulne et Blavet — le toit de la Bretagne. — 350 pages.

54ᵉ Série : NORMANDIE. — Volume complémentaire sur la Normandie ; *En préparation.*

55ᵉ Série : PROVENCE MARITIME. — II. *La Côte d'Azur*. — L'Estérel — les îles de Lérins et le golfe Jouan — la presqu'île d'Antibes — Cagnes, le Malvan et Vence — Nice — Nice, camp retranché — l'industrie et le commerce à Nice — Villefranche et le cap Ferrat — la petite Afrique et la Corniche — la principauté de Monaco — Beausoleil, le cap Martin, Roquebrune et Menton — Menton et la frontière. — Avec cartes.

En préparation :

La 56ᵉ Série et les suivantes seront consacrées à PARIS, à la BANLIEUE DE PARIS et à une table générale.

Plusieurs volumes dont nous ferons bientôt connaître les sommaires sont en préparation. Voici les chapitres de la 56ᵉ Série actuellement sous presse :

56ᵉ Série : L'ANCIEN PARIS. — Paris dans le *Voyage en France* — la Seine en amont de la cité — la Seine en aval de la cité — les îles de la Seine : la Cité et l'île Saint-Louis — les collines parisiennes — descente dans Paris — le boulevard et les boulevards : de la porte Montmartre à la Bastille — les grandes artères — le Louvre et le Palais-Royal — de la place Vendôme à la Bourse — autour de l'Hôtel de ville — le Marais et le Temple — le quartier des Halles — le quartier latin — la montagne Sainte-Geneviève — autour du Luxembourg — autour de l'Institut — le ruisseau de la rue du Bac — le noble faubourg — les Invalides — du haut de la tour Eiffel.

Mars 1909.   *Les Éditeurs,*
                                   BERGER-LEVRAULT & Cⁱᵉ

ARDOUIN-DUMAZET
VOYAGE EN FRANCE

1. **Le Morvan** : Le Val de Loire et le Perche. 3ᵉ édition. 1902. — *Avec 19 cartes.*
2. **Des Alpes mancelles à la Loire maritime** : Anjou, Bas-Maine, Nantes, Basse-Loire, Alpes mancelles, Suisse normande. 2ᵉ édition. 1901.
3. **Bretagne** : I. Les Iles de l'Atlantique : I. De la Loire à Belle-Isle. 2ᵉ édition. 1903. — *Avec 19 cartes.*
4. **Bretagne** : II. Les Iles de l'Atlantique : II. D'Hoëdic à Ouessant. 2ᵉ édition. 1903. — *Avec 16 cartes.*
5. **Bretagne** : III. Haute-Bretagne intérieure. 1903. — *Avec 26 cartes.*
   (Voir aussi les séries 51, 52, 53, qui complètent les volumes consacrés à la Bretagne.)
6. **Normandie** : Cotentin et Alpes normandes.
   (Voir aussi la série 54.)
7. **La Région lyonnaise** : Lyon, Monts du Lyonnais et du Forez. 2ᵉ édition. 1903. — *Avec 19 cartes.*
8. **Le Rhône du Léman à la mer** : Dombes, Valromey et Bugey, Bas-Dauphiné, Savoie rhodanienne, La Camargue. 2ᵉ édition. 1903. — *Avec 22 cartes.*
9. **Bas-Dauphiné** : Viennois, Graisivaudan, Oisans, Diois et Valentinois. 2ᵉ édition. 1903. — *Avec 23 cartes.*
10. **Les Alpes du Léman à la Durance**. Nos chasseurs alpins. 2ᵉ édition. 1903. — *Avec 26 cartes.*
11. **Forez** : Vivarais, Tricastin et Comtat-Venaissin. 2ᵉ édition. 1904. — *Avec 26 cartes.*
12. **Alpes de Provence et Alpes maritimes**. 2ᵉ édition. 1904. — *Avec 31 cartes.*
13. **La Provence maritime** : I. *La région marseillaise*. Marseille. 1903. — *Avec 28 cartes.*
    (Voir aussi le volume 55.)
14. **La Corse**. 2ᵉ édition. 1903. — *Avec 27 cartes, 10 vues et 1 planche hors texte.*
15. **Charentes et Plaine poitevine** : Angoumois, Confolentais, Champagne de Cognac, Saintonge, Aunis, Plaine poitevine. 2ᵉ édition. 1905. — *Avec 26 cartes.*
16. **De Vendée en Beauce** : Haut-Poitou, Mirebalais, Bocage, Marais, Vendée, Gâtine, Tours, Beauce. 1898. — *Avec 30 cartes.*
17. **Littoral du pays de Caux**. Vexin, Basse-Picardie : Dieppe, l'Aliermont, Pays de Bray, Vexin, Pays de Thelle, Santerre, Vermandois, Vallée de la Somme, Vimeu, Ponthieu. 1898. — *Avec 26 cartes.*
18. **Région du Nord** : I. Flandre et littoral du Nord. 2ᵉ édition. 1903. — *Avec 30 cartes.*
19. **Région du Nord** : II. Artois, Cambrésis et Hainaut. 2ᵉ édition. 1903. — *Avec 26 cartes.*
20. **Haute-Picardie, Champagne rémoise et Ardennes** : Noyonnais, Soissonnais, Laonnais, Thiérache, Rethelois, Porcien. 2ᵉ édition. 1904. — *Avec 21 cartes.*
21. **Haute-Champagne et Basse-Lorraine** : Brie champenoise, Champagne Pouilleuse, Perthois et Der, Pays d'Othe, Bassigny, La Montagne, Plateau de Langres, Vallage, Barrois, Dormois, Argonne, Verdunois. 2ᵉ édition. 1906. — *Avec 27 cartes.*
22. **Plateau lorrain et Vosges** : Luxembourg français, Jarnisy, Woëvre, Pays de Haye, Saulnois, Xaintois, La Vôge, Les Faucilles, Les Vosges. 2ᵉ édition. 1904. — *Avec 27 cartes.*
23. **Plaine comtoise et Jura** : Plaine comtoise, Voyge comtoises, Couloir du Doubs, Belfort, Jura, Val de Mièges, Pays de Gex, Le Grandvaux. 1901. — *Avec 28 cartes.*
24. **Haute-Bourgogne** : Côte-d'Or, Finage, Val d'Amour, Bon pays du Jura, Bresse, Revermont, Chalonnais, Mâconnais, Charollais, Brionnais, Combrailles. 1901. — *Avec 30 cartes.*
25. **Basse-Bourgogne et Sénonais** : Autunois, Morvan bourguignon, Auxois, La Montagne, Duesmois, Auxerrois, Tonnerrois, Senonais, Puisaye, Gâtinais. 1902. — *Avec 26 cartes.*
26. **Berry et Poitou oriental** : Nancerrois, Pays de la Forêt, Champagne berrichonne, Vallée de l'Indre, Brenne, Beauce montmorillonnaise, Boischaut. 1901. — *Avec 26 cartes.*
27. **Bourbonnais et H**ᵗᵉ **Marche** : Sologne bourbonnaise, Limagne bourbonnaise, Monts de la Madeleine, Val d'Allier, Vallée de la Creuse, Plateau de Gentioux. 1902. — *Avec 27 cartes.*
28. **Limousin** : Basse-Marche, Haut-Limousin, Bas-Limousin, Xaintrie. 1903. — *Avec 26 cartes.*
29. **Bordelais et Périgord** : Libournais, Fronsadais, Médoc, Estuaire de la Gironde, Blayais, Bourgeais, Entre-Deux-Mers, Graves, Double, Périgord Blanc, Nontronnais, Périgord Noir. 1903. — *Avec 28 cartes.*
30. **Gascogne** : Bazadais, Région des Landes, Pays de Buch, Albret, Marsan, Gabardan, Pays de Born, Maremne, Seignanx, Pays de Gosse, Chalosse, Rivière-Basse, Tursan, Pardiac, Astarac, Armagnac. 1903. — *Avec 26 cartes.*
31. **Agenais, Lomagne, Bas-Quercy** : Agenais, Lomagne, Gaure, Fezenzaguet, Fezensac, Bauzan, Condomois, Bas-Quercy, Rivière-Verdun. 1903. — *Avec 22 cartes.*
32. **Haut-Quercy, Haute-Auvergne** : Causses du Haut-Quercy, Braunhie, Limargue, Ségala, Châtaigneraie, Viadène, Aubrac, Carladès, Planèze, Luguet, Cézallier, Peniers, Artense, Massif du Cantal. 1903. — *Avec 21 cartes.*
33. **Basse-Auvergne** : Combrailles, Franc-Alleu, Limagne, Monts Dômes, Monts Dore, Margeride, Livradois, Boiset, Bouthères. 1903. — *Avec 23 cartes.*
34. **Velay, Bas-Vivarais, Gévaudan** : Volcans du Velay, Plateau du Mézenc, Gorges de l'Ardèche, Gévaudan, Margeride, Monts Lozère, les Causses, les Gorges du Tarn. 1904. — *Avec 27 cartes.*
35. **Rouergue et Albigeois** : Basse-Marche du Rouergue, les Rougiers, Causses du Rouergue, Plateau du Lerac, Rougier de Camarès, Ségala, Albigeois, Montagne Noire. 1904. — *Avec 22 cartes.*
36. **Cévennes méridionales** : Gardonnenque, Malgoirès, Selendrenque, Vallée française, Aigoual, Alzonnenque, Salaves, Garrigues, Salagou, Espinouze. 1904. — *Avec 26 cartes.*
37. **Le Golfe du Lion** : Garrigues, Terre d'Argence, Vaunage, Vistrenque, Littoral du Languedoc, Biterrois, Narbonnais, Salanque, Aspres, Rivéral, Littoral du Roussillon et des Albères. 1904. — *Avec 27 cartes.*
38. **Haut-Languedoc** : Cévennes méridionales, Minervois, Cabardès, Montagne Noire, Lauraguais, Carcassès, Razès, Kercorbis, Mirepoix, Agenageais, Toulousain, Parties du Nébouzan et du Comminges. 1904. — *Avec 22 cartes.*
39. **Pyrénées, partie orientale** : Vallespir, Conflent, Roussillon, Fenouillet, Sault, Donézan, Capcir, Cerdagne, Montagnes de Foix, Sabarthès, Bérou. 1904. — *Avec 26 cartes.*
40. **Pyrénées centrales** : Couserans, Comminges pyrénéen, Val d'Aran, Quatre-Vallées : Magnoac, Neste et Barousse ; Bigorre : Rustan, Sept Vallées du Lavedan. 1904. — *Avec 27 cartes.*
41. **Pyrénées, partie occidentale** : Pays basques, Basse-Navarre Mixe, Soule ; Béarn : Barétous, Aspe, Ossau. 1904. — *Avec 27 cartes.*

RÉGION PARISIENNE

42. — I. **Nord-Est** : Le Valois : Orxois, Valois, Multien, Goële, Servois, France. 1906. — *Avec 21 cartes.*
43. — II. **Est** : La Brie : Montois, Bassée, Brie Pouilleuse, Tardenois, Brie meldoise, Brie forestière. 1906. — *Avec 28 cartes.*
44. — III. **Sud** : Gâtinais français et Haute-Beauce : Bocage gâtinais, la haute Seine, Forêt de Fontainebleau, Pays de Bière, le Gâtinais beauceron, l'Étampois, la Beauce pithivéraise. 1906. — *Avec 19 cartes dont un grand plan de la forêt de Fontainebleau.*
45. — IV. **Sud-Ouest** : Versailles et le Hurepoix : Vallée de l'Yvette, Forêt de Sénart, Jouas, Versailles, Vallée de Chevreuse, Hurepoix. 1907. — *Avec 18 cartes.*
46. — V. **Nord-Ouest** : La Seine de Paris à la mer. Parisis et Vexin français : Parisis, basse Seine, Seine maritime, Chevrie, Madrie, Hautie, Arthies, Vexin français. 1907. — *Avec 17 cartes, dont deux grands dépliants en couleurs pour le cours de la Seine entre Paris et la mer.*
47. — VI. **Ouest** : l'Yveline et le Mantois : Yveline, Beauce Chartraine, Drouais, Mantois, Pincerais, Forêt de Saint-Germain, Forêt de Marly. 1907. — *Avec 13 cartes, dont deux grandes cartes pour les forêts de Rambouillet, de Saint-Germain et Marly.*

PROVINCES PERDUES

48. — I. **Haute-Alsace** : Sundgau, Jura alsacien, le Rhin, le Hart, Mulhouse, l'Ochsenfeld, vallées vosgiennes, le Mundat de Rouffach, le Ried, l'Alsace romane. 1907. — *Avec 22 cartes.*
49. — II. **Basse-Alsace** : La plaine d'Alsace, Strasbourg, les vallées vosgiennes, le Ban-de-la-Roche, le Kochersberg, la Forêt sainte, le Mundat de Wissembourg, l'Alsace bavaroise, champs de bataille de Wissembourg et de Fræschwiller, le pays de Hanau. 1907. — *Avec 26 cartes.*
50. — III. **Lorraine** : Le pays de Dabo, vallées de la Sarre, le pays de Bitche, le Saulnois, Metz et le pays messin, les champs de bataille : Borny, Saint-Privat, Gravelotte ; la région du fer, le Sargau et Sarrelouis. 1907. — *Avec 27 cartes.*

Volumes en préparation :

51. **Bretagne** : IV. *Le littoral de l'Atlantique*. Côtes de la Loire-Inférieure, du Morbihan et du Finistère.
52. — V. *Le littoral de la Manche*. Côtes du Finistère, d'Ille-et-Vilaine, partie de la Manche.
53. — *Basse-Bretagne intérieure*.
54. **Normandie** : II. *Normandie centrale*.
55. **La Provence maritime** : II. *La Côte d'Azur*.
56 et suiv. : **Paris et Banlieue de Paris**.

BERGER-LEVRAULT ET Cⁱᵉ**, LIBRAIRES-ÉDITEURS**
Paris, 5, rue des Beaux-Arts — 18, rue des Glacis, Nancy

Manuel de Géographie commerciale, par V. Duvillé, professeur agrégé au lycée Michelet (ouvrage récompensé par la Société de géographie commerciale de Paris). 1893. 2 volumes avec cartes et diagrammes, broché ... 7 fr.
Relié en toile gaufrée ... 8 fr.
Géographie militaire, par le commandant Niox. — 1ʳᵉ partie : *Généralités et la France*, 4ᵉ édition, revue et augmentée. 2 volumes grand in-8° et atlas in-4° de 137 cartes, la plupart en couleurs. Broché ... 35 fr.
Relié en demi-chagrin ... 46 fr.
— 2ᵉ partie : *Principaux États de l'Europe*, 3ᵉ édition, revue et augmentée. 3 volumes grand in-8° et atlas in-4° de 149 cartes, la plupart en couleurs. Broché ... 45 fr.
Relié en demi-chagrin ... 50 fr.
Cours de Géographie pour les écoles régimentaires, publié par le ministère de la guerre. 1881. Volume in-18 de 178 p. avec 14 cartes, cartonné ... 3 fr.
Les principaux Bassins de l'Europe. Précis de géographie militaire à l'usage des candidats et des élèves des Écoles militaires, par Charles Tan., ancien officier d'infanterie. 1886. Volume in-12, broché ... 3 fr. 50 c.
Études de Géologie militaire, par Ch. Clerc, capitaine d'infanterie : *Les Alpes françaises*. 1883. Vol. in-8°, avec 30 fig. et 1 carte, broché ... 5 fr.
— *Le Jura*. Vol. in-8°, avec fig. et 1 carte. 1888. br. ... 5 fr.
A travers la Norvège. Souvenirs de voyage, par L. Mancoff. Un fort volume in-12, broché ... 3 fr. 50 c.
Du Danube à la Baltique. Allemagne, Autriche-Hongrie, Danemark. Descriptions et souvenirs, par Gabriel Thomas. 2ᵉ édition. Un volume in-12 de 600 pages, broché 3 fr. 50 c.
La Lorraine illustrée. Texte par Lorédan Larchey, André Theuriet, etc. Un magnifique vol. grand in-4° de 800 p., avec 446 belles gravures et un frontispice en chromo, br. ... 50 fr.
Relié en demi-maroquin, gaufrage artistique ... 60 fr.
Le Plateau lorrain. Essai de géographie régionale, par P. Auerbach, professeur de géographie à la Faculté des lettres de Nancy. 1893. Beau volume in-12, avec 24 croquis cartographiques et 21 vues photographiques, broché ... 5 fr.
Guide du Géologue en Lorraine. Meurthe-et-Moselle, Vosges, Meuse, par G. Bleicher, professeur d'histoire naturelle à l'Université de Nancy. 1887. Un joli vol. in-12, avec 14 figures et 2 planches, broché ... 3 fr. 50 c.
Souvenirs d'Alsace. Chasse, pêche, industrie, légendes, par Maurice Knauwland, 2ᵉ édition. Joli volume in-12, br. ... 3 fr.
L'Alsace française. Strasbourg pendant la Révolution, par Eug. Seinguerlet. Un beau vol. in-8° de 340 pages, br. ... 6 fr.
Les Vosges pendant la Révolution. Étude historique, par Félix Bouvier. Un beau volume in-8° de 530 pages, avec 4 gravures, broché ... 7 fr. 50 c.

www.ingramcontent.com/pod-product-compliance
Lightning Source LLC
Chambersburg PA
CBHW070449170426
43201CB00010B/1268